JAGS를 활용한
베이지안 자료분석

오 만 숙 지음

자유아카데미

머리말

이 책은 마코프체인 몬테칼로(Markov chain Monte Carlo, MCMC)를 이용한 베이지안 자료분석을 다룬다. R 프로그램 코드를 제시함으로써 독자들이 MCMC 알고리즘 구현을 경험하도록 한다. 또한, JAGS 패키지를 이용한 간단한 MCMC 적용을 소개하여 MCMC 알고리즘의 설계와 코딩 때문에 베이지안 분석의 적용을 망설이던 분들께 도움이 되고자 한다.

[Part I] 1장에서는 저자의 「R과 JAGS 몬테칼로와 함께하는 베이지안 통계추론」에서 기술한 베이지안 통계추론의 기본을 간략히 요약하였다. [Part II] 2 ~ 4장에서는 MCMC의 기본원리와 알고리즘을 소개하고 수렴진단, 효율 등 실제 MCMC 적용에서 고려해야 할 사항들에 대하여 설명하였다. 5장에서는 MCMC 표본추출을 위한 패키지 JAGS를 소개하였다. [Part III] 6 ~ 7장에서는 이항자료와 순서적 범주형 자료에 대하여 MCMC를 이용한 베이지안 자료분석을 서술하였다. 베이지안 MCMC에서 널리 쓰이는 data augmentation을 이용한 MCMC 알고리즘과, JAGS를 이용한 분석을 소개하였다. [Part IV] 8 ~ 12장에서는 다양한 모형에서의 베이지안 자료분석을 예제를 중심으로 서술하였다. 여기에서 다루는 모형에 대한 MCMC 알고리즘은 다소 복잡하므로 알고리즘 코딩은 생략하고 JAGS를 이용한 분석만 기술하되, 코딩에 관심 있는 독자들은 제시된 참고문헌을 참고할 수 있도록 하였다.

이 책의 그림 대부분은 해상도를 위하여 ggplot2 등 그래픽 패키지를 사용하여 그렸으나 책의 초점을 흐리지 않기 위하여 본문에는 R 함수를 이용한 간단한 코드만 제시하였다. 책에 사용된 R 코드와 데이터, 추후 나올 수 있는 수정사항 등은 자유아카데미 홈페이지(www.freeaca.com) 자료실에서 받을 수 있다.

타이핑과 그림을 도와준 박정아, 김은지, 김유리, 박치경을 비롯한 대학원 지도학생들, 그리고 늘 든든한 지원군인 남편과 아이들에게 감사의 마음을 표한다. 끝으로, 넓은 사랑과 헌신 그리고 깊은 신앙을 보여주신 어머니 김화자 여사님께 이 책을 바친다.

2019년 10월
이화 동산에서
오만숙

차례

1장 베이지안 통계추론

2장 마코프체인 몬테칼로(MCMC)

3장 MCMC의 수렴진단, 정확도, 효율

4장 MCMC 실습

5장 JAGS를 이용한 베이지안 추론

6장 이항자료의 베이지안 분석

7장 순서적 프로빗 모형의 베이지안 추론

8장 카운트 자료의 분석

9장 영과잉 카운트 자료의 분석

10장 MCMC를 이용한 베이지안 변수선택

11장 베이지안 분위회귀분석

12장 베이지안 다차원 척도

1장

베이지안 통계추론

이 장에서는 베이지안 통계추론의 기본에 관하여 간략히 요약한다. 보다 자세한 사항은 "R과 JAGS **몬테칼로와 함께하는 베이지안 통계추론(오만숙, 2017)**"을 참고하라.

1.1 통계적 모형

통계추론의 목적 중 하나는 자료를 이용하여 미지의 관심모수 θ를 추정하는 것이다. 다시 말하면 자료에서 주어지는 정보를 이용하여 여러 후보 θ값들 중 어느 것이 실제 θ값일 가능성이 높은지를 추정하고, 나아가 이 추정에 수반하는 오차가 어느 정도인지를 알아내는 것이다. 추정을 위해서는 θ와 관련 있는 확률변수 $\boldsymbol{X}=(X_1,\cdots,X_n)$의 관측치 $\boldsymbol{x}=(x_1,\cdots,x_n)$, 그리고 변수 $\boldsymbol{X}$의 확률분포를 나타내는 확률밀도함수 $f(\cdot|\theta)$가 필요하다.

1.2 우도함수

θ에 대한 정보를 가진 자료 $\boldsymbol{x}$가 주어졌을 때 임의의 θ 값에 대하여 변수 $\boldsymbol{X}$의 관측치 $\boldsymbol{x}$에서의 조건부 결합 확률밀도함수 $f(\boldsymbol{x}|\theta)$를 계산할 수 있다. $\boldsymbol{X}$가 이산변수라면 $f(\boldsymbol{x}|\theta_0)$는 $\theta=\theta_0$일 때 주어진 자료 $\boldsymbol{x}$가 발생할 확률이다. 두 개의 θ값 θ_a와 θ_b에 대하여 만약 $f(\boldsymbol{x}|\theta_a)>f(\boldsymbol{x}|\theta_b)$라면 $\theta=\theta_a$일 때 주어진 자료 $\boldsymbol{x}$가 발생할 확률이 $\theta=\theta_b$일 때의 확률보다 크므로 우리는 θ의 추정치로 θ_b보다는 θ_a를 선택하는 것이 더 바람직할 것이다. 따라서 이미 관측된 상수 $\boldsymbol{x}$에 대하여 $f(\boldsymbol{x}|\theta)$가 큰 θ값일수록 추정치로 적당할 것이므로 $f(\boldsymbol{x}|\theta)$를 θ의 우도함수(likelihood function) 또는 가능도함수라고 한다. $\boldsymbol{x}$는 이미 관측된 상수이기 때문에 $f(\boldsymbol{x}|\theta)$는 θ만의 함수이므로 이를 부각시키기 위하여 $f(\boldsymbol{x}|\theta)$를 $L(\theta|\boldsymbol{x})$로 표기하거나 혹은 상수 $\boldsymbol{x}$를 무시하고 $L(\theta)$로 표기한다. 이때 주의할 점은 우도함수는 θ에 대한 확률밀도함수가 아니라는 점이다.

1.3 베이지안 추론

베이지안 추론에서는 미지의 모수 θ를 고정된 상수가 아닌 변수로 규정하고, 자료가 관측된 후 자료의 관측치가 주어진 조건하에서 θ의 조건부 분포에 기반을 둔다. θ는 변수이므로 확률분포를 갖는다고 가정하는데, 자료 관측 이전의 분포를 사전분포(prior distribution), 자료 관측 이후 자료가 주어진 조건하에서 θ의 분포를 사후분포(posterior distribution)라고 한다. 참고로, 사전분포는 자료와 무관하게 또는 자료를 얻기 전에 θ에 대하여 가지고 있는 정보를 요약한 것이다.

θ의 사후분포를 나타내는 사후밀도함수는 우도함수 $f(\boldsymbol{x}|\theta)$와 θ의 사전밀도함수 $\pi(\theta)$로부터 베이즈 정리에 의하여 다음 식으로 얻어진다.

$$\pi(\theta|\boldsymbol{x}) = \frac{f(\boldsymbol{x}|\theta)\pi(\theta)}{\int f(\boldsymbol{x}|\theta)\pi(\theta)d\theta} \tag{1.1}$$

θ가 이산(discrete)모수인 경우는 식 (1.1)의 적분이 θ의 가능한 값에 대한 합으로 바뀐다.

식 (1.1)에서 분모 $m(\boldsymbol{x}) \equiv \int f(\boldsymbol{x}|\theta)\pi(\theta)d\theta$는 θ에 의존하지 않는 상수이므로

$$\pi(\theta|\boldsymbol{x}) \propto f(\boldsymbol{x}|\theta)\pi(\theta)$$

이다. 다시 말하면, 사후밀도함수 $\pi(\theta|\boldsymbol{x})$는 상수인 관측치 $\boldsymbol{x}$가 주어진 상태에서 θ의 함수로 $f(\boldsymbol{x}|\theta)\pi(\theta)$에 비례하는 밀도함수이다.

사후분포는 자료 $\boldsymbol{x}$가 주어졌을 때 θ의 조건부 분포인데, 이는 자료 $\boldsymbol{x}$가 관측된 후 θ에 대한 정보를 요약하는 것이므로 자료를 얻기 전 θ에 대하여 가지고 있던 정보 $\pi(\theta)$에 자료정보를 추가하여 $\pi(\theta)$를 개선시킨(update) 것으로 볼 수 있다.

베이지안 추론은 사후분포를 기반으로 한다. 예를 들면 θ에 대한 추정치를 원할 경우 θ의 사후기대치

$$E(\theta|\boldsymbol{x}) = \int \theta\, \pi(\theta|\boldsymbol{x})d\theta$$

를 사용하거나 사후중앙값, 사후최빈값 등을 사용할 수 있다. 또한 θ의 변동성은 θ의 사후분산

$$Var(\theta|\boldsymbol{x}) = \int \theta^2 \pi(\theta|\boldsymbol{x})d\theta - [E(\theta|\boldsymbol{x})]^2$$

으로 추정할 수 있다.

예 1.1 성공확률이 θ인 베르누이 시행을 독립적으로 10번 시행하였을 때 총 성공횟수를 변수 X라고 하면, X는 시행횟수 10과 성공확률 θ를 갖는 이항분포를 따르며

$X|\theta \sim B(10,\theta)$로 표기한다. 이때 X의 관측치로 $x=3$이 관측되었다고 하자. 자료를 얻기 전 θ에 대한 사전정보를 살펴볼 때 어떤 특정한 θ값에 대하여 더 가능성이 있다고 보이지 않는다면 0과 1 사이의 균일분포 $U(0,1)$을 사전분포로 선택하는 것이 적절할 것이다. 위의 두 정보로부터 사후분포를 유도하면

$$\pi(\theta|x=3) \propto \binom{10}{3}\theta^3(1-\theta)^7 \propto \theta^3(1-\theta)^7, 0<\theta<1,$$

인데, 이는 모수 4와 8을 갖는 베타 분포 $Beta(4,8)$의 밀도함수식에 비례하므로 θ의 사후분포는 $Beta(4,8)$이다. θ의 사후추정치로는 베타 분포의 평균인 $4/(4+8)=1/3$이 될 수 있고 이 추정치에 대한 오차로는 베타 분포의 표준편차인

$$\sqrt{4\times 8/[(4+8)^2(4+8+1)]}=0.13$$

이 될 수 있다.

위의 예를 일반화하여 $X|\theta \sim B(n,\theta)$이고 $X=x$가 관측되었을 때 θ의 사전분포로 $Beta(a,b)$를 가정하면

$$\begin{aligned}\pi(\theta|x) &\propto f(x|\theta)\pi(\theta)\\ &\propto \binom{n}{x}\theta^x(1-\theta)^{n-x}\frac{\Gamma(a+b)}{\Gamma(a)\Gamma(b)}\theta^{a-1}(1-\theta)^{b-1}, \quad 0<\theta<1\\ &\propto \theta^{x+a-1}(1-\theta)^{n-x+b-1}, \quad 0<\theta<1\\ &\sim Beta(x+a, n-x+b)\end{aligned}$$

이다. 참고로, $\pi(\theta|x) \sim Beta(x+a,n-x+b)$는 θ의 사후분포가 $Beta(x+a,n-x+b)$ 분포임을 나타낸다. 이처럼 이 책에서는 앞으로 $\pi(\theta|x)$를 경우에 따라 θ의 사후밀도함수 또는 사후분포를 나타내는 기호로 혼용하여 사용하기로 한다.

예 1.2 $X_1,\cdots,X_n$이 독립적으로 평균 θ인 포아송 분포 $Poi(\theta)$를 따른다고 할 때, 우도함수는

$$\begin{aligned}f(x_1,\cdots,x_n|\theta) &= \prod_{i=1}^{n} f(x_i|\theta)\\ &= \prod \frac{1}{x_i!}\theta^{x_i}e^{-\theta}\\ &\propto \theta^{\sum x_i}e^{-n\theta}\end{aligned}$$

이다. θ의 사전분포로 밀도함수 $\pi(\theta)=\frac{b^a}{\Gamma(a)}\theta^{a-1}e^{-b\theta}$를 갖는 감마 분포 $Gamma(a,b)$를

가정하면

$$\begin{aligned}\pi(\theta|x_1,...,x_n) &\propto f(x_1,...,x_n|\theta)\pi(\theta)\\ &\propto \theta^{\sum x_i + a - 1} e^{-(n+b)\theta}\end{aligned}$$

이므로

$$\pi(\theta|x_1,...,x_n) \sim Gamma(\sum_{i=1}^{n} x_i + a, n+b)$$

이다.

예 1.3 $X_1,...,X_n$이 평균 θ, 분산 σ^2를 갖는 정규분포 $N(\theta,\sigma^2)$를 따르고 분산 σ^2이 알려진 경우를 생각해 보자. 관측치 $\boldsymbol{x} = (x_1,...,x_n)$이 주어졌을 때 θ의 우도함수는

$$\begin{aligned}f(x_1 \cdots x_n|\theta) &= \prod_{i=1}^{n} f(x_i|\theta)\\ &= \prod \frac{1}{\sqrt{2\pi\sigma^2}} e^{-\frac{1}{2}\frac{(x_i-\theta)^2}{\sigma^2}}\\ &\propto e^{-\frac{1}{2\sigma^2}\{\sum x_i^2 - 2\theta\sum x_i + n\theta^2\}}\\ &\propto e^{-\frac{1}{2\sigma^2}\{n\theta^2 - 2\theta\sum x_i\}}\\ &\propto e^{-\frac{n}{2\sigma^2}\{\theta^2 - 2\theta\bar{x}\}}\\ &\propto e^{-\frac{n}{2\sigma^2}(\theta-\bar{x})^2}\end{aligned}$$

이다. θ의 사전분포로 평균 μ_0와 분산 σ_0^2을 갖는 정규분포 $N(\mu_0,\sigma_0^2)$을 가정하면,

$$\pi(\theta|x_1,...,x_n) \propto f(x_1,...,x_n|\theta)\pi(\theta)$$

$$\begin{aligned}&\propto \exp\left[-\frac{n}{2\sigma^2}(\theta^2 - 2\bar{x}\theta + \bar{x}^2) - \frac{1}{2\sigma_0^2}(\theta^2 - 2\mu_0\theta + \mu_0^2)\right]\\ &\propto \exp\left[-\frac{1}{2}\left\{\frac{1}{\sigma^2/n}(\theta^2 - 2\bar{x}\theta) + \frac{1}{\sigma_0^2}(\theta^2 - 2\mu_0\theta)\right\}\right]\\ &\propto \exp\left[-\frac{1}{2}\left\{\theta^2\left(\frac{1}{\sigma^2/n} + \frac{1}{\sigma_0^2}\right) - 2\theta\left(\frac{\bar{x}}{\sigma^2/n} + \frac{\mu_0}{\sigma_0^2}\right)\right\}\right]\end{aligned}$$

$$\left(c = \frac{1}{\sigma^2/n}, c_0 = \frac{1}{\sigma_0^2}\text{이라 놓으면}\right)$$

$$\propto \exp\left[-\frac{1}{2}\left\{(c+c_0)\theta^2-2(c\bar{x}+c_0\mu_0)\theta\right\}\right]$$

$$\propto \exp\left[-\frac{1}{2}(c+c_0)\left\{\theta^2-2\left(\frac{c\bar{x}+c_0\mu_0}{c+c_0}\right)\theta\right\}\right]$$

$$\propto \exp\left[-\frac{1}{2}(c+c_0)\left(\theta-\left(\frac{c\bar{x}+c_0\mu_0}{c+c_0}\right)\right)^2\right]$$

($\mu_\pi=\dfrac{c\bar{x}+c_0\mu_0}{c+c_0},\ \sigma_\pi^2=(c+c_0)^{-1}$이라 놓으면)

$$\propto \exp\left[-\frac{1}{2\sigma_\pi^2}(\theta-\mu_\pi)^2\right]$$

$$\sim N(\mu_\pi,\sigma_\pi^2)$$

이다. 따라서

$$\pi(\theta|x_1,\cdots,x_n)\sim N(\mu_\pi,\sigma_\pi^2),$$

$$\mu_\pi=\frac{\frac{1}{\sigma^2/n}\bar{x}+\frac{1}{\sigma_0^2}\mu_0}{\frac{1}{\sigma^2/n}+\frac{1}{\sigma_0^2}},\quad \sigma_\pi^2=\frac{1}{\frac{1}{\sigma^2/n}+\frac{1}{\sigma_0^2}}$$

이다.

1.4 베이지안 구간추정

베이지안 추론에서는 모수 θ에 대한 최종 정보가 사후분포에 요약되어 있다고 간주하므로 구간추정도 마찬가지로 사후분포에 기반을 둔다. 구간추정은 주어진 신뢰수준을 만족하는 구간 중에서 가장 좋은 구간을 찾는 것이 목적이므로 주어진 신뢰수준을 만족하는 조건에서 가장 우수하고 가능성이 높은 θ들을 모으는 것이 현명할 것이다. 베이지안 구간추정에서 사용되는 최대사후구간의 정의는 다음과 같다.

● **최대사후구간(Highest Posterior Density(HPD) interval)**

θ에 대한 $100(1-\alpha)\%$ HPD 구간은 다음을 만족하는 구간 $\mathcal{R}$ 이다.

1) $P(\theta\in\mathcal{R}\,|\,\boldsymbol{x})=1-\alpha$

2) 만약 $\theta_a\in\mathcal{R}$ 이고 $\theta_b\notin\mathcal{R}$ 이면 $\pi(\theta_a|\boldsymbol{x})>\pi(\theta_b|\boldsymbol{x})$ 이다.

쉽게 이야기하면, 최대사후(HPD)구간은 주어진 신뢰도를 만족하는 베이지안 구간 중 최대한 사후밀도함수값이 높은 θ들을 모아놓은 것이다. θ가 이산변수일 경우는 간단하게 사후밀도함수값이 높은 θ 값부터 차례로 HPD 구간에 포함시키다가 포함된 θ들의 누적 사후확률이 최초로 $1-\alpha$를 초과하거나 같을 때 중단하면 된다. θ가 연속변수일 경우는 다소 복잡한데 만약 확률밀도함수가 단봉(unimodal)이고 모수 θ가 단변량일 경우 최대사후구간은 베이지안 신뢰구간 중에서 구간의 길이가 가장 짧은 구간이다.

예 1.4 θ의 사후분포가 $N(0.3,0.25)$일 때 θ의 95% 베이지안 최대사후구간은 사후확률밀도함수값이 큰 중앙 부분에서 95% 확률을 취한 구간

$$0.3 \pm 1.96 \times 0.5 = (-0.68, 1.28)$$

이다. 이 최대사후구간은 95% 신뢰구간 중 가장 짧은 구간 길이를 갖는다.

θ가 연속변수일 때 HPD 구간을 생각해 보자. 그림 1.1은 사후분포가 단봉 비대칭인 경우와 다봉인 경우 HPD 구간의 예를 보여준다. 그림 1.1을 보면 두 경우 모두 구간의 경계값들에서 사후밀도함수값이 동일함을 알 수 있다. 즉, 주어진 신뢰도를 만족하는 구간 중 사후밀도함수값이 높은 θ들을 모으기 위하여 가상의 수평 막대를 사후밀도함수의 최댓값에서부터 점차 아래로 내리면서 만나는 점들 사이의 면적을 계산하여 면적이 최초로 $1-\alpha$와 동일하거나 클 때의 구간을 취하면 이 구간이 HPD 구간이 되는 것이다.

베이지안 최대사후구간을 수리적으로 구할 수 있는 경우는 흔치 않고 대부분의 경우

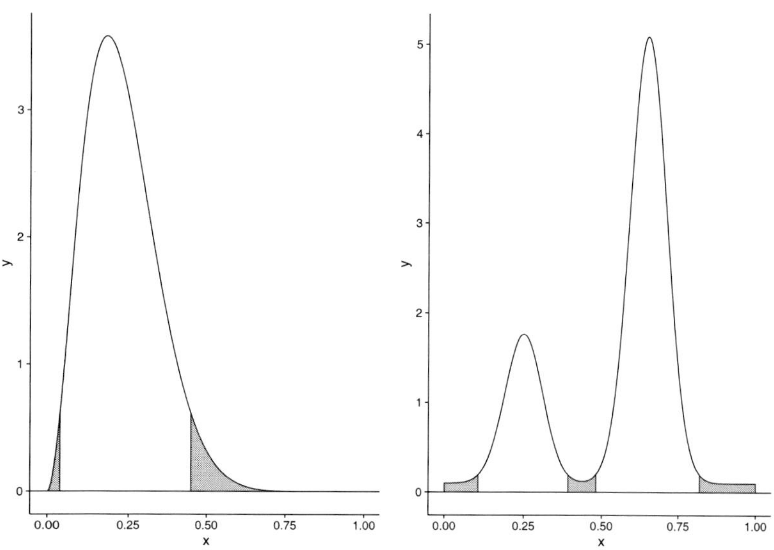

그림 1.1 단봉 비대칭 사후분포와 다봉 사후분포에서의 최대사후구간의 예

근사적 최대사후구간을 구하여 사용한다. 근사적 방법 중 가장 간단한 것은 $\alpha/2$ 사후분위수 $\theta_{\alpha/2}$와 $1-\alpha/2$ 사후분위수 $\theta_{1-\alpha/2}$를 찾아 $(\theta_{\alpha/2}, \theta_{1-\alpha/2})$를 대략적인 최대사후구간으로 사용하는 것이다. $\theta_{\alpha/2}$와 $\theta_{1-\alpha/2}$는 θ의 사후분포가 잘 알려진 분포일 경우에는 R 패키지의 함수를 사용해도 되고, θ의 사후표본이 충분히 많은 수로 주어질 경우에는 표본으로부터 $\alpha/2$ 사후분위수와 $1-\alpha/2$ 사후분위수를 구하여 $\theta_{\alpha/2}$와 $\theta_{1-\alpha/2}$를 대치할 수 있다. 이 방법은 사후밀도함수가 단봉(unimodal)이고 비대칭이 심하지 않을 경우 사용할 수 있다. 보다 더 정교한 방법은 **"R과 JAGS 몬테칼로와 함께하는 베이지안 통계추론(오만숙, 2017)"** 4장에 소개되어 있다.

고전적 추론에서 신뢰구간의 해석이 모호한 것과 달리, 베이지안 추론에서는 θ를 변수로 취급하고 θ의 사후분포로부터 최대사후구간이 얻어지기 때문에 해석이 매우 간단하며 우리의 직관과 일치한다. 예 1.4에서 θ가 $0.3 \pm 1.96 \times 0.5 = (-0.68, 1.28)$ 구간에 속할 사후확률은 95%이다. 즉, $P(\theta \in (-0.68,\ 1.28) | \boldsymbol{x}) = 0.95$ 이다.

참고문헌

• 오만숙(2017), R과 JAGS 몬테칼로와 함께하는 베이지안 통계추론, 자유아카데미.

2장

마코프체인 몬테칼로(MCMC)

모수 θ에 대한 베이지안 추론은 관측치 x가 주어졌을 때 θ의 사후분포에 기반을 두므로 사후분포의 유도는 베이지안 추론의 핵심이다. 그러나 실제로는 모형이 복잡하거나 모수의 수가 많아 θ의 사후분포를 수리적으로 구할 수 없는 경우가 매우 빈번히 발생한다. 따라서 관심 있는 사후분포의 특성인 사후평균, 사후분산, 특정 사건에 대한 사후확률 등을 근사적으로 계산할 필요가 있다.

사후분포의 특성을 근사적으로 구하는 방법으로는 여러 가지가 있는데 그중 최근에 가장 많이 사용되는 방법은 마코프체인 몬테칼로(Markov chain Monte Carlo, MCMC) 기법이다. MCMC 기법은 마코프체인을 이용하여 사후분포로부터 표본을 생성하고, 생성된 사후표본을 사용하여 원하는 사후추론을 수행하는 방법이다. MCMC 기법은 모형이 복잡하거나 모수가 다변량인 경우에도 손쉽게 적용할 수 있으므로 최근 베이지안 추론에서 거의 필수적인 도구로 여겨지고 있으며 소프트웨어 개발도 활발히 이루어지고 있다. 이 장에서는 대표적인 MCMC 기법과 그 적용에 대하여 살펴보기로 한다.

2.1 표본을 이용한 통계추론

모수 θ에 대한 베이지안 통계추론을 하고자 할 때, θ의 사후밀도함수의 수리적인 형태를 정확히 알지 못해도 해당 사후분포로부터 θ의 표본이 충분히 많다면 우리는 이 표본을 이용하여 원하는 추론을 근사적으로 수행할 수 있다.

예 2.1 자료변수 X가 $X|\theta \sim B(40, \theta)$ 분포를 따르고 $x=15$가 관측되었다고 하자. θ에 대해 균일 사전분포를 가정하면 $\theta|x \sim Beta(15+1, 25+1) = Beta(16, 26)$이다. 따라서 우리는 θ의 사후분포를 정확히 알고 있으며 베타 분포의 평균과 표준편차 식을 이용하여 θ의 사후평균은 $\frac{16}{42}=0.381$, 사후표준편차는 $\sqrt{\frac{16\times 26}{(16+26+1)(16+26)^2}} = \sqrt{0.005484}$ $=0.0740$임을 알 수 있다.

베타 분포의 평균과 표준편차 식을 사용하지 않고 θ의 랜덤표본을 이용하여 사후평균과 사후표준편차를 근사적으로 추정하여 보자. 사후분포인 $Beta(16,26)$ 분포로부터 랜덤표본을 500개 추출하여 표본의 히스토그램과 평균, 표준편차를 계산하여 이를 실제 사후분포의 밀도함수, 사후평균, 사후표준편차와 비교하여 보았다. 또한 표본의 개수를 각각 5000, 50000개로 하여 추출한 랜덤표본으로부터 얻은 히스토그램, 평균과 표준편차를 살펴보았다(그림 2.1). 처음 500개의 표본으로부터 얻은 히스토그램과 사후평균, 사후표본편차는 실제 값과 차이가 있으나 표본의 수가 늘어남에 따라 점점 실제 분포에

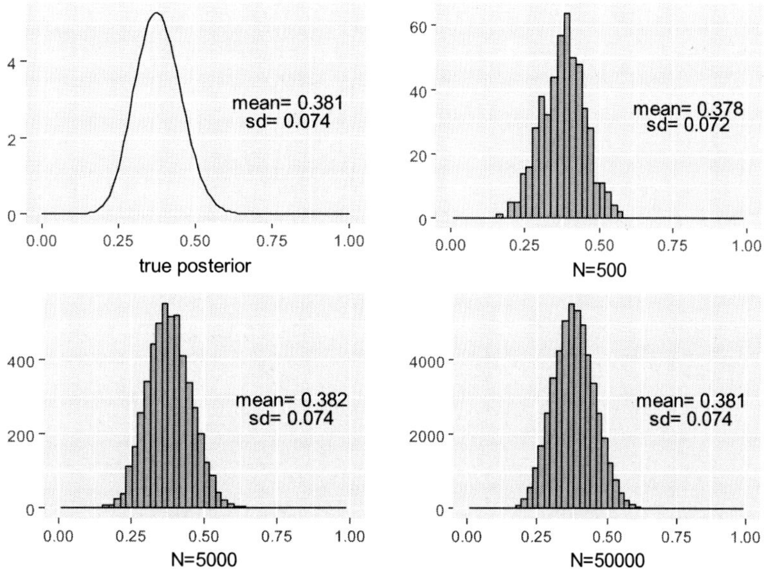

그림 2.1 실제 사후분포와 표본으로부터 얻은 히스토그램

매우 근접하게 수렴함을 볼 수 있다. 아래의 R 코드를 참고하라.

```
## Sample-based Inference
a=b=1
n=40; x=15

# true posterior : theta ~ Beta(a+x, b+n-x)
aa=a+x; bb=b+n-x
theta.grid=seq(0, 1, length=101)
post.true=dbeta(theta.grid, aa, bb)
true.mean=round(aa/(aa+bb), 3)
true.sd=round(sqrt(aa*bb/((aa+bb+1)*(aa+bb)**2)), 3)

# samples from the posterior
theta.N500=rbeta(500, aa, bb)
theta.N5000=rbeta(5000, aa, bb)
theta.N50000=rbeta(50000, aa, bb)

# plot
par(mfrow=c(2,2))
plot(theta.grid, post.true, type="l", col=4, xlab="true posterior", ylab="")
text(0.8, 4, paste("mean=", true.mean))
text(0.8, 3.5, paste("sd=", true.sd, "      "))
```

```
hist(theta.N500, col="sky blue", xlab="N=500", ylab="", xlim=c(0,1), main="", nclass=50)
text(0.8, 20, paste("mean=", round(mean(theta.N500), 3)))
text(0.8, 16, paste("sd=", round(sd(theta.N500), 3), "      "))

hist(theta.N5000, col="sky blue", xlab="N=5000", ylab="", main="", xlim=c(0,1), nclass=20)
text(0.8, 300, paste("mean=", round(mean(theta.N5000), 3)))
text(0.8, 250, paste("sd=", round(sd(theta.N5000), 3), "      "))

hist(theta.N50000, col="sky blue", xlab="N=50000", ylab="", xlim=c(0,1), main="", nclass=50)
text(0.8, 1600, paste("mean=", round(mean(theta.N50000), 3)))
text(0.8, 1300, paste("sd=", round(sd(theta.N50000), 3), "      "))
```

예 2.1은 매우 간단한 경우로, θ의 사후분포를 정확하게 알고 있기 때문에 표본을 이용한 근사가 필요치 않지만 수렴성을 보이기 위해 예를 든 것이다. 실제 문제에서는 모형이 복잡하거나 모수의 차원이 높아 사후평균이나 사후표준편차를 수리적으로 정확히 구할 수 없어 베이지안 추론에 어려움을 겪는 경우가 매우 빈번히 발생한다. 그러나 만약 사후분포로부터의 랜덤표본 생성이 가능하다면 이 랜덤표본의 수를 충분히 크게 함으로써 우리가 원하는 추론을 상당히 정확하게 수행할 수 있다. 컴퓨터로 랜덤표본을 생성하여 작업을 수행하는 시뮬레이션을 몬테칼로(Monte Carlo) 기법이라고 한다.

몬테칼로는 룰렛게임 등으로 유명한 도박의 도시 몬테칼로에서 유래한 것이다. 베이지안 추론의 실제 적용에서는 몬테칼로 기법을 사용하여 사후표본을 생성하고 이를 이용한 근사적 추론이 거의 필수적으로 요구된다. 2.2절과 2.3절에서는 베이지안 추론에서 가장 널리 쓰이는 몬테칼로 기법인 메트로폴리스-해스팅스 기법(Metropolis-Hastings Algorithm)과 깁스 표본기법에 대해 살펴본다.

2.2 메트로폴리스-해스팅스 기법

예 2.2 메트로폴리스 기법의 이해를 위해 Kruschke(2014)에서와 같이 매우 간단한 랜덤워크 예를 들기로 한다. 모수 θ의 가능한 값으로 $\{\theta_1, \theta_2, \theta_3, \theta_4, \theta_5\} = \{1,2,3,4,5\}$가 있는데 이 값들의 확률이 각각 $\frac{1}{20}, \frac{3}{20}, \frac{8}{20}, \frac{5}{20}, \frac{3}{20}$이라고 하자. θ의 분포를 그림으로 표현하면 그림 2.2와 같다. 이 분포로부터 랜덤표본을 생성하면, $\theta_1, \theta_2, \theta_3, \theta_4, \theta_5$의 상대적 빈도가 대략 1:3:8:5:3으로 나타나야 할 것이다.

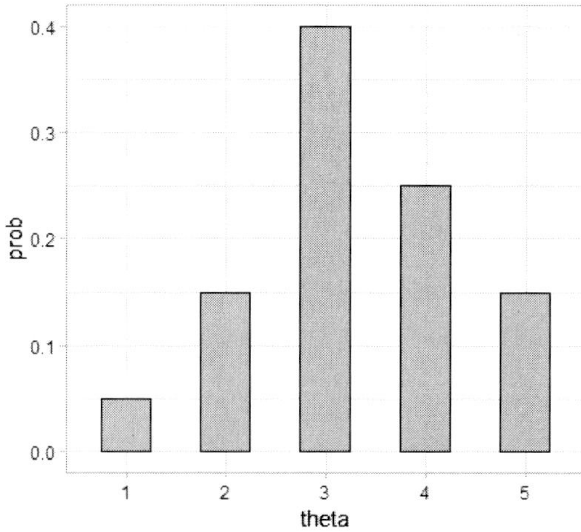

그림 2.2 예 2.2에서 θ의 확률분포

실제 분포를 모른다고 가정하고 다음과 같은 랜덤워크(random walk)에 의해 표본을 생성하여 보자. 여기에서 랜덤워크란 $\theta_1, \theta_2, \theta_3, \theta_4, \theta_5$를 랜덤으로 방문하면 방문하는 값이 θ의 표본이 됨을 의미한다. 이때 가능한 θ값 $\{\theta_1, \theta_2, \theta_3, \theta_4, \theta_5\}$ 중 현재의 θ값을 θ_{curr}이라고 하자. θ_{curr}에서 이동을 고려하는 후보값(proposal) θ_{prop}을 선택하는데, 우리는 후보값으로 현재값의 바로 오른쪽(1 큰 값) 또는 바로 왼쪽(1 작은 값) 값만 허용하며 오른쪽과 왼쪽의 확률을 각각 0.5로 정한다. 단, $\theta_{curr} = \theta_1 = 1$에서는 후보값을 동등한 확률로 자기 자신인 $\theta_1 = 1$ 또는 오른쪽 값인 $\theta_2 = 2$로 선택하며, $\theta_{curr} = \theta_5 = 5$에서는 후보값을 동등한 확률로 자기 자신인 $\theta_5 = 5$ 또는 왼쪽 값인 $\theta_4 = 4$로 선택한다.

후보값이 정해지면 현재값과 후보값에서의 확률을 비교하여 후보값의 확률이 현재값의 확률보다 크면 후보값으로 이동한다. 그렇게 해야 현재값에 비해 후보값의 상대적 빈도를 늘릴 수 있기 때문이다. 그러나 후보값의 확률이 현재값의 확률보다 작으면 이동할지 현재값에 머물러 있을지를 랜덤으로 결정한다. 후보값의 확률이 작다고 무조건 이동하지 않고 현재값에 머물러 있으면 현재값의 상대적 빈도가 과도하게 많아질 수 있으므로 이동하긴 하되 이동 횟수를 현재값 θ_{curr}과 후보값 θ_{prop}의 확률을 비교하여 조절해 주어야 한다. 구체적으로, $P(\theta_{prop})/P(\theta_{curr})$ 확률로 후보값으로 이동하고 나머지 $1 - P(\theta_{prop})/P(\theta_{curr})$ 확률로 현재값에 머물기로 하자. 이때 $P(\theta)$는 θ 점에서의 확률이다.

위에서 제시한 랜덤워크를 종합하여 식으로 표현하면, θ_{curr}에서 θ_{prop}로 이동할 확률 α는

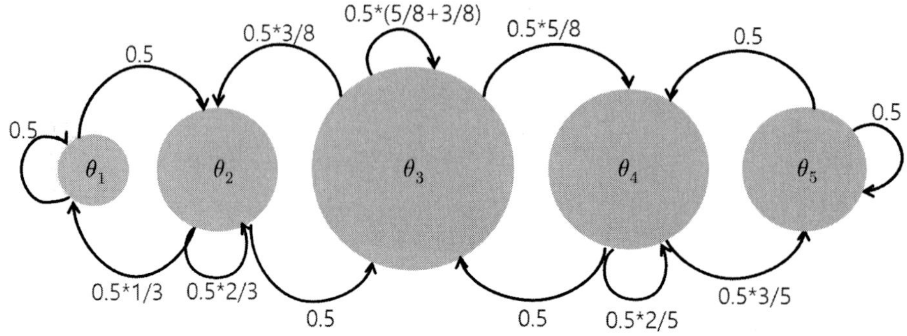

그림 2.3 예 2.2의 랜덤워크

$$\alpha = \min\left\{1, \frac{P(\theta_{prop})}{P(\theta_{curr})}\right\} \tag{2.1}$$

이고 현재값에 머물러 있을 확률은 $1-\alpha$이다. 만약 $P(\theta_{prop}) > P(\theta_{curr})$이면 $\alpha = 1$이므로 무조건 θ_{prop}로 이동하고, 만약 $P(\theta_{prop}) < P(\theta_{curr})$이면 $\alpha < 1$이므로 θ_{prop}로 이동하거나 제자리에 머물거나 둘 중 하나를 랜덤으로 결정한다. 이 랜덤워크를 구현하는 방법으로는 $u \sim U(0,1)$인 균일난수를 생성하여 $u \le \alpha$이면 $\theta_{\mathrm{next}} = \theta_{prop}$로, $u > \alpha$이면 $\theta_{\mathrm{next}} = \theta_{curr}$로 하면 된다. 여기에서 θ_{next}는 랜덤워크의 다음 스텝에서의 θ값을 의미한다.

그림 2.3은 앞에 기술한 바와 같이 각 θ에서 후보를 랜덤 선택하고 식 (2.1)에 의하여 다음 방문을 선택할 때 이동확률을 그림으로 표시한 것이다. 그림에서 원의 면적은 실제 확률에 비례한다.

위의 랜덤워크는 아래와 같은 이동확률 행렬을 갖는 마코프체인이다. 행렬 P의 (i,j) 원소는 θ_i에서 θ_j로의 이동확률을 나타낸다.

$$P = \begin{pmatrix} \frac{1}{2} & \frac{1}{2} & 0 & 0 & 0 \\ \frac{1}{2}\times\frac{1}{3} & \frac{1}{2}\times\frac{2}{3} & \frac{1}{2}\times 1 & 0 & 0 \\ 0 & \frac{1}{2}\times\frac{3}{8} & \frac{1}{2}\times(\frac{5}{8}+\frac{3}{8}) & \frac{1}{2}\times\frac{5}{8} & 0 \\ 0 & 0 & \frac{1}{2}\times 1 & \frac{1}{2}\times\frac{2}{5} & \frac{1}{2}\times\frac{3}{5} \\ 0 & 0 & 0 & \frac{1}{2} & \frac{1}{2} \end{pmatrix}$$

마코프체인의 수렴 이론에 의하면, 특정 조건을 만족하는 마코프체인을 무한히 반복

했을 때 분포가 수렴하며 최종 θ_i의 확률을 π_i라고 할 때

$$\pi_i = \sum_{j=1}^{5} \pi_j P_{ji} \ , i = 1, \cdots, 5,$$

를 만족하는 $\{\pi_i\}$는 유일하게 존재한다. 간단한 계산으로 위 식을 만족하는 $(\pi_1 \cdots \pi_5)$는 $\left(\frac{1}{20}, \frac{3}{20}, \frac{8}{20}, \frac{5}{20}, \frac{3}{20}\right)$임을 알 수 있고, 따라서 이 랜덤워크를 충분히 길게 수행하면 표본의 분포가 실제 분포에 수렴하므로 일정 반복 이후 θ_i의 표본을 실제 분포로부터의 표본으로 간주하면 된다.

θ의 초기치로 $\theta = 2$를 선택하여 위의 랜덤워크를 수행하여 보자.

Step 1

- $\theta_{curr} = 2$
- $\theta_{prop} = 1$ or 3 (각 확률은 0.5)
- 만약 $\theta_{prop} = 3$이면 $\frac{P(\theta=3)}{P(\theta=2)} = \frac{8}{3} > 1$이므로 $\theta_{next} = 3$

  만약 $\theta_{prop} = 1$이면 $\frac{P(\theta=1)}{P(\theta=2)} = \frac{1}{3}$이므로

$$u \sim U(0,1), \quad \theta_{next} = \begin{cases} 1, & \text{if } u \le \frac{1}{3} \\ 2, & \text{if } u > \frac{1}{3}. \end{cases}$$

현재 $\theta_{curr} = 2$에서는 이웃한 $\theta_{prop} = 1$과 $\theta_{prop} = 3$만 고려한다. $\theta_{prop} = 3$은 $\theta_{curr} = 2$에 비하여 확률이 $\frac{8}{3}$배이므로 $\theta_{prop} = 3$의 빈도를 높이기 위해 $\theta_{curr} = 2 \rightarrow \theta_{next} = 3$으로 이동한다. $\theta_{prop} = 1$인 경우 확률이 $\theta_{curr} = 2$에 비하여 $\frac{1}{3}$이므로 확률이 $\frac{1}{3}$인 랜덤이동을 수행한다. 즉,

$$P(\theta_{curr} = 2 \rightarrow \theta_{next} = 1 | \theta_{prop} = 1) = \frac{1}{3},$$

$$P(\theta_{curr} = 2 \rightarrow \theta_{next} = 2 | \theta_{prop} = 1) = \frac{2}{3}$$

이다.

Step 2

- $\theta_{curr} = 3$ (Step 1에서 $\theta_{next} = 3$이 선택되었다고 하자.)
- $\theta_{prop} = 2$ 또는 4 (각 확률은 0.5)
- 만약 $\theta_{prop} = 4$이면, $\frac{p(\theta=4)}{p(\theta=3)} = \frac{5}{8}$이므로

$$u \sim U(0,1), \quad \theta_{\text{next}} = \begin{cases} 4, & \text{if } u \le \dfrac{5}{8} \\ 3, & \text{if } u > \dfrac{5}{8} \end{cases}$$

만약 $\theta_{\text{prop}} = 2$이면, $\dfrac{p(\theta=2)}{p(\theta=3)} = \dfrac{3}{8}$이므로

$$u \sim U(0,1), \quad \theta_{\text{next}} = \begin{cases} 1, & \text{if } u \le \dfrac{1}{3} \\ 2, & \text{if } u > \dfrac{1}{3}. \end{cases}$$

Step 3

⋮

다음은 위의 랜덤워크를 실행하는 R 코드이다. 먼저 θ의 가능한 값과 확률을 입력한다. 참고로 현재값과 후보값의 확률의 비율만 계산하면 되므로 간단히 확률의 상대적 크기만 입력해도 된다. 즉, prob = c(1,3,8,5,3)/20 대신 prob = c(1,3,8,5,3)을 사용해도 된다.

```
theta=c(1:5)
prob=c(1,3,8,5,3)/20
```

초기치는 2로 정한다. 현재값의 오른쪽과 왼쪽 값 중 하나를 1/2로 랜덤하게 선택하되 범위를 벗어나는 경우 현재값으로 선택하는 과정을 다음 코드로 수행할 수 있다.

```
theta.prop=ifelse(runif(1)<0.5, theta.curr+1, theta.curr-1)
if(theta.prop<1 || theta.prop>5) theta.prop=theta.curr
theta.prop=round(theta.prop, 0)
```

위 프로그램 중

```
theta.prop=round(theta.prop, 0)
```

는 theta.curr에 1을 더하거나 뺄 때 유효숫자가 일의 자리까지 되도록 하기 위한 것이다. 그렇지 않으면 예를 들어 2 대신 1.99999...가 theta.prop 값이 될 수 있다.

후보값으로 이동할 것인지 현재값에 머무를 것인지, 다시 말하면 다음 표본값을 후보

값으로 할 것인지 현재값으로 할 것인지를 랜덤하게 결정해야 한다. 이동확률 alpha는 다음과 같이 두 점에서의 확률의 비를 계산하는 함수를 이용하여 계산할 수 있다.

```
prob.ratio=function(theta1, theta2, theta, prob) {
  ind1=which(theta==theta1)
  ind2=which(theta==theta2)
  return(prob[ind1]/prob[ind2])
}
alpha.star=prob.ratio(theta.prop, theta.curr, theta, prob)
alpha=min(1, alpha.star)
```

확률 alpha를 이용하여 다음 표본값 θ_{next}를 정한다.

```
theta.next=ifelse(runif(1)<alpha, theta.prop, theta.curr)
```

지금까지 설명한 코드를 사용하여 50000개의 표본을 추출하여 보자.

```
theta=c(1:5)
prob=c(1,3,8,5,3)/20

prob.ratio=function(theta1, theta2, theta, prob) {
  ind1=which(theta==theta1)
  ind2=which(theta==theta2)
  return(prob[ind1]/prob[ind2])
}

N=50000
theta.curr=2
theta.Samples=c(1:N)*0
theta.Samples[1]=theta.curr

#----Start Simulation----#
for(iter in 1:(N-1)){
        theta.prop=ifelse(runif(1)<0.5, theta.curr+1, theta.curr-1)
        if(theta.prop<1 || theta.prop>5) theta.prop=theta.curr
        theta.prop=round(theta.prop, 0)
        alpha.star=prob.ratio(theta.prop, theta.curr, theta, prob)
        alpha=min(1, alpha.star)
        theta.next=ifelse(runif(1)<alpha, theta.prop, theta.curr)
        theta.Samples[iter+1]=theta.next
        theta.curr=theta.next
  }
#----End simulation----#
```

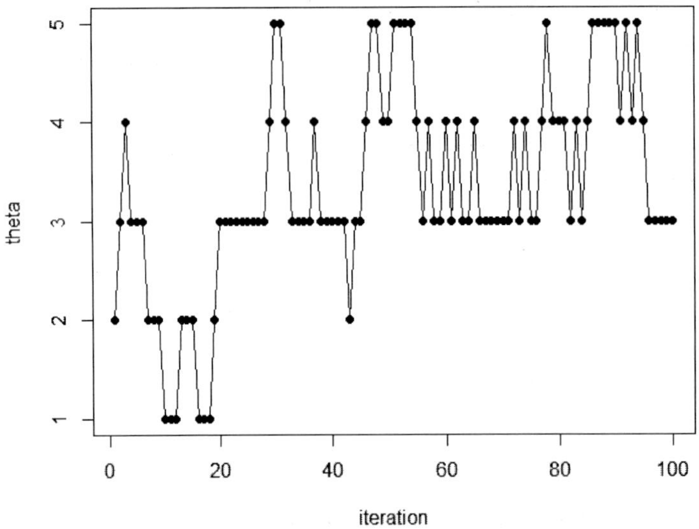

그림 2.4 초기 100번 스텝에서의 θ 표본값

위 랜덤워크 수행에서 초기 100번의 스텝에서 얻어진 표본 θ_{next}값을 그려본 것이 그림 2.4이다. 참고로, θ값이 랜덤으로 움직이므로 시행할 때마다 결과는 달라질 수 있다.

```
##### Fig 2.4 #####
par(mfrow=c(1,1))
Ntrace=100
plot(theta.Samples[1:Ntrace], type="l", xlab="iteration", ylab="theta")
points(c(1:Ntrace), theta.Samples[1:Ntrace], pch=19, col="blue")
```

초기에는 표본의 히스토그램이 실제 확률분포와 다르지만 반복이 진행되면서 표본의 분포가 실제 분포에 수렴하므로 수렴 이후의 표본을 실제 분포로부터의 표본으로 간주하면 된다. 그림 2.5는 실제 확률분포와 501번째 스텝부터 50000번째 스텝까지에서 얻어진 49500개 표본의 히스토그램을 비교한 것이다. 두 그림이 거의 동일함을 볼 수 있다.

```
##### Fig 2.5 #####
par(mfrow=c(1,2))
barplot(prob,names.arg=theta, xlab="theta", ylab="prob", col="skyblue", sub="(a)true
probability")
aa=table(theta.Samples[501:N])/sum(table(theta.Samples[501:N]))
barplot(aa, names.arg=theta, xlab="theta", ylab="prob", ylim=c(0,0.4), col="sky blue",
sub="(b) relative frequency of samples")
```

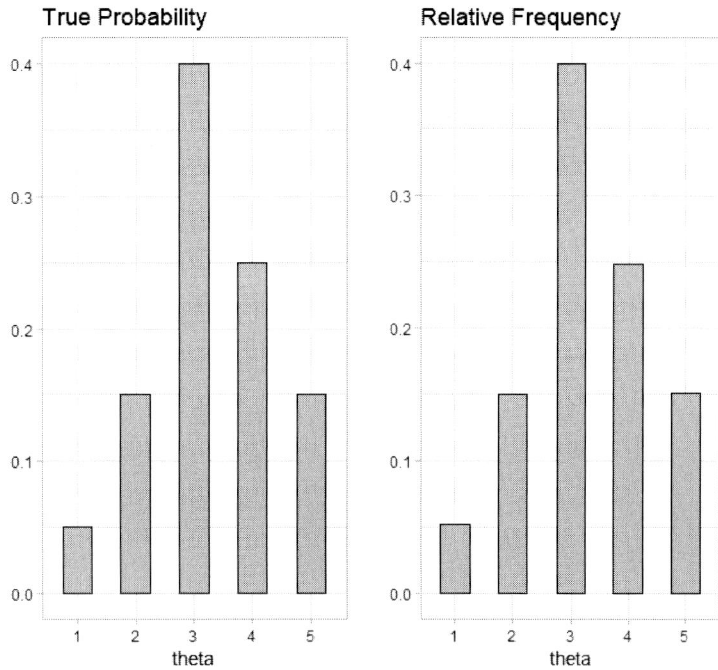

그림 2.5 실제 분포와 표본분포

θ의 후보값을 현재값의 왼쪽과 오른쪽에 국한하지 말고 {1, 2, 3, 4, 5} 중에서 랜덤으로 선택하여 보자. 랜덤워크 코드 중 후보값을 선택하는

```
theta.prop=ifelse(runif(1)<0.5, theta.curr+1, theta.curr-1)
if(theta.prop<1 || theta.prop>5) theta.prop=theta.curr
theta.prop=round(theta.prop, 0)
```

부분을

```
theta.prop=sample(theta, 1)
```

로 바꾸면 된다. 스텝 500번 이후의 표본을 가지고 상대도수를 그려보면 그림 2.5와 거의 동일함을 볼 수 있다(그림 생략).

이번에는 θ의 후보값을 {1, 2, 3, 4, 5}에 대하여 동일한 확률이 아니라 확률 (0.1, 0.1, 0.2, 0.3, 0.3)로 선택하면 어떻게 될까? 후보값 선택부분을

```
prob.prop=c(0.1, 0.1, 0.2, 0.3, 0.3)
theta.prop=sample(theta, 1, prob=prob.prop)
```

으로 치환하여 랜덤워크를 수행한 후, 스텝 500번 이후의 표본을 가지고 표본분포를 그려보면 그림 2.6과 같이 실제 분포와 매우 다름을 볼 수 있다. 이는 랜덤워크에서 생성된 표본의 분포가 실제 분포로 수렴하지 않음을 의미한다.

후보값을 동일하지 않은 확률로 선택하였을 때 수렴하지 않은 이유는 무엇일까? 후보 선택확률을 보면 (0.1, 0.1, 0.2, 0.3, 0.3)으로 $\theta_1 = 1$과 $\theta_2 = 2$은 후보로 뽑힐 확률이 상대적으로 낮다. 후보로 뽑힐 가능성이 낮으므로 다음 표본인 θ_{next}가 될 가능성도 낮고 따라서 그림 2.6(b)와 같이 1과 2의 확률이 실제 확률보다 낮게 추정된다. 반면에 $\theta_4 = 4$와 $\theta_5 = 5$는 후보로 뽑힐 가능성이 높으므로 표본이 될 가능성이 높아져 상대도수가 실제 확률보다 높게 나타나는 현상이 발생한다.

그렇다면 후보 선택확률의 차이를 보정하는 방법은 무엇일까? $q(\theta_{prop}|\theta_{curr})$을 현재 θ_{curr}에서 후보로 θ_{prop}를 선택할 확률이라고 하고, 바꾸어 $q(\theta_{curr}|\theta_{prop})$을 현재 θ_{prop}에서 후보로 θ_{curr}를 선택할 확률이라고 하자. 이때 서로의 후보확률의 차이를 보정하기 위하여 식 (2.1)의 α 식에서 $P(\theta_{prop})/P(\theta_{curr})$을 $q(\theta_{prop}|\theta_{curr})/q(\theta_{curr}|\theta_{prop})$로 나누어준다. 즉, 식 (2.1)에서 α를

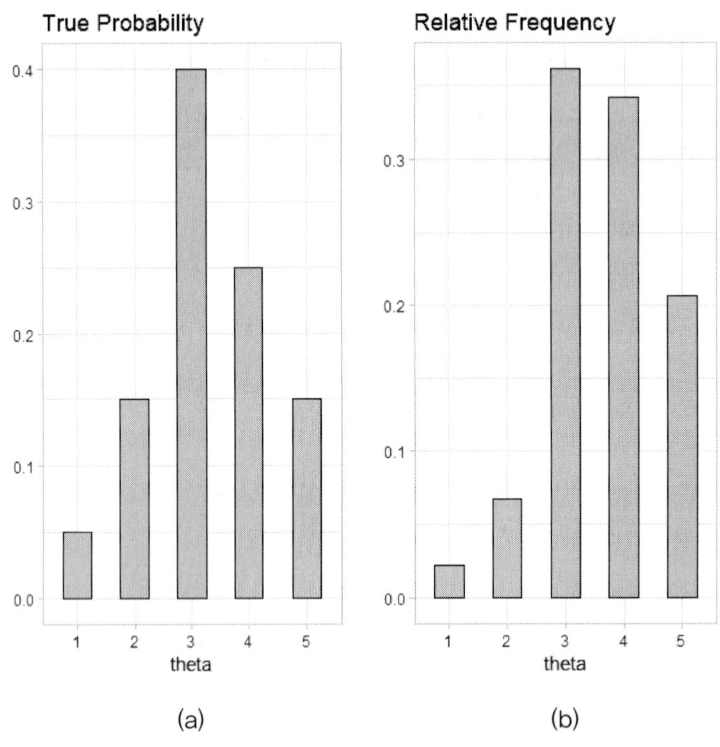

그림 2.6 동일하지 않은 후보추출확률을 사용했을 때 실제 분포와 표본분포

$$\alpha = \min\left\{1, \frac{P(\theta_{prop})}{P(\theta_{curr})} \times \frac{q(\theta_{curr}|\theta_{prop})}{q(\theta_{prop}|\theta_{curr})}\right\} \tag{2.2}$$

로 치환하면 각 값들이 서로 다른 확률로 후보로 선택된 점을 보정해 주어 표본분포가 실제 분포로 수렴한다. R 코드 중 시뮬레이션 부분을 아래와 같이 바꾸면 된다.

```
prob.prop=c(0.1,0.1,0.2, 0.3, 0.3)
for(iter in 1:(N-1)) {
   theta.prop=sample(theta, 1, prob=prob.prop)
   alpha.star=prob.ratio(theta.prop, theta.curr, theta, prob)*
             prob.ratio(theta.curr, theta.prop, theta, prob.prop)
   alpha=min(1, alpha.star)
   theta.next=ifelse(runif(1)<alpha, theta.prop, theta.curr)
   theta.Samples[iter+1]=theta.next
   theta.curr=theta.next
}
```

식 (2.1)과 같이 α에 후보추출 확률비가 포함되지 않는 경우를 메트로폴리스(Metropolis) 기법이라고 하고 식 (2.2)와 같이 α에 후보추출 확률비가 포함되는 경우를 메트로폴리스-해스팅스(Metropolis-Hastings) 기법이라고 한다. 물론 메트로폴리스 기법은 메트로폴리스-해스팅스 기법의 특수한 경우이다. 메트로폴리스 기법은 Metropolis et al.(1953)이 처음 제안하고 Hastings(1970)가 메트로폴리스 기법을 확장한 것이 메트로폴리스-해스팅스 기법이다.

이제 메트로폴리스-해스팅스(MH) 기법의 일반적 알고리즘을 살펴보자. 베이지안 추론에서는 사후분포 $\pi(\theta|x)$로부터 표본을 추출하는 것이 목적이다. 각 스텝에서 $q(\theta_{prop}|\theta_{curr}, x)$을 θ의 현재 값 θ_{curr}와 자료 x가 주어졌을 때 후보값 θ_{prop}을 선택할(혹은 생성할) 조건부 분포라고 하면, $\theta_{\text{next}} = \theta_{prop}$가 될 확률은

$$\alpha = \min\left[1, \frac{\pi(\theta_{prop}|x)}{\pi(\theta_{curr}|x)} \times \frac{q(\theta_{curr}|\theta_{prop}, x)}{q(\theta_{prop}|\theta_{curr}, x)}\right] \tag{2.3}$$

이 된다. 후보값을 $q(\theta_{prop}|\theta_{curr}, x)$로부터 랜덤으로 추출하므로 $q(\theta_{prop}|\theta_{curr}, x)$를 후보(표본)추출함수(proposal generating density) 또는 후보함수(proposal density)라고 한다.

메트로폴리스-해스팅스 기법에 의해 생성되는 θ의 표본은 초기치 θ^0에서 시작하여 연쇄적으로

$$\theta^0 \to \theta^1 \to \theta^2 \to \cdots \to \theta^k \to \theta^{k+1} \to \cdots\cdots$$

생성되는데, θ^k가 주어졌을 때 θ^{k+1}은 $\theta^1 \ldots\ldots \theta^{k-1}$과는 관련이 없기 때문에 현재의 θ 값은 바로 이전의 θ값에만 의존하는 마코프체인 성질을 가지므로 메트로폴리스-해스팅스 기법을 마코프체인 몬테칼로(Markov Chain Monte Carlo, MCMC) 기법이라고 한다. 마코프체인으로부터 표본을 생성하면 원하는 분포로 수렴하기까지 시간이 걸린다. 따라서 수렴하기 전 단계에서 생성된 표본을 버리고 그 이후에 생성된 표본을 사용하여 추론에 사용해야 한다. 수렴 전 단계를 준비단계(burn-in 또는 warm-up)라고 한다.

메트로폴리스-해스팅스 기법의 중요한 특징 중 하나는 θ_{curr}과 θ_{prop}의 사후밀도함수의 비율, 즉 상대적 크기만 알면 될 뿐 사후밀도함수값 자체는 몰라도 된다는 것이다. 사후밀도함수 $\pi(\theta|x)$는

$$\pi(\theta|x) = \frac{f(x|\theta)\pi(\theta)}{\int f(x|\theta)\pi(\theta)d\theta}$$

인데, 많은 경우 분자는 우도함수와 사전밀도함수의 곱이기 때문에 계산이 가능하지만 분모는 복잡한 다차원 적분을 요구하므로 수리적 계산이 불가능하다. 분모

$$m(x) = \int f(x|\theta)\pi(\theta)d\theta$$

는 주변우도함수 또는 가중우도함수라고 하며 베이지안 모형선택에서 매우 중요한 역할을 하지만 수리적으로 계산이 되지 않는 경우가 대부분이다. $m(x)$로 인하여 사후밀도함수 자체는 수리적으로 계산이 어렵지만 두 값에서 사후밀도함수의 비율(사후비)은

$$Posterior\ ratio = \frac{f(x|\theta_{prop})\pi(\theta_{prop})/m(x)}{f(x|\theta_{curr})\pi(\theta_{curr})/m(x)}$$

는 공통분모 $m(x)$가 약분되기 때문에 복잡한 모형에서도 사후비는 계산이 가능하여 메트로폴리스-해스팅스 기법을 손쉽게 적용할 수 있다. 바로 이 점이 메트로폴리스-해스팅스가 널리 사용되는 가장 큰 장점이라 할 수 있다.

θ가 연속모수인 경우 간단한 랜덤워크 메트로폴리스 알고리즘으로 $N(\theta_{curr,}\delta^2)$을 $q(\theta_{prop}|\theta_{curr}, x)$로 사용하는 방법이 있다. 즉, 현재값을 중심으로 한 정규분포에서 랜덤으로 후보값을 추출하는 것이다. 이때는

$$q(\theta_{curr}|\theta_{prop}, x) = q(\theta_{prop}|\theta_{curr}, x) \propto \exp[-\frac{1}{2\delta^2}(\theta_{prop} - \theta_{curr})^2]$$

이 되므로 식 (2.3)의 채택확률에서 후보 함수와 관련된 항이 1이 되어 사라진다. 랜덤 워크 메트로폴리스 기법에서 후보 함수의 표준편차 δ를 어떻게 선택하느냐에 따라 수렴 속도가 달라지는데 이에 대해서는 3.3절에서 자세히 다룬다.

2.3 깁스 표본기법

깁스 표본기법(Gibbs Sampling Algorithm)은 메트로폴리스-해스팅스 기법의 특수한 경우로 다차원 모수 $\boldsymbol{\theta}=(\theta_1, \ldots, \theta_p)$의 원소모수 θ_i를 하나씩 차례로 바꾸어 나가는 기법이다. 이때 바꾸고자 하는 원소모수의 후보값은 θ_i의 완전 조건부 사후분포 $\pi(\theta_i | \boldsymbol{\theta}_{-i}, x)$로부터 생성하며 채택확률 α는 항상 1이 된다. $\boldsymbol{\theta}_{-i}$는 θ_i를 제외한 나머지 $\boldsymbol{\theta}$ 원소들의 집합이다. 깁스 표본기법은 Gelfand and Smith(1990) 논문 이후 베이지안 추론에 광범위하게 사용되고 있다.

$\boldsymbol{\theta}$가 3차원 모수로 $\boldsymbol{\theta}=(\theta_1, \theta_2, \theta_3)$일 때 깁스 표본기법의 알고리즘은 다음과 같다. 현재의 $\boldsymbol{\theta}$값을 $(\theta_1^{curr}, \theta_2^{curr}, \theta_3^{curr})$이라고 하자. 먼저 θ_1의 후보값 θ_1^{prop}을 $\pi(\theta_1 | \theta_2^{curr}, \theta_3^{curr}, x)$로부터 생성한다. 즉,

$$q(\theta_1^{prop} | \theta_1^{curr}, \theta_2^{curr}, \theta_3^{curr}, x) = \pi(\theta_1^{prop} | \theta_2^{curr}, \theta_3^{curr}, x)$$
$$q(\theta_1^{curr} | \theta_1^{prop}, \theta_2^{curr}, \theta_3^{curr}, x) = \pi(\theta_1^{curr} | \theta_2^{curr}, \theta_3^{curr}, x)$$

이다. 위 식을 식 (2.3)에 대입하고 확률의 곱 법칙에 의하여

$$\pi(\theta_1^{prop}, \theta_2^{curr}, \theta_3^{curr} | x) = \pi(\theta_1^{prop} | \theta_2^{curr}, \theta_3^{curr}, x)\pi(\theta_2^{curr}, \theta_3^{curr} | x)$$
$$\pi(\theta_1^{curr}, \theta_2^{curr}, \theta_3^{curr} | x) = \pi(\theta_1^{curr} | \theta_2^{curr}, \theta_3^{curr}, x)\pi(\theta_2^{curr}, \theta_3^{curr} | x)$$

임을 이용하면 식 (2.3)은

$$\alpha = \frac{\pi(\theta_1^{prop}, \theta_2^{curr}, \theta_3^{curr} | x)}{\pi(\theta_1^{curr}, \theta_2^{curr}, \theta_3^{curr} | x)} \times \frac{\pi(\theta_1^{curr} | \theta_2^{curr}, \theta_3^{curr}, x)}{\pi(\theta_1^{prop} | \theta_2^{curr}, \theta_3^{curr}, x)} = 1$$

이다. 채택확률 $\alpha = 1$이므로 θ_1^{curr}은 θ_1^{prop}로 항상 대체된다. 즉, $\theta_1^{next} = \theta_1^{prop}$ 이다.

다음으로 θ_2^{prop}를 $\pi(\theta_2 | \theta_1^{prop}, \theta_3^{curr}, x)$로부터 생성하여 θ_2^{curr}를 대체하고 다시 θ_3^{prop}를 $\pi(\theta_3 | \theta_1^{prop}, \theta_2^{prop}, x)$로부터 생성하여 θ_3^{curr}를 대체한다. 이때 θ_2와 θ_3의 조건부 사후분포에서 조건에 들어가는 θ_1^{prop}와 θ_2^{prop}은 바로 전 단계에서 대체된 값들이다. 이렇

게 원소들을 차례로 조건부 사후분포로부터 생성된 새로운 값으로 대체하기 때문에 전체 벡터모수 $\boldsymbol{\theta}$는 3단계에 걸쳐 새로운 값으로 대체된다.

깁스 표본기법은 채택확률이 항상 1이므로 채택확률 계산이 생략되어 알고리즘이 간단하고 계산 속도가 절약되며, 원소들 간의 상관관계가 매우 큰 경우를 제외한 대부분의 경우에 메트로폴리스-해스팅스 기법에 비하여 수렴속도가 빠른 것으로 알려져 있다. 단, 각 원소의 조건부 사후분포로부터 표본생성이 이루어지므로 이 작업이 쉽게 수행되어야 한다는 전제조건이 따른다. 다행히 많은 베이지안 추론의 경우 각 원소모수의 조건부 사후분포가 표본생성에 매우 편리한 형태로 주어지기 때문에 깁스 표본기법은 다양한 분야에서 널리 사용되고 있다.

예 2.3 $X_1,\ldots,X_n|\mu,\sigma^2 \sim N(\mu,\sigma^2)$이고 $\boldsymbol{x}=(x_1,\ldots,x_{10})=(10,13,15,11,9,18,20,17,23,21)$이 관측되었다. μ와 σ^2에 대하여 독립적으로 각각 $\mu \sim N(\mu_0,\sigma_0^2)$, $\sigma^2 \sim IG(a,b)$ 사전분포를 가정하자. 여기에서 $IG(a,b)$는 확률밀도함수가 $\frac{b^a}{\Gamma(a)}(\sigma^2)^{-a-1}e^{-b/\sigma^2}$인 역감마 분포를 나타낸다. 이때 μ와 σ^2의 사후분포 $\pi(\mu,\sigma^2|\boldsymbol{x})$는 다음과 같다.

$$\pi(\mu,\sigma^2|\boldsymbol{x}) \propto \sigma^{-n}\exp(-\frac{1}{2}\frac{1}{\sigma^2}\sum_{i=1}^{n}(x_i-\mu)^2+\frac{1}{\sigma_0^2}(\mu-\mu_0)^2)(\sigma^2)^{-a-1}\exp(-b/\sigma^2) \tag{2.4}$$

위 분포는 흔히 알려진 분포가 아니며 결합사후분포로부터의 표본생성도 간단치 않다. 그러나 μ가 주어진 조건하에서 σ^2의 분포인 $\pi(\sigma^2|\boldsymbol{x},\mu)$는 간단히 계산해 보면

$$\begin{aligned}\pi(\sigma^2|\boldsymbol{x},\mu) &\propto (\sigma^2)^{-n/2-a-1}\exp\left[-\frac{1}{\sigma^2}\left\{\frac{1}{2}\sum(x_i-\mu)^2+b\right\}\right] \\ &\sim IG(\frac{n}{2}+a,\frac{1}{2}\sum(x_i-\mu)^2+b)\end{aligned} \tag{2.5}$$

임을 알 수 있다. 참고로, 식 (2.5)는 식 (2.4)에서 σ^2과 관련된 항만 취한 것이다. 왜냐하면 식 (2.5)에서는 μ가 조건으로 들어가서 μ를 상수 취급하기 때문이다. 다음으로, $\pi(\mu|\boldsymbol{x},\sigma^2)$을 살펴보면 σ^2이 주어진 조건이기 때문에 1장의 예 1.3을 적용하면

$$\mu|\sigma^2,\boldsymbol{x} \sim N(\mu_\pi,\sigma_\pi^2),$$

$$\sigma_\pi^2=\frac{1}{\frac{1}{\sigma^2/n}+\frac{1}{\sigma_0^2}}, \qquad \mu_\pi=\frac{\frac{1}{\sigma^2/n}\bar{x}+\frac{1}{\sigma_0^2}\mu_0}{\frac{1}{\sigma^2/n}+\frac{1}{\sigma_0^2}}$$

이다. 원소모수 μ와 σ^2의 조건부 사후분포로부터의 표본추출은 기존의 난수생성함수를 사용하여 손쉽게 할 수 있으므로 깁스 표본기법을 사용하여 $\pi(\mu,\sigma^2|\boldsymbol{x})$로부터 $(\mu,\ \sigma^2)$의

표본을 쉽게 생성할 수 있다.

아래와 같은 R 프로그램을 수행하여 보자.

```
#################################################
# Gibbs sampling example : 예 2.3
#################################################

M<-3000; m<-500  #burn-in=500;  nTotalIteration=3000
mu0<-10; sigsq0<-25; a<-0.5; b<-1
x<-c(10,13,15,11,9,18,20,17,23,21)
n<-length(x)
xbar<-mean(x); var.x<-var(x)
THETA<-matrix(nrow=M, ncol=2)

# initial value of sigsq
sigsq<-var.x
mu=xbar

# Gibbs sampler
for(nsim in 1:M){

   # generate mu
   condpost.var<-1/(1/sigsq0+n/sigsq)
   condpost.mu<-condpost.var*(xbar/(sigsq/n)+mu0/sigsq0)
   mu<-rnorm(1, condpost.mu, sqrt(condpost.var))

   # generate sigsq
   condpost.a<-a+n/2
   condpost.b<-b+1/2*((n-1)*var.x+n*(xbar-mu)^2)
   sigsq<-1/rgamma(1, condpost.a, condpost.b)

   # save
   THETA[nsim,]<-c(mu, sigsq)
}

#### Fig 2.7 ####
par(mfrow=c(1,3))
plot(THETA[1:5,], type="n", xlab=expression(mu), ylab=expression(sigma^2))
lines(THETA[1:5,], lty=2)
for(i in 1:5) text(THETA[i, 1], THETA[i, 2], i)

plot(THETA[1:15,], type="n", xlab=expression(mu), ylab=expression(sigma^2))
lines(THETA[1:15,], lty=2)
```

```
for(i in 1:15) text(THETA[i, 1], THETA[i, 2], i)

plot(THETA[1:100,], type="n", xlab=expression(mu), ylab=expression(sigma^2))
lines(THETA[1:100,], lty=2)
for(i in 1:100) text(THETA[i, 1], THETA[i, 2], I)

#### Fig 2.8 ####
par(mfrow=c(1,1))
plot(THETA[m:M, 1], THETA[m:M, 2], xlab=expression(mu), ylab=expression(sigma^2),
    main="sample of (mu, sigma^2)")


#### Fig 2.9 ####
par(mfrow=c(1,2))
plot(density(THETA[m:M, 1]), xlab=expression(mu), ylab="posterior", main="")
plot(density(THETA[m:M, 2]), xlab=expression(sigma^2), ylab="posterior", main="")
```

그림 2.7은 깁스 표본기법 초기단계에서 (μ, σ^2)의 경로그림이고, 그림 2.8과 그림 2.9는 준비단계 500번 이후 2500개 표본의 산점도와 표본으로부터 추정한 주변 사후밀도함수이다.

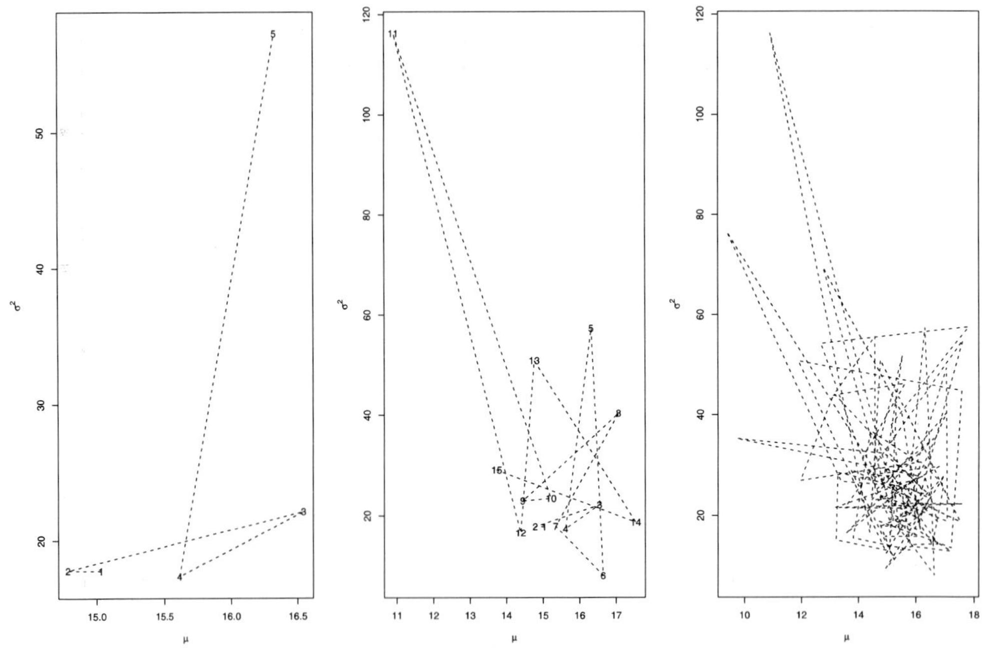

그림 2.7 예 2.3에서 (μ, σ^2)의 경로그림

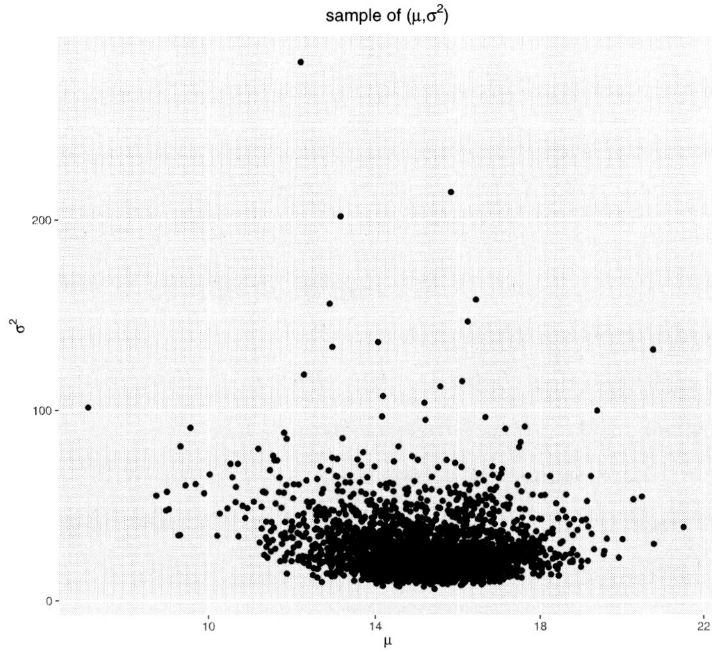

그림 2.8 예 2.3에서 준비단계 이후 (μ, σ^2) 표본의 산점도

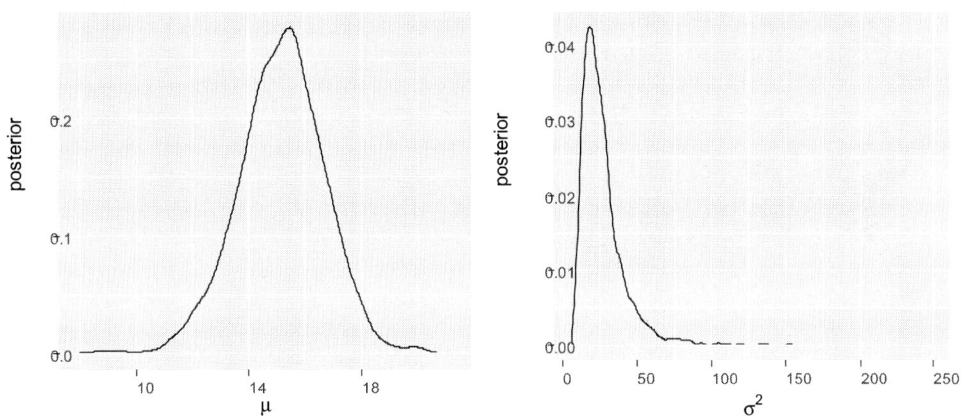

그림 2.9 예 2.3에서 (μ, σ^2)의 주변 사후밀도함수

참고문헌

- Gelfand, A., Smith, AFM. (1990), Sampling-based approaches to calculating marginal densities, *Journal of the American Statistical Association*, 85, 398-409.
- Hastings, W.K. (1970), Monte Carlo Sampling Methods Using Markov Chains and Their Applications. *Biometrika.* 57 (1): 97–109.
- Kruschke, J. (2014), *Doing Bayesian Data Analysis: A Tutorial with R, JAGS, and Stan,* 2nd edition. Boston, MA: Academic Press.
- Metropolis, N., Rosenbluth, A.W., Rosenbluth, M.N., Teller, A.W., Teller, E. (1953), Equation of State Calculations by Fast Computing Machines, *Journal of Chemical Physics*, 21, 1087

3장

MCMC의 수렴진단, 정확도, 효율

2장에서는 메트로폴리스, 메트로폴리스-해스팅스, 깁스 표본기법 등의 MCMC 알고리즘을 소개하였다. 실제로 MCMC 알고리즘을 사용하여 사후추론을 하기 위해서는 몇 가지 고려할 사항들이 있다. 이 장에서는 MCMC 체인의 수렴진단, 정확도, 효율에 대하여 알아보기로 한다.

3.1 MCMC 수렴진단

MCMC 기법은 표본이 마코프체인으로부터 생성되기 때문에 표본의 분포가 우리가 원하는 사후분포로 수렴하는 데까지는 시간이 걸린다. MCMC 체인에서 수렴에 이르기 전 단계를 준비단계(burn-in, warm-up)라고 한다. 준비단계에서 생성된 표본은 사후분포를 따르지 않으므로 버리고, 준비단계 이후부터 생성된 표본을 가지고 추론을 수행해야 한다. MCMC 알고리즘 수행에서 스텝을 보통 반복(iteration)이라고 한다. 예를 들어 준비단계가 1000번째의 반복까지라고 하면, 1~1000번까지의 반복에서 생성된 표본은 버리고 1001~11000번째 반복에서 생성된 표본을 이용하여 모수의 사후기대치 사후구간 등을 추정한다.

그렇다면 질문은 'MCMC에서 초기의 몇 번째 반복까지를 준비단계로 볼 것인가?'이다. 이에 대한 답은 '경우에 따라 다르다' 이다. 어떤 경우에는 10번째에 수렴에 이를 수도 있지만 어떤 경우에는 50000번째에도 수렴이 이르지 못할 수도 있다. 통계적 모형, 자료, 그리고 알고리즘에 따라 수렴속도가 제각각 다르므로 언제 MCMC 체인이 수렴에 도달하는지 일률적으로 말하는 것은 불가능하며, 주어진 문제마다 MCMC 수렴성 여부를 확인하고 준비단계 이후의 표본만 사용하여야 한다.

그렇다면 MCMC 체인이 몇 번 반복 후에 수렴하는지 어떻게 확인할 것인가? 물론 MCMC 체인을 무한히 반복하면 수렴에 이르지만 실제 우리가 수행하는 MCMC 체인의 반복수는 유한하기 때문에 몇 번째 반복 이후에 MCMC 체인이 충분히 수렴에 가깝다고 봐도 되는지, 즉 표본이 사후표본이라고 간주할 수 있는지를 알아야 한다. 불행하게도 현재까지 이를 확인할 수 있는 완벽한 방법은 존재하지 않는다. 다시 말하면, 이러이러한 조건들이 만족되면 몇 번째 반복 이후에는 MCMC 체인이 수렴하는 것을 보장한다고 하는 충분조건은 존재하지 않는다. 그러나 우리는 만약 수렴에 도달했다면 어떤 조건들이 만족되어야 하는지 필요조건들은 알고 있으므로 이 필요조건들을 확인하여 수렴의 여부를 '대략적으로' 확인하는 방법을 사용한다. 주의할 점은 필요조건들이 만족되었다고 해서 수렴성을 보장하는 것은 아니고 단지 수렴에 위배되는 증거들을 찾지 못하므로 수렴의 가능성이 높다고 간주하는 것이다.

현재 사용되고 있는 MCMC 수렴 진단방법들은 수렴의 필요조건으로 다음의 두 가지를 고려한다. 첫째, 마코프체인이 수렴에 이르면 초기치의 영향이 사라진다. 즉, 수렴에 이르렀다면 초기치로 어느 값을 사용하든 상관없이 표본의 분포가 안정적으로 사후분포에 도달해야 한다. 둘째, 마코프체인이 수렴에 이르면 체인이 사후분포의 전체 영역을 방문하며, 각 영역을 그 영역에서의 사후밀도함수값에 비례하여 방문한다. 즉, 체인이 어느 특정 영역에 지나치게 오래 머무르지 않고 전체 영역을 자유롭게 이동하며, 사후밀도함수값이 큰 영역은 자주 방문하여 상대적으로 많은 수의 표본이 생성되도록 하고 반면 사후밀도함수값이 작은 영역은 뜸하게 방문하여 상대적으로 적은 수의 표본이 생성되도록 할 것이다.

위의 두 필요조건을 확인하기 위해 가장 많이 사용되는 방법은 표본의 시간적 궤도(trajectory)를 살펴보는 시각적 방법이다. 이차원 그래프의 가로축에는 반복수(iteration number)를, 세로축에는 반복마다 생성된 표본의 값을 표시하는 경로그림(trace plot)을 그린다. 서로 다른 초기치에서 출발한 여러 개의 MCMC 체인에 대하여 경로그림을 겹쳐 그려보아 이들 경로그림이 어느 시점 이후에 초기치의 영향을 벗어나 서로 잘 겹쳐지는지 눈으로 확인하는 것이다.

예 3.1 $X_i|\mu \sim N(\mu,1), i=1,..,20$, 인 경우에 $\bar{x}=4$가 관측되었다. μ에 대한 사전분포로 $N(0,10^2)$를 가정하고, μ의 사후분포로부터 표본을 추출하기 위한 랜덤워크 메트로폴리스 기법을 수행해 보자. 각 반복에서 새로운 표본의 후보를 $N(\mu^{curr},\delta^2)$에서 추출하기로 하고, $\delta=0.2$을 선택하였다.

그림 3.1은 서로 다른 초기치에서 출발한 3개의 MCMC 체인에 대한 경로그림이다. 초기 1~200번 반복을 표시한 그림 3.1(a)를 보면 이 3개의 체인은 서로 다른 초기치에서 출발했지만 약 100번 이후에는 서로 잘 겹쳐지며 증가 또는 감소의 경향(trend)을 보이지 않고 안정적인 모양을 보임을 알 수 있다. 따라서 수렴시점을 100번 이후로 정하면 될 것이다. 수렴시점을 100으로 보아도 무방할 것으로 보이나 조금 더 넉넉하게

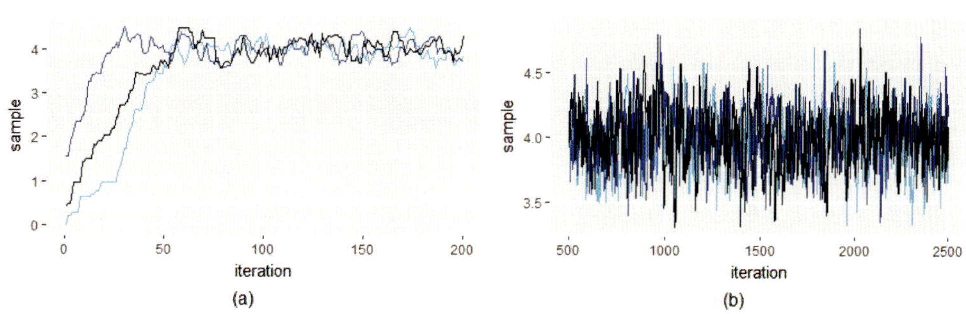

그림 3.1 예 3.1에서 3개의 체인에 대한 경로그림

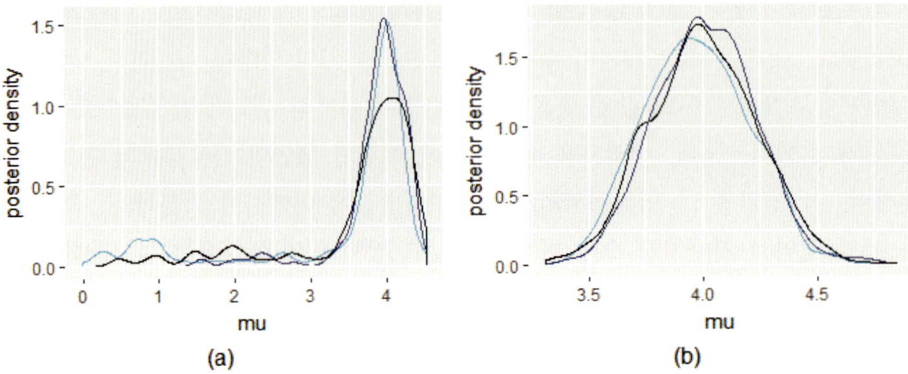

그림 3.2 예 3.1에서 3개의 체인으로부터 추정된 사후밀도함수
(a) 반복 1~200, (b) 반복 501~10000

500으로 생각해보자. 그림 3.1(b)는 위 3개의 MCMC 체인들에서 501~2500번째 반복까지의 표본에 대한 경로그림이다. 그림 3.1(b)를 보면 서로 잘 겹쳐져 있으며 증가 또는 감소의 경향이 보이지 않고 안정적인 모양을 보인다. 따라서 500번째 반복 이후부터 생성된 표본은 사후분포를 따르는 표본일 가능성이 높다. 다시 한 번 주의할 점은 위와 같이 잘 겹쳐져 있고 안정적인 모양을 보인다고 해서 수렴을 100% 보장하는 점은 아니라는 것이다. 예를 들어 사후밀도함수가 다봉함수(multimodal)인 경우 3개의 체인이 모두 사후밀도함수의 봉우리가 높은 최고 봉우리 구간에서 빠져나와 다른 봉우리 쪽으로 이동하지 못한 채 최고 봉우리 구간에서만 표본을 생성할 경우, MCMC 표본의 분포가 실제 사후밀도함수와 상당히 다름에도 불구하고 위와 같은 안정적인 경로그림을 보여줄 수 있다(Celliux et al., 2000). 그러나 사후밀도함수가 단봉함수인 경우에는 3개의 체인이 모두 어느 특정 구간에서만 머물 가능성이 매우 낮다.

서로 다른 체인에서 생성된 표본이 같은 분포로 수렴하는지를 확인하는 또 다른 방법은 서로 다른 MCMC 체인의 표본으로부터 표본의 밀도함수를 그려보아 이들이 잘 일치하는지 살펴보는 방법이다. 그림 3.2(a)는 예 3.1에서 3개의 서로 다른 MCMC 체인으로부터 생성된 처음 200개의 표본으로 추정된 밀도함수를 겹쳐 그린 것이다. 3개의 밀도함수가 일치하지 않는 것으로 보아 이 표본들은 수렴에 이르기 전 단계의 표본이다. 그림 3.2(b)는 3개 체인의 501~10000번째 반복에서 얻은 표본으로 추정된 밀도함수를 겹쳐 그린 것이다. 그림 3.2(a)와 달리 3개의 밀도함수가 비교적 잘 일치하므로 500번 이후에는 수렴에 이르렀을 가능성이 높다.

이상의 경로그림과 표본 밀도함수그림은 시각적 진단 방법이다. 시각적 진단은 눈으로 보아 확인할 수 있는 좋은 방법이지만 추정하고자 하는 모수의 수가 매우 많을 경우 모든 모수에 대하여 그림을 그려보는 것은 현실적으로 어려울 수 있다.

Gelman and Rubin(1992)은 간단한 수치적 측도로 수렴성을 진단하는 방법을 제안하였는데 이 방법은 현재 널리 쓰이고 있으며 거의 모든 수렴진단 패키지에서 이 수치를 제공한다. 동일한 모수에 대하여 초기치를 달리하는 여러 개의 MCMC 체인을 이용하여 표본을 생성할 경우, 하나의 체인 내에 존재하는 표본의 분산 W(within-chain variance)와 서로 다른 체인 사이에 존재하는 표본의 분산 B(between-chain variance)가 존재한다. 만약 수렴이 잘 되어 서로 다른 체인이 잘 섞인다면 W와 B는 같은 값을 가질 것이고 두 분산의 비율은 1 값을 가질 것이다. 그러나 만약 어떤 체인이 나머지 체인들과 겹치지 않고 다른 영역에서 표본을 생성하다면 B는 W보다 클 것이고, 잘 섞이지 않는 체인의 수가 많을수록 그리고 섞이지 않는 정도가 심할수록 B와 W의 비율이 커질 것이다. 간단히 Gelman 상수라고 불리는 Gelman-Rubin 통계량은 축소지수(shrink factor) 또는 잠재적 축소지수(potential scale reduction factor)라고 하며, N을 MCMC 체인에서 반복수라고 할 때 다음 식으로 주어진다.

$$\text{Gelman 상수} = \frac{N-1}{N} + \frac{1}{N} \cdot \frac{B}{W}$$

위 식에서 만약 MCMC 체인이 수렴에 이르렀다면 Gelman 상수가 1에 가까운 값을 가질 것이므로, Gelman 상수가 1에 가까우면 수렴 가능성이 높다고 본다. 통상적으로 Gelman 상수가 1.1 이하이면 수렴에 이르렀다고 본다. Gelman 상수에 대한 95% 신뢰구간을 구할 수 있으므로 신뢰구간의 상한가가 1.1을 넘지 않는지 확인하여 수렴을 진단한다.

그림 3.3(a)는 3개의 체인에서 처음 200개의 반복에 대하여 계산한 Gelman 상수이다. 이 값들이 1보다 상당히 크므로 아직 수렴에 이르지 않은 것으로 판단한다. 그림 3.3(b)와 (c)는 각각 3개의 체인에서 각각 501~10000과 2001~10000번째 반복으로부터의 표본을 가지고 계산한 Gelman 상수이다. 그림 3.3(b)는 Gelman 상수가 1보다

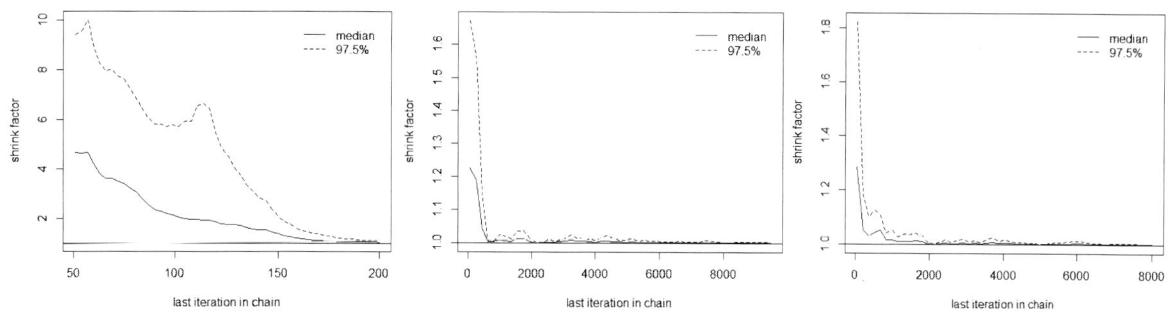

(a) 반복 1~200 (b) 반복 501~10000 (c) 반복 2001~10000

그림 3.3 예 3.1에서 반복수에 따른 Gelman 상수

크다. 반면 그림 3.3(c)는 95% 신뢰구간의 상한값이 1.1보다 약간 크기는 하지만 중앙값이 1.05에 가까우므로 수렴 가능성이 높다고 본다.

Gelman 상수 이외에 수렴성을 진단하는 통계량으로는 Brooks and Gelman(1998), Geweke(1992), Raftery and Lewis(1992), Heidelberg and Welch(1983) 등이 있다. R 패키지 boa(Smith, 2007)는 이들 통계량 값들을 제공한다.

예 3.1에서 경로그림, 사후밀도함수, Gelman 상수의 세 가지 진단 방법을 모두 고려할 경우, MCMC 체인에서 2000번 이후의 표본을 추출하여 사후추론에 사용하면 적절하겠다. 랜덤워크로 표본을 생성하고 위 세 가지 진단방법을 적용하는 프로그램은 다음과 같다. Gelman 상수 계산을 위해 coda 패키지의 gelman.plot 함수를 사용하였다. 참고로, coda 패키지를 사용하기 위해서는 각 체인으로부터 추출된 표본이 mcmc.list 형식으로 저장되어 있어야 한다. mcmc.list 형식으로 표본을 저장하는 방법은 프로그램을 참고하라.

```
install.packages("coda")
library(coda)

##### Read Data #####
n=20; xbar=4; sigma=1
mu0=0; sigma0=10
dataList=list(n=n, xbar=xbar, sigma=sigma, mu0=mu0, sigma0=sigma0)

#### Function To Compute Posterior Kernel ####
post.kernel=function(mu,dataList){
post.kernel=exp(-0.5*(((dataList$xbar-mu)*sqrt(dataList$n)/dataList$sigma)^2
                +((mu-dataList$mu0)/dataList$sigma0)^2))
return(post.kernel)
}

##### Function To Perform Random Walk Metropolis ####
Metro=function(nsim, mu.init, delta, dataList){

mu.samples=mu.init
mu.curr=mu.init

for(iter in 1:nsim){
  mu.prop=rnorm(1, mean=mu.curr, sd=delta)
  alpha=min(1, post.kernel(mu.prop, dataList)
             /post.kernel(mu.curr, dataList))
  u=runif(1)
  mu.next=mu.prop*(u<alpha)+mu.curr*(u>alpha)
```

```
  mu.samples=rbind(mu.samples, mu.next)
  mu.curr=mu.next
}

return(mu.samples)
}

####################################################

delta=0.2
nsim=10000
n.chains=3

mu.Samples=matrix(0, nsim, n.chains)

for(i in 1:n.chains){
mu.init=rnorm(1, mu0, 2)
mu.Samples[, i]=Metro(nsim-1, mu.init, delta, dataList)
}

nwarm=500; nsim=10000

#### Fig3.1 예 3.1에서 3개의 체인에 대한 경로그림 ####
plot(mu.Samples[(nwarm+1):nsim, 1], xlab="iteration", ylab="sample", type="l", main="",
sub="(b)")
lines(mu.Samples[(nwarm+1):nsim, 2], col=2)
lines(mu.Samples[(nwarm+1):nsim, 3], col=3)

#### Fig3.2 예 3.1에서 3개의 체인으로부터 추정된 사후밀도함수 ####
par(mfrow=c(1,2))
nwarm=0; nsim=200
plot(density(mu.Samples[(nwarm+1):nsim, 1]), xlab="mu", ylab="posterior density", main="",
sub="(a)")
lines(density(mu.Samples[(nwarm+1):nsim, 2]), col=2)
lines(density(mu.Samples[(nwarm+1):nsim, 3]), col=3)

nwarm=500; nsim=10000
plot(density(mu.Samples[(nwarm+1):nsim, 1]), xlab="mu", ylab="posterior density",
main="", sub="(b)")
lines(density(mu.Samples[(nwarm+1):nsim, 2]), col=2)
lines(density(mu.Samples[(nwarm+1):nsim, 3]), col=3)

#### Fig3.3 예 3.1에서 반복수에 따른 Gelman 상수 ####
mu1.Samples=mcmc(mu.Samples[1:200,])
mu1.codaSamples=mcmc.list(list(mu1.Samples[,1], mu1.Samples[,2], mu1.Samples[,3]))
```

```
gelman.plot(mu1.codaSamples, col=c("black", "blue"))

mu2.Samples=mcmc(mu.Samples[501:10000,])
mu2.codaSamples=mcmc.list(list(mu2.Samples[,1], mu2.Samples[,2], mu2.Samples[,3]))
gelman.plot(mu2.codaSamples, col=c("black", "blue"))

mu3.Samples=mcmc(mu.Samples[2001:10000,])
mu3.codaSamples=mcmc.list(list(mu3.Samples[,1], mu3.Samples[,2], mu3.Samples[,3]))
gelman.plot(mu3.codaSamples, col=c("black", "blue"))
```

3.2 MCMC 추정치의 오차

MCMC 체인에서 준비단계 이후에 충분한 수의 반복으로부터 생성된 모수의 표본을 이용하여 모수의 사후추정치를 구할 수 있다. 모수의 표본분포가 대칭에서 크게 벗어나지 않으면 보통 표본평균을 사후추정치로 사용한다. 그런데 이렇게 얻어진 사후추정치는 표본으로부터 얻어진 것이기 때문에 변동성을 지닌다. 즉, MCMC 체인은 랜덤으로 표본을 생성하기 때문에 수행할 때마다 표본이 달라지므로 모수의 사후추정치 값이 달라질 수 있다. 사후추정치 값이 MCMC에 따라 얼마나 달라질 수 있는지의 불확실성은 사후추정치의 MCMC 표준오차(MCSE)로 측정할 수 있다.

MCSE는 사용되는 MCMC 표본의 수에 따라 달라지는데 물론 표본의 수가 많아지면 작아진다. 독립적인 표본의 경우 평균의 표준오차는 표본수의 제곱근에 반비례한다고 알려져 있다. 하지만 MCMC 표본은 마코프체인으로부터 생성되었기 때문에 독립적인 표본이 아니며 서로 자기상관(autocorrelation)을 갖는다. 그림 3.4는 예 3.1의 MCMC 표본에 대한 자기상관을 표시한 ACF(AutoCorrelation Function) 그림이다. 가로축은 표본끼리의 간격(lag)을 나타내고 세로축은 주어진 간격을 갖는 표본들의 상관계수를 나타낸다. 그림을 보면, 바로 이웃한(lag=1) 표본끼리의 상관계수는 0.9로 매우 높고 간격이 벌어질수록 상관계수 값이 작아짐을 볼 수 있다. 높은 자기상관을 갖는다는 것은 다음 시점(next iteration)의 표본이 현 시점(current iteration)의 표본과 밀접한 관련이 있으므로 정보의 중복이 심하여 새로이 추가되는 정보가 미미함을 의미한다. 따라서 자기상관이 높은 10개의 표본은 독립적인 10개의 표본에 비하여 적은 양의 정보를 제공한다.

그렇다면 MCMC 표본의 자기상관으로 인하여 축소된 정보의 양은 어느 정도일까? 달리 말하면, 자기상관을 갖는 MCMC 표본이 N개 있다고 하면 이는 정보의 양을 기준

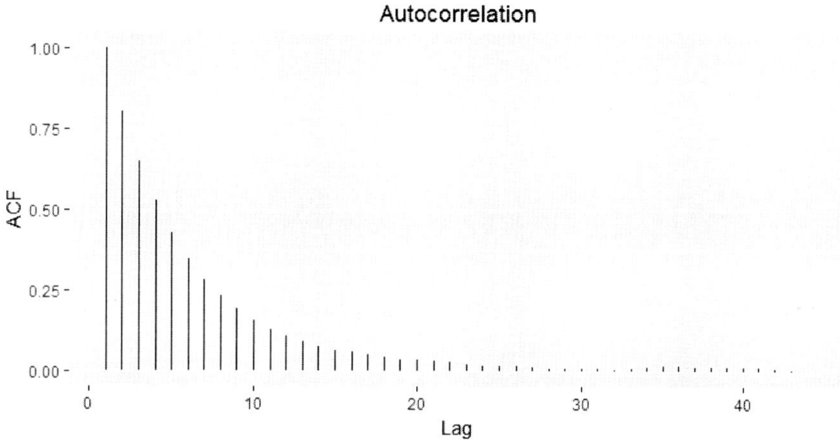

그림 3.4 예 3.1 표본의 자기상관그림

으로 할 때 몇 개의 독립적 표본과 맞먹는다고 볼 수 있는가? 자기상관을 갖는 N개의 표본과 맞먹는 독립적인 표본의 수를 효용표본수(ESS, Effective Sample Size)라고 한다. Radford(2001, p.99)가 제안한 효용표본수는

$$ESS = \frac{N}{1 + 2\sum_{k=1}^{\infty} ACF(k)}$$

로 주어진다. $ACF(k)$는 간격 k를 갖는 표본들의 상관계수이다. 현실적으로는 무한대의 간격을 갖는 표본들의 상관계수를 구할 수 없으므로 통상적으로 처음으로 $ACF(k) < 0.05$가 되는 k까지만 계산하고 그 이후로는 0 값으로 취급하여 무시한다.

예 3.1에서 ESS를 구해 보자. acf 함수를 사용하여 자기상관을 구해 보면 lag=15 이후로는 자기상관이 0.05 이하가 됨을 볼 수 있다. lag=1부터 lag=15까지의 자기상관을 이용하여 하나의 초기치로부터 시작하여 2000번 이후에 생성된 8000개의 MCMC 표본에 대하여 ESS를 구하면 대략 ESS=208이 됨을 알 수 있다. 실제 MCMC 표본의 개수는 8000개이지만 높은 자기상관으로 인하여 효용표본수는 훨씬 작은 208개이다.

```
#### ACF값 ####
mu.postSamples=as.matrix(mu3.codaSamples)
aa=acf(mu.postSamples); aa
```

```
Autocorrelations of series 'mu.postSamples', by lag

     0      1      2      3      4      5      6      7      8      9     10     11     12
 1.000  0.799  0.643  0.518  0.419  0.340  0.273  0.219  0.175  0.138  0.113  0.093  0.078
    13     14     15     16     17     18     19     20     21     22     23     24     25
 0.066  0.054  0.045  0.042  0.038  0.035  0.032  0.031  0.029  0.026  0.023  0.019  0.017
    26     27     28     29     30     31     32     33     34     35     36     37     38
 0.016  0.016  0.018  0.017  0.011  0.003 -0.004 -0.012 -0.013 -0.012 -0.014 -0.019 -0.022
    39     40     41     42     43
-0.028 -0.029 -0.028 -0.030 -0.027
```

```
#### Fig 3.4 예 3.1 표본의 자기상관그림 ####
par(mfrow=c(1,1))
plot(acf(mu.Samples[(nwarm+1):nsim,1]), main="Autocorrelation")

mu.postSamples=as.matrix(mu3.codaSamples)
aa=as.vector(unlist(acf(mu.postSamples)))
aa=as.numeric(aa[2:16])
EES=(nsim-nwarm)/(1+ 2*sum(aa)); EES
```

효용표본수가 얼마나 커야 신뢰할만한 사후추정치를 구할 수 있을까? 적절한 효용표본수는 추정하고자 하는 모수에 따라 다르다. 표본이 밀집한 사후분포의 중앙 부분, 예를 들면 사후기대치나 사후중앙값을 추정하고자 할 때는 효용표본수가 작아도 괜찮지만 표본이 희박한 부분, 예를 들면 95% 사후구간추정에 필요한 2.5% 사후백분위나 97.5% 사후백분위 등을 추정하고자 할 때는 효용표본수가 커야 신뢰할 만한 추정치를 얻을 수 있다. 통상적으로 사후기대치나 사후중앙값을 추정할 때 효용표본수는 몇백 개 정도로 충분하지만 사후구간추정을 위해서는 몇만 개 이상의 표본을 사용해야 어느 정도 신뢰할 만한 결과를 얻을 수 있다.

모수 θ에 대한 N개의 MCMC 표본으로부터 평균을 구하여 θ의 사후추정치 $\hat{\theta}$를 구하였다면, $\hat{\theta}$의 변동성을 측정하는 표준오차는

$$MCSE(\hat{\theta}) = \frac{SD}{\sqrt{ESS}}$$

이다. 여기에서 SD는 θ에 대한 N개의 MCMC 표본으로부터 구한 표준편차이다. SD가 같다고 할 때 자기상관이 큰 표본일수록 실제 표본크기 N에 비하여 ESS는 작아지므로, 동일한 정확도의 사후추정치를 얻기 위해서는 자기상관이 큰 MCMC 체인이 자기상관이 작은 MCMC 체인에 비하여 더 많은 수의 반복수가 필요하다. 따라서 다른 조건이 모두 같다면 자기상관이 작은 표본을 생성하는 MCMC 알고리즘을 선택하는 것이 더 효율적이다.

3.3 효율적인 MCMC

MCMC는 대체로 모수의 사후표본추출이 어려운 복잡한 모형에서 다변량 모수의 표본추출에 사용된다. 적절한 조건에 맞는 마코프체인에서 표본을 추출할 경우 반복수를 충분히 늘리면 원하는 사후분포로 표본의 분포가 수렴하고, 수렴 후 충분히 큰 수의 표본을 사용하여 추론을 하면 원하는 정확도의 추정치를 얻을 수 있다. 그러나 현실적으로는 가능한 짧은 시간 내에 적절한 정확도의 추정치를 얻는 것이 바람직할 것이다. 이를 위해서는 MCMC의 효율성(efficiency)을 높이는 방법이 무엇인지 알아보는 것이 중요하다.

2장에서 소개된 깁스 표본기법은 다변량 모수에서 각 원소모수의 조건부 사후분포로부터 표본을 생성하는 기법이다. 그런데 더 정확히 기술하자면 깁스 표본기법은 다변량 모수를 블록 또는 그룹으로 나누어 각 블록의 조건부 분포로부터 표본을 생성하는 방법이다. 이때 블록은 하나의 일변량 모수 또는 다변량 모수가 될 수 있다. 예를 들면, $\theta = (\theta_1, \ldots, \theta_4)$이 4차원 모수일 때 $\theta = ((\theta_1, \theta_2), \theta_3, \theta_4)$와 같이 3개의 블록으로 나눈 다음 조건에 들어가는 모수의 값을 가장 최근의 값으로 대체하면서 (θ_1, θ_2)의 이변량 표본을 $\pi(\theta_1, \theta_2 | \theta_3, \theta_4, x)$로부터 추출하고, θ_3의 표본을 $\pi(\theta_3 | \theta_1, \theta_2, \theta_4, x)$로부터 추출하고, θ_4의 표본을 $\pi(\theta_4 | \theta_1, \theta_2, \theta_3, x)$로부터 추출하는 것이다. 물론 $\pi(\theta_1, \theta_2 | \theta_3, \theta_4, x)$로부터의 표본추출이 용이해야 위의 방법을 적용할 수 있다. 이처럼 깁스 표본기법에서 블록 모수 (θ_1, θ_2)의 표본을 한 번에 추출하면, θ_1의 표본을 $\pi(\theta_1 | \theta_2, \theta_3, \theta_4, x)$로부터 그리고 θ_2의 표본을 $\pi(\theta_2 | \theta_1, \theta_3, \theta_4, x)$로부터 추출하는 2단계 방법에 비하여 수렴이 빨라지게 되어 효율이 좋아진다. 이를 쉽게 설명하면, 이차원 공간을 이동하는데 처음에 가로 방향으로 이동하고 다음에 세로 방향으로 이동하는 것보다는 한 번에 대각선으로 이동한다면 더 빨리 이동할 수 있는 원리와 같다.

메트로폴리스-해스팅스 기법에서는 표본(후보)추출함수의 선택이 효율에 영향을 미친다. 랜덤워크 메트로폴리스 기법에서는 후보 표본을 현재 표본값을 평균으로 하는 (다변량) 정규분포로부터 추출한다. 즉, $\theta^{prop} \sim N_{p(}\theta^{curr}, \delta^2 I_p)$인데 I_p는 대각값이 모두 1인 p차원 정방대각행렬이다. 이때 대략적으로 표준편차의 3배인 3δ는 MCMC 체인이 이동할 때 사용하는 보폭의 허용치로 간주할 수 있다. δ가 지나치게 작으면 현재의 표본값에서 매우 가까운 지점에서 후보 표본 θ^{prop}가 추출된다. 이 후보 표본과 현재 표본의 사후밀도함수값은 유사한 값을 가지므로 후보 표본을 다음 단계의 표본으로 채택하는 채택확률은 높지만, 두 이웃한 표본들 간의 자기상관성이 클 것이고 따라서 체인의 수렴이 늦어지는 단점이 있다. 반면 δ가 지나치게 크면 체인의 허용 보폭이 크므로 후보 표본 θ^{prop}가 현재 표본에서 멀리 이동할 수 있어 사후분포의 다른 구간으로 쉽게 이동할 수 있는 장점이 있다. 그러나 사후밀도함수값이 큰 구간에서 사후밀도함수값이 작은 구간으로 이동할 가능성도 높아져서, 후보 표본을 다음 단계의 표본으로 채택하는 채택확률이 낮아지므로 결과적으로 체인이 현재 표본에서 이동하지 않고 머무를 가능성이 높아져서 수렴이 늦어진다.

따라서 지나치게 작거나 크지 않은 적절한 δ를 선택하는 것이 이상적이다. 이를 채택확률 기준으로 표현하면, 채택확률이 지나치게 크거나 작지 않게 δ를 선택하는 것이 랜덤워크 메트로폴리스 기법에서 효율을 높이는 방법이다. Robert, Gelman, Gilks (1997)은 p차원 모수가 독립적으로 동일한 정규분포를 따르고 이들의 사후표준편차를 σ^{π}라고 할 때

$$\delta = 2.4\,\sigma^{\pi} / \sqrt{p}$$

로 선택하면 점근적으로 최적의 수렴성을 가지며 이에 대응하는 채택확률은 약 0.234임을 보여 주었다. 이후로 많은 실제 예에서 채택확률이 약 0.234가 되도록 랜덤워크 메트로폴리스 표본추출분포의 표준편차를 선택하는 것이 MCMC 효율을 좋게 하는 것으로 관측되었으며, Robert and Rosenthal(2001)은 0.234 채택확률을 산출하는 δ값이 앞서 Robert, Gelman, Gilks(1997)이 가정한 조건을 완화한 경우에도 점근적으로 최적 효율을 가져옴을 보였다. 따라서 랜덤워크 메트로폴리스 기법의 적용 시 표본추출분포인 정규분포의 표준편차를 여러 값으로 바꾸어가면서 대략적으로 0.234 채택확률을 주는 값을 선택하는 것이 효율을 높이는 좋은 방법이다.

깁스 표본기법과 메트로폴리스-해스팅스(랜덤워크 메트로폴리스 포함) 기법 중 어느 기법이 더 효율적인지 단정할 수는 없다. 깁스 표본기법은 채택확률을 계산하지 않기 때문에 계산시간을 줄이는 효과가 있고 표본추출분포를 선택하지 않기 때문에 초기의 조정과정(tuning) 없이 자동적으로 MCMC를 수행할 수 있어 많은 경우 메트로폴리스-해스팅스보다 효율적이라고 알려져 있다. 그러나 원소모수 간에 상관관계가 클 경우 체인의 보폭이 작아져 수렴속도가 매우 느려질 수 있는데 이 경우는 오히려 랜덤워크 메트로폴리스의 효율이 더 좋을 수도 있다.

모형의 모수를 어떻게 정하느냐에 따라서도 MCMC 효율이 달라질 수 있다. 일반적인 룰은 모수들 간의 상관관계가 작아지도록 모수를 변환하는 것이 MCMC 효율을 높이는 데 도움이 된다. Gelfand et al.(1995)는 정규선형 합성모형에서 MCMC에 효율적인 모수변환을 제시하였다.

알고리즘이나 모수변환 외에 컴퓨터상에서 MCMC 수행시간을 줄이는 방법으로 여러 개의 MCMC 체인들을 다수의 컴퓨터 프로세서를 사용하여 병렬적으로 실행한(parallel processing) 후 표본을 수합하는 방법이 있다.

참고문헌

- Brooks S., Gelman A., (1998), General Methods for Monitoring Convergence of Iterative Simulations, *Journal of Computational and Graphical Statistics*, 7(4), 434-455.
- Celeux, G., Hurn, M., Robert, C.P. (2000), Computational and Inferential Difficulties with Mixture Posterior Distributions, *Journal of the American Statistical Association*, 95, 957-970.
- Gelfand A.E. et al., (1995), Efficient Parametrisations for Normal Linear Mixed Models, *Biometrika*, 82, 479-488.
- Gelman, A. and Rubin, D.B. (1992), Inference from Iterative Simulation Using Multiple Sequences(with discussion), *Statistical Science*, 7, 457-511.
- Geweke J., (1992), Evaluating the Accuracy of Sampling-Based Approaches to Calculating Posterior Moments. *Bayesian Statistics volume 4*, *Oxford University Press*, New York.
- Heidelberger P., Welch P., (1983), Simulation Run Length Control in the Presence of an Initial Transient, *Operations Research*, 31, 1109-1144.
- Radford, M.N. (2001). Annealed importance sampling, *Statistics and Computing*, 11, 125-139.
- Raftery AL., Lewis S., (1992), How Many Iterations in the Gibbs Sampler? *Bayesian Statistics, volume 4, Oxford University Press*, New York.
- Roberts, G.O., Gelman, A. and Gilks, W.R. (1997), Weak convergence and optimal scaling of random walk Metropolis algorithms. *Annals of Applied Probability*, 7, 110–120.
- Roberts, G.O., Rosenthal, J.S. (2001), Optimal scaling for various Metropolis-Hastings algorithms, *Statistical Science*. 16 351-367.
- Smith, BJ. (2007), boa: An R Package for MCMC Output Convergence Assessment and Posterior Inference, *Journal of Statistical Software*, 21, 1-37.

4장

MCMC 실습

4.1 깁스 표본기법

이 절에서는 깁스 표본기법을 적용하여 사후표본을 추출하는 두 가지 예를 보여준다. 각 원소모수 또는 부분 벡터모수의 조건부 사후분포를 구하는 방법을 보여주고 하나의 MCMC 체인으로부터 얻은 사후표본의 경로그림으로 수렴성을 간단히 체크하였다. 다중체인의 사용과 보다 더 자세한 수렴진단은 4.2절에서와 동일한 방법으로 적용할 수 있으므로 중복을 피하기 위하여 이 절에서는 생략한다.

4.1.1 선형회귀모형 분석

개체 $i=1,\ldots,n$ 에 대하여 독립적인 관측치 $(\boldsymbol{x_i}, y_i)$가 주어졌고 하자. 반응변수 Y_i는 다음과 같은 선형회귀모형을 따른다고 가정한다.

$$Y_i = \boldsymbol{x_i}\beta + \varepsilon_i, \quad \varepsilon_i \sim N(0, \sigma^2), \quad i=1,\ldots,n$$

위 식에서 $\boldsymbol{x_i} = (1, x_{i1}, \ldots, x_{ik})$는 상수 1과 k개 설명변수들의 i번째 관측치 벡터이고 $\beta = (\beta_0, \beta_1, \ldots, \beta_k)'$는 $p=k+1$차원 회귀계수 벡터이다. $\boldsymbol{Y} = (Y_1, \ldots, Y_n)'$, $\boldsymbol{\varepsilon} = (\varepsilon_1, \ldots, \varepsilon_n)'$로 정의하고 $\boldsymbol{X}$를 $n \times p$ 행렬로서 $\boldsymbol{X}$의 i번째 행 벡터(row vector)가 $\boldsymbol{x_i}$가 되도록 하면 위의 선형회귀모형을 간단히

$$\boldsymbol{Y} = \boldsymbol{X}\beta + \boldsymbol{\varepsilon}, \qquad \boldsymbol{\varepsilon} \sim N(0, \sigma^2 \mathrm{I_n}) \tag{4.1}$$

로 표시할 수 있는데 여기에서 $\mathrm{I_n}$은 대각원소들이 1, 나머지 원소는 모두 0인 $n \times n$ 행렬이다. 식 (4.1)의 선형회귀모형으로부터 관측치 $\boldsymbol{y} = (y_1, \ldots, y_n)'$의 결합밀도함수는

$$f(\boldsymbol{y} \mid \beta, \sigma^2) = (2\pi\sigma^2)^{-n/2} \exp\left\{ -\frac{1}{2\sigma^2} (\boldsymbol{y} - \boldsymbol{X}\beta)'(\boldsymbol{y} - \boldsymbol{X}\beta) \right\}$$

이다.

모수 β와 σ^2에 대하여

$$\beta \sim N(\beta_0, \Sigma_0), \qquad \sigma^2 \sim IG(a, b)$$

사전분포를 가정하자. β와 σ^2의 결합사후밀도함수는

$$\pi(\beta,\sigma^2|\boldsymbol{y}) \propto (\sigma^2)^{-n/2}\exp\left\{-\frac{1}{2\sigma^2}(\boldsymbol{y}-\boldsymbol{X}\beta)'(\boldsymbol{y}-\boldsymbol{X}\beta)\right\}$$
$$\times\exp\left\{-\frac{1}{2}(\beta-\beta_0)'\Sigma_0^{-1}(\beta-\beta_0)\right\}$$
$$\times(\sigma^2)^{-a-1}e^{-b/\sigma^2}$$

로 주어진다. 이로부터 σ^2이 주어졌을 때 β의 조건부 사후분포는 다음과 같다.

$$\begin{aligned}\pi(\beta|\sigma^2,\boldsymbol{y}) &\propto \exp\left[-\frac{1}{2}\left\{\frac{1}{\sigma^2}\beta'\boldsymbol{X}'\boldsymbol{X}\beta-2\frac{1}{\sigma^2}\beta'\boldsymbol{X}'\boldsymbol{y}\right\}-\frac{1}{2}\left\{\beta'\Sigma_0^{-1}\beta-2\beta'\Sigma_0^{-1}\beta_0\right\}\right]\\
&\propto \exp\left[-\frac{1}{2}\left\{\beta'\left(\frac{1}{\sigma^2}\boldsymbol{X}'\boldsymbol{X}+\Sigma_0^{-1}\right)\beta-2\beta'\left(\frac{1}{\sigma^2}\boldsymbol{X}'\boldsymbol{y}+\Sigma_0^{-1}\beta_0\right)\right\}\right]\\
&\propto \exp\left[-\frac{1}{2}\left\{\beta'\Sigma_\beta^{-1}\beta-2\beta'\Sigma_\beta^{-1}\mu_\beta\right\}\right]\\
&\propto \exp\left[-\frac{1}{2}(\beta-\mu_\beta)'\Sigma_\beta^{-1}(\beta-\mu_\beta)\right]\\
&\sim N(\mu_\beta,\Sigma_\beta)\end{aligned}$$

여기에서

$$\Sigma_\beta=\left(\frac{1}{\sigma^2}\boldsymbol{X}'\boldsymbol{X}+\Sigma_0^{-1}\right)^{-1},\qquad \mu_\beta=\Sigma_\beta\left(\frac{1}{\sigma^2}\boldsymbol{X}'\boldsymbol{y}+\Sigma_0^{-1}\beta_0\right)$$

이다.

또한 β가 주어졌을 때 σ^2의 조건부 사후분포는 $SSR(\beta)=(\boldsymbol{y}-\boldsymbol{X}\beta)'(\boldsymbol{y}-\boldsymbol{X}\beta)$라고 할 때

$$\begin{aligned}\pi(\sigma^2|\beta,\boldsymbol{y}) &\propto (\sigma^2)^{-n/2-a-1}\exp\left[-\frac{1}{\sigma^2}\left\{\frac{1}{2}(\boldsymbol{y}-\boldsymbol{X}\beta)'(\boldsymbol{y}-\boldsymbol{X}\beta)+b\right\}\right]\\
&\sim IG\left(\frac{n}{2}+a,\ \frac{1}{2}SSR(\beta)+b\right),\end{aligned}$$

이다.

β와 σ^2의 조건부 사후분포로부터의 표본 생성이 용이하므로 깁스 표본기법을 적용하여 β와 σ^2의 사후표본을 얻을 수 있으며 β와 σ^2에 대한 근사적 사후추론이 가능하다.

깁스 표본기법의 알고리즘을 간단히 적어보면, $(k-1)$번째 스텝에서 (β,σ^2)의 표본 $(\beta^{(k-1)},\sigma^{2(k-1)})$이 주어졌을 때 k번째 스텝은 다음과 같다.

1. $\beta^{(k)}$의 추출:

   (a) $$\Sigma_\beta=\left(\frac{1}{\sigma^{2(k-1)}}\boldsymbol{X}'\boldsymbol{X}+\Sigma_0^{-1}\right)^{-1},\quad \mu_\beta=\Sigma_\beta\left(\frac{1}{\sigma^{2(k-1)}}\boldsymbol{X}'\boldsymbol{y}+\Sigma_0^{-1}\beta_0\right)\qquad(4.2)$$

   (b) $\beta^{(k)}\sim N(\mu_\beta,\Sigma_\beta)$

2. $\sigma^{2(k)}$의 추출:

(a) $SSR(\beta^{(k)}) = (\boldsymbol{y}-\boldsymbol{X}\beta^{(k)})'(\boldsymbol{y}-\boldsymbol{X}\beta^{(k)})$

(b) $\sigma^{2(k)} \sim IG\left(\frac{n}{2}+a, \frac{1}{2}SSR(\beta^{(k)})+b\right)$

예 4.1 1909년 미국에 들어온 이민자들을 출생국가별로 분류한 뒤 각 국가당 평균 주당임금(wage), 영어구사능력자 비율(sp), 글을 읽을 줄 아는 사람들의 비율(lit)을 조사한 자료가 imigrants.csv 파일에 저장되어 있다(Higgs, 1971). wage를 반응변수로, sp와 lit를 설명변수로 하여 회귀모형을 적합시켜 보자. 사전분포로

$$\beta \sim N(\beta_0, \Sigma_0)$$
$$\beta_0 = \beta_{LSE} = (\boldsymbol{X}'\boldsymbol{X})^{-1}\boldsymbol{X}'y,\ \Sigma_0 = c\hat{\sigma}^2(\boldsymbol{X}'\boldsymbol{X})^{-1}, c=100,$$
$$\hat{\sigma}^2 = (y-\boldsymbol{X}\beta_{LSE})'(y-\boldsymbol{X}\beta_{LSE})/(n-p)$$

를 가정하고, 독립적으로 $\sigma^2 \sim IG(1,1)$를 가정하였다.

다변량 정규분포로부터 다수의 난수를 생성하는 함수 rmvnorm을 먼저 정의하고 깁스 표본기법을 수행하여 보자.

```
rmvnorm<-function(n, mu, Sig){
 p=length(mu)
 R=chol(Sig)
 z=matrix(rnorm(n*p), n, p)
 tt=z%*%R+matrix(mu, n, p, byrow=T)
 return(tt)
}

dat=read.csv("immigrants.csv")
y=dat$wage
n=length(y)
X=cbind(rep(1, n), dat$sp, dat$lit)
p=ncol(X)

a=1
b=1
XtX=t(X)%*%X
XtX.inv=solve(XtX)
Xty=t(X)%*%y
beta.hat=beta_lse=as.vector(XtX.inv%*%t(X)%*%y)
sigsq.hat=sum((y-X%*%beta_lse)^2)/(n-p)
beta0=beta_lse
```

```
Sig0=diag(diag(XtX.inv))*sigsq.hat*100
Sig0.inv=solve(Sig0)

N=10000; nburn=1000
sigsq.samples=rep(0, N)
beta.samples=matrix(0, N, p)

beta.init=beta_lse
sigsq.init=sigsq.hat
beta=beta.init; sigsq=sigsq.init

# start gibbs sampling
for(iter in 1:(N+nburn)) {
  Sig.beta=solve(Sig0.inv+XtX/sigsq)
  mu.beta=Sig.beta%*%(Sig0.inv%*%beta0+1/sigsq*Xty)
  beta=as.vector(rmvnorm(1, mu.beta, Sig.beta))

  SSR=sum((y-X%*% beta)^2)
  sigsq=1/rgamma(1, n/2+a, 1/2*SSR+b)

  if(iter>nburn) {
   beta.samples[iter-nburn,]=beta
   sigsq.samples[iter-nburn]=sigsq
  }
}

#### 95% HPD interval ####
(ci_beta=round(apply(beta.samples, 2, quantile, probs=c(0.025, 0.975)), 4))
(ci_sigsq=round(quantile(sigsq.samples, c(0.025, 0.975)), 4))

#### Figure 4.1 예 4.1 모수에 대한 경로그림 및 자기상관 ####
par(mfrow=c(2,2))
for(i in 1:3) plot(beta.samples[,i], type="l", xlab=paste0("beta_", i), ylab="", col="blue")
plot(sigsq.samples, xlab="sigsq", ylab="", type="l", col="blue")

#### Figure 4.2 예 4.1 사후밀도함수와 95% HPD 구간 ####
par(mfrow=c(2,2))
for(i in 1:3) {
	plot(density(beta.samples[,i]), type="l", main="", xlab=paste0("beta_", i))
	abline(v=ci_beta[,i], col=2, lty=2) }
plot(density(sigsq.samples), main="", xlab="sigsq", type="l")
abline(v=ci_sigsq, col=2, lty=2)
```

위와 같이 깁스 표본기법을 적용하여 얻은 표본으로부터 모수에 대한 경로그림과 자기상관을 그린 것이 그림 4.1이다. 체인을 하나밖에 사용하지 않았지만 경로그림이 안정성을 보이는 것으로 보아 수렴이 이루어졌다고 보아도 무방할 듯하다. 그림 4.2는 사후밀도함수와 95% HPD 구간을 나타낸 것이다.

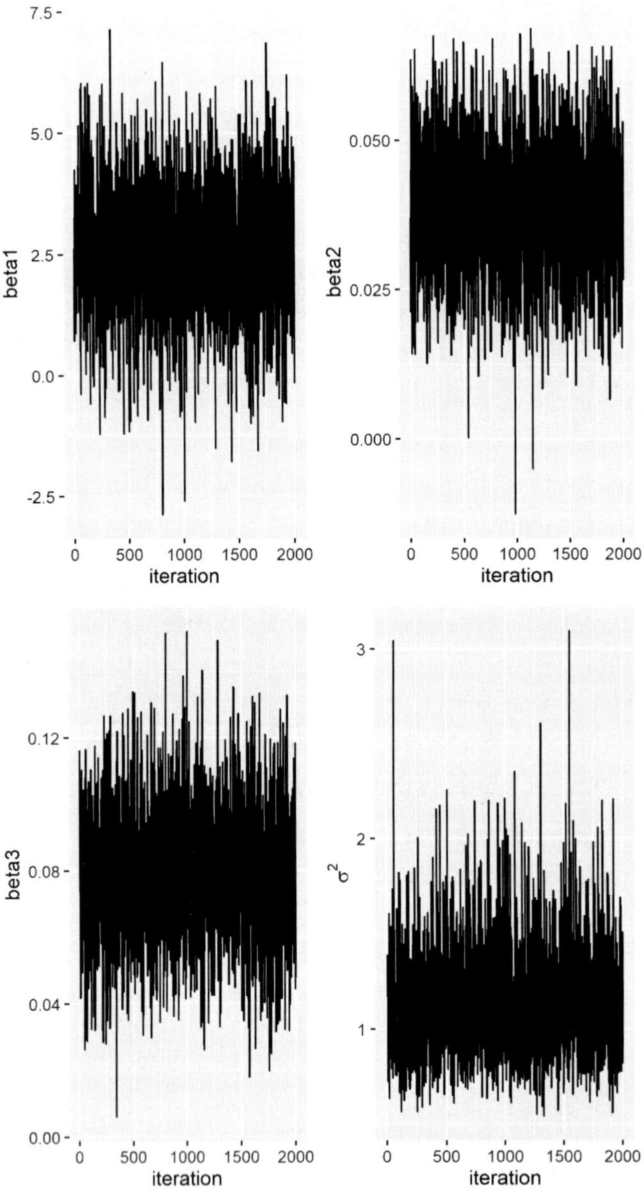

그림 4.1 예 4.1의 이민자 자료분석에서 모수의 경로그림

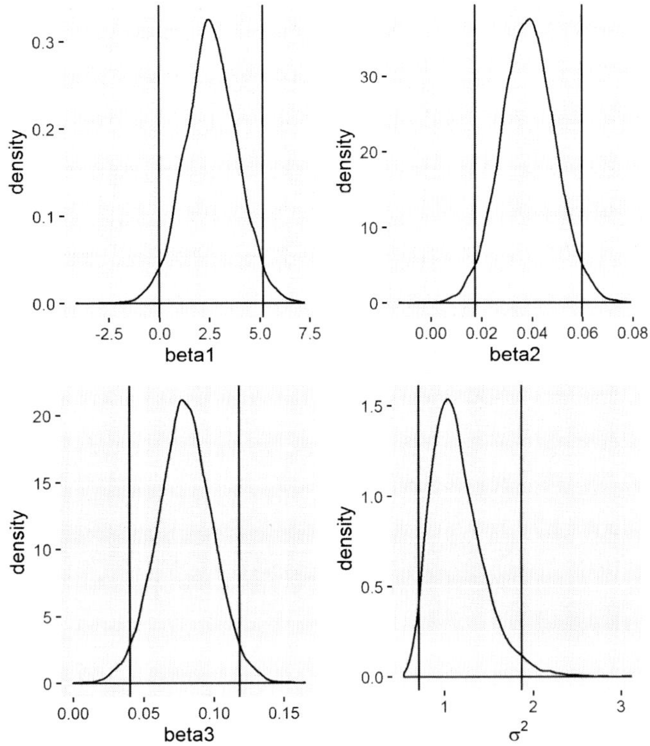

그림 4.2 예 4.1의 이민자 자료분석에서 모수의 사후분포와 95% 사후구간

4.1.2 제한된 다변량 정규분포로부터의 표본추출

모수 $\boldsymbol{\theta}=(\theta_1,\cdots,\theta_k)'$의 사후분포가 제한된 다변량 정규분포, 예를 들면 $N(\boldsymbol{\mu},\Sigma)I(\theta_1 \le \theta_2 \le \cdots \le \theta_k)$를 따른다고 할 때 $\boldsymbol{\theta}$의 사후표본을 깁스 표본기법을 사용하여 추출하여 보자. Σ는 알려진 상수로 가정한다. 제한된 다변량 정규분포로부터의 표본추출은 선형회귀계수에 대하여 부등 제한조건이 있는 경우 또는 일원배치 ANOVA 모형에서 그룹 평균에 순서적 제한조건이 있는 경우 등 실제 문제에서 빈번히 발생한다(Hoijtink et al., 2008; Oh and Shin, 2011).

참고로, 여기에서는 단조 증가형태의 순서적 제한조건만 고려하지만 나무구조 $(\theta_1 \ge \theta_2, \theta_1 \ge \theta_3, \cdots, \theta_1 \ge \theta_k)$ 또는 우산구조$(\theta_1 \le \theta_2 \le \cdots \le \theta_g \ge \cdots \ge \theta_k)$와 같은 다른 형태의 순서적 제한조건 또는 비순서적 제한조건의 경우에도 같은 방법으로 적용될 수 있다. 또한 정규선형회귀모형에서 회귀계수에 대하여 $\beta_1 \geqq 0$, $\beta_2 \geqq \beta_4$, $\beta_5 \leqq 0$ 등과 같은 다양한 형태의 부등 제한조건에도 같은 방법으로 적용될 수 있다.

제한조건을 만족하는 표본을 생성하는 가장 간단한 방법은 $N(\boldsymbol{\mu},\Sigma)$에서 생성된 표본 중 조건을 만족하는 표본만 취하는 기각기법(또는 채택-기각기법, accept-reject method)이다. 그러나 기각기법은 다차원의 경우 채택되는 표본의 비율이 현저히 떨어질 수 있어 현실적으로 사용이 어렵다.

깁스 표본기법의 적용을 위하여 각 원소모수의 조건부 사후분포를 구해보자. Σ의 역행렬 Σ^{-1}의 (i,j) 원소를 a_{ij}라고 하고 $\boldsymbol{\theta}_{-i}$를 $\boldsymbol{\theta}$의 원소 중 i번째 원소를 제외한 나머지 원소의 집합이라고 하면,

$$\begin{aligned}
\pi(\theta_i|x,\boldsymbol{\theta}_{-i}) &\propto \exp\left[-\frac{1}{2}\left\{a_{ii}(\theta_i-\mu_i)^2+2\sum_{j\neq i}a_{ij}(\theta_i-\mu_i)(\theta_j-\mu_j)\right\}\right]I(\theta_{i-1}\le\theta_i\le\theta_{i+1}) \\
&\propto \exp\left[-\frac{1}{2}\left\{a_{ii}\theta_i^2-2\theta_i(a_{ii}\mu_i-\sum_{j\neq i}a_{ij}(\theta_j-\mu_j))\right\}\right]I(\theta_{i-1}\le\theta_i\le\theta_{i+1}) \\
&\propto \exp\left[-\frac{1}{2}a_{ii}\left\{\theta_i^2-2\theta_i(\mu_i-\frac{1}{a_{ii}}\sum_{j\neq i}a_{ij}(\theta_j-\mu_j))\right\}\right]I(\theta_{i-1}\le\theta_i\le\theta_{i+1}) \\
&\sim N(\mu_i-\frac{1}{a_{ii}}\sum_{j\neq i}a_{ij}(\theta_j-\mu_j),\ a_{ii}^{-1})I(\theta_{i-1}\le\theta_i\le\theta_{i+1}) \qquad (4.3)
\end{aligned}$$

이다. 여기에서 $\theta_0=-\infty, \theta_{k+1}=\infty$로 정의한다.

식 (4.3)을 보면 각 θ_i의 조건부 사후분포가 제한된 일변량 정규분포를 따른다. 구간이 제한된 일변량 정규난수의 생성은 누적분포의 역함수를 이용하여 매우 쉽게 구할 수 있으며 난수생성함수를 제공하는 R 패키지도 다수 존재한다. 따라서 원소모수를 차례로 제한된 일변량 정규분포에서 추출하는 작업을 반복하면 우리가 원하는 제한된 다변량 정규표본을 추출할 수 있다.

예 4.2 $\mu=(0,1,2,3,5)$, Σ의 대각원소는 모두 1, 비대각 원소는 모두 0.7로 주어진 경우 $\boldsymbol{\theta}\sim N(\boldsymbol{\mu},\Sigma)I(\theta_1\le\theta_2\le\cdots\le\theta_5)$ 분포에서 표본을 추출하여 보자. 아래 코드에서는 제한된 일변량 정규난수의 생성을 위하여 truncnorm 패키지의 rtruncnorm 함수를 사용하였다. 그림 4.3은 생성된 표본의 2차원 산점도이다. 순서적 제한조건을 만족하는 표본이 생성되었음을 볼 수 있다. 그림 4.4는 각 원소의 주변밀도함수이다. 참고로, θ의 초기치는 주어진 제한조건을 만족시키는 값을 선택해야 한다.

```
install.packages("truncnorm")
library(truncnorm)

k=5
mu=c(0,1,2,3,5)
Sig=matrix(0.7,k,k)+diag(k) * 0.3
A=solve(Sig)
```

```
m=1000
N=10000
theta.init=c(0,1,2,3,4)      ## 제한조건을 만족하는 초기치 선택
theta.samples=matrix(0, N, k)
theta=theta.init
for(iter in 1:(m+N)) {
  for(i in 1:k) {
    vec.Ai=A[i,-i]
    vec.mi=(theta-mu)[-i]
    cond.mean=mu[i]-1/A[i,i]*vec.Ai %*% vec.mi
    cond.sd=1/sqrt(A[i,i])
    a=ifelse(i==1, -Inf, theta[i-1])
    b=ifelse(i==k, Inf, theta[i+1])
    theta[i]=rtruncnorm(1, as.double(a), as.double(b), cond.mean, cond.sd)
  }
  if(iter>m) theta.samples[iter-m,]=theta
}

#### Figure 4.3 예 4.2 모수의 산점도 ####
par(mfrow=c(2,2))
plot(theta.samples[,c(1,2)], xlab="theta1", ylab="theta2", col="blue")
lines(theta.samples[,1], theta.samples[,1], type="l")
plot(theta.samples[,c(2,3)], xlab="theta2", ylab="theta3", col="blue")
lines(theta.samples[,2], theta.samples[,2], type="l")
plot(theta.samples[,c(3,4)], xlab="theta3", ylab="theta4", col="blue")
lines(theta.samples[,3], theta.samples[,3], type="l")
plot(theta.samples[,c(4,5)], xlab="theta4", ylab="theta5", col="blue")
lines(theta.samples[,4], theta.samples[,4], type="l")

#### Figure 4.4 예 4.2 모수의 사후밀도 ####
plot(density(theta.samples[,1]), xlab="theta1", main="")
plot(density(theta.samples[,2]), xlab="theta2", main="")
plot(density(theta.samples[,3]), xlab="theta3", main="")
plot(density(theta.samples[,4]), xlab="theta4", main="")
```

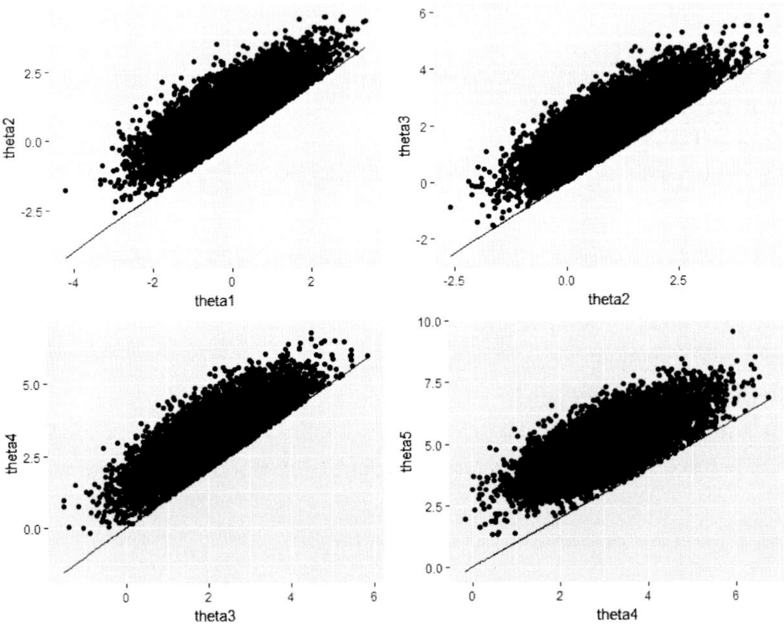

그림 4.3 예 4.2에서 모수의 산점도

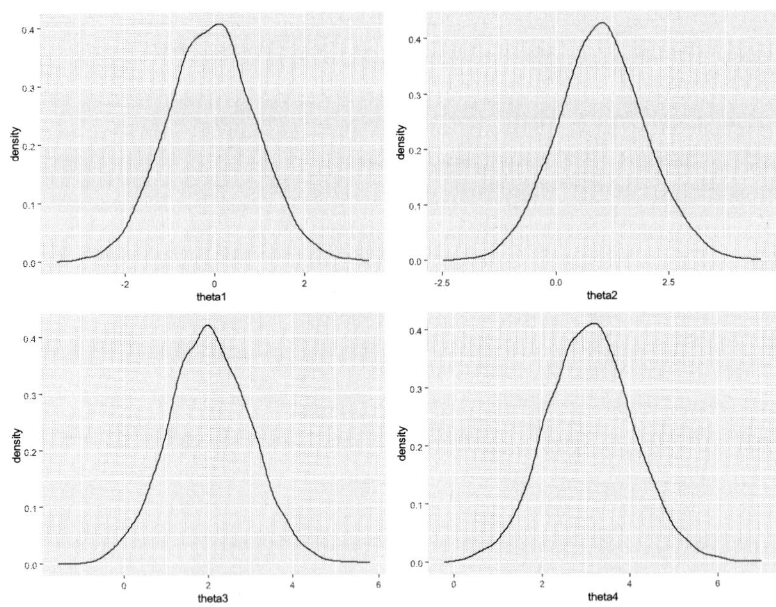

그림 4.4 예 4.2에서 모수의 사후밀도함수

4.2 메트로폴리스-해스팅스

예 4.3 변수 $X_1,\ldots,X_{10}$이 독립적으로 $N(\mu,\sigma^2)$를 따른다고 하자. 모수 (μ,σ^2)에 대한 사전분포로 독립적으로 $\mu \sim N(\mu_0,\sigma_0^2)$, $\sigma^2 \sim IG(a,b)$을 가정하자. 관측치가 $(x_1,\cdots,x_{10}) = (10,13,11,15,9,18,20,17,23,21)$로 얻어졌다고 했을 때 모수 $\theta=(\mu,\sigma^2)$의 사후표본을 랜덤워크 메트로폴리스 알고리즘을 적용하여 추출하는 구체적 과정을 살펴보고, 얻어진 표본을 이용하여 사후추론을 수행해 보자.

4.2.1 단계별 작업의 개요

수행할 작업을 다음과 같이 단계별로 나누어 보자.

1) 입력 및 준비단계
   a) 데이터와 사전모수 입력
   b) 사후밀도함수의 커널을 계산하는 함수 작성

2) MCMC 표본추출함수 작성: 다음 작업을 반복 수행한 후 준비단계(burn-in) 이후의 표본을 저장하는 작업

$$\begin{aligned}
&\theta^{\mathrm{prop}} \sim \mathrm{N}(\theta^{\mathrm{curr}},\delta^2 \mathrm{I}_2)\\
&\alpha = \frac{\pi(\theta^{\mathrm{prop}}|x)}{\pi(\theta^{\mathrm{curr}}|x)} \times \frac{\mathrm{q}(\theta^{\mathrm{curr}}|\theta^{\mathrm{prop}},\, x)}{\mathrm{q}(\theta^{\mathrm{prop}}|\theta^{\mathrm{curr}},\, x)}\\
&\theta^{\mathrm{next}} = \begin{cases}\theta^{\mathrm{prop}} & \mathrm{if}\;\; u \le \alpha\\ \theta^{\mathrm{curr}} & \mathrm{if}\;\; u > \alpha\end{cases},\quad u \sim U(0,1)\\
&\theta^{\mathrm{curr}} = \theta^{\mathrm{next}}
\end{aligned}$$

   3장에서 소개한 메트로폴리스–해스팅스 알고리즘에서는 채택확률 α를 1에서 절단해야 하지만 균일난수 u는 항상 1보다 작거나 같기 때문에 절단하지 않은 α를 사용해도 동일한 결과를 얻는다.

3) 다중 체인 MCMC
   a) MCMC 준비단계의 반복수, 준비단계 이후의 MCMC 반복수, 다중 체인의 수 선택
   b) 랜덤워크의 표준편차 δ 선택
   c) 초기치 선택
   d) MCMC 실행

4) 수렴진단
   - 경로그림
   - 사후밀도함수
   - Gelman 상수 등

5) 베이지안 사후추론
   - 관심모수의 사후밀도함수, HPD, 사후평균, 사후분산 등

4.2.2 R-code 작성

이제 위의 단계에 따라 R 코드를 작성해 보자.

1) 입력 및 준비단계

a) 데이터와 사전모수 입력

```
mu0<-10; sigsq0<-25; a<-0.5; b<-1
x<-c(10,13,15,11,9,18,20,17,23,21)
dataList=list(x=x, mu0=mu0, sigsq0=sigsq0, a=a, b=b)
```

b) 사후밀도함수의 커널을 계산하는 함수 작성

사후밀도함수의 커널은 우도함수와 사전밀도함수의 곱에 비례한다. 메트로폴리스-해스팅스 알고리즘에서 상수항은 약분되어 없어지므로 함수부분만 계산해도 된다.

```
#### compute posterior kernel for Metropolis ####
post.normal_mu_sigsq=function(theta, dataList){
  #--- retrieve data from dataList ---#
  x=dataList$x
  mu0=dataList$mu0
  sigsq0=dataList$sigsq0
  a=dataList$a
  b=dataList$b

  mu=theta[1]; sigsq=theta[2]
  f=exp(-0.5*length(x)*log(sigsq)-0.5*sum((x-mu)^2)/sigsq-
           0.5*(mu-mu0)^2/sigsq0-(a+1)*log(sigsq)-b/sigsq)
  return(f)
}
```

2) MCMC 표본추출함수 작성

(μ, σ^2)의 초기치는 initsList에 list 형태로 저장되어 있다고 가정한다. 그런데 후보표본추출 시 σ^2는 항상 0보다 커야 하므로 σ^2의 후보표본을 정규분포로부터 생성하기에는 적절치 않다. 여기에서는 σ^2 대신 $\theta_2 = \log(\sigma^2)$을 정규분포에서 추출한 후 $\sigma^2 = \exp(\theta_2)$로 변환하는 방법을 사용하고자 한다. 이렇게 되면 σ^{2prop}는 로그정규분포 $LN(\sigma^{2curr}, \delta^2)$에서 추출하는 것이 되고, 로그정규분포는 대칭이 아니므로 채택확률 계산 시 후보밀도함수의 비율 $q(\sigma^{2curr}|\sigma^{2prop}, x)/q(\sigma^{2prop}|\sigma^{2curr}, x)$을 사후밀도함수비에 곱해줘야 한다. 로그정규밀도함수의 확률밀도함수는

$$q(\sigma^{2curr}|\sigma^{2prop}) = \frac{1}{\sigma^{2curr}\delta\sqrt{2\pi}} exp[-\frac{1}{2\delta^2}(\log(\sigma^{2curr}) - \log(\sigma^{2prop}))^2]$$

이므로 $q(\sigma^{2curr}|\sigma^{2prop}, x)/q(\sigma^{2prop}|\sigma^{2curr}, x) = \sigma^{2prop}/\sigma^{2curr}$이다.

```
#### Random Walk Metropolis Algorithm ###
Metropolis_normal_mu_sigsq=function(nsim, nburn, delta, dataList, initsList){

  #--- initial values of mu and log.sigsq
  mu=initsList$mu
  log.sigsq=log(initsList$sigsq)
  theta.curr=c(mu, log.sigsq)
  p=length(theta.curr)

  #==== Start iterations
  para.samples=matrix(0, nsim, p)
  for(iter in 1:(nsim+nburn)){
    z=rnorm(p, 0, 1)
    theta.prop=z*delta+theta.curr
    mu.curr=theta.curr[1]
    sigsq.curr=exp(theta.curr[2])
    mu.prop=theta.prop[1]
    sigsq.prop=exp(theta.prop[2])
    alpha=post.normal_mu_sigsq(c(mu.prop, sigsq.prop), dataList)
                /post.normal_mu_sigsq(c(mu.curr, sigsq.curr), dataList)
                 *sigsq.prop/sigsq.curr
    if(runif(1)<alpha) {theta.next<-theta.prop} else{theta.next<-theta.curr}

    theta.curr=theta.next
```

```
    if(iter>nburn) para.samples[iter-nburn,]=c(theta.next[1], exp(theta.next[2]))
  }
  #=== End iterations
  return(para.samples)

}
```

3) 다중 체인 MCMC

a) MCMC 준비단계의 반복수, 준비단계 이후의 MCMC 반복수, 다중 체인의 수 선택

```
nChains=3
nsim=20000; nburn=5000;
p=2 #num. of para.
mcmc.samples=array(0, dim=c(nsim, p, nChains)) # array to save samples
```

b) 랜덤워크의 표준편차 δ 선택

우선 δ=1로 선택하여 보자. 4.2.3절에서 δ값을 여러 가지로 변화시켜볼 것이다.

```
delta=1
```

c) 초기치 선택

관측치 $\boldsymbol{x}$에서 복수 선택을 허용하여 랜덤으로 n개 추출한 후 추출된 표본에서 평균과 분산을 계산하여 μ, σ^2의 초기치로 사용하여 보자. 이를 위하여 랜덤 초기치를 산출하는 함수를 작성하고 체인마다 이 함수를 사용하여 초기치를 정한다.

참고로, 초기치를 랜덤하게 정하지 않고 같은 초기치를 사용하여도 무방하다. MCMC 반복수가 길어지면 초기치의 영향을 받지 않기 때문이다.

```
#### Generate random initial values ###
inits.random=function(x){
  resampledX=sample(x, replace=T)
  muInit=mean(resampledX)
  sigsqInit=var(resampledX)
  return(list(mu=muInit, sigsq=sigsqInit))
}
```

d) MCMC 수행

```
#### Start iteration#####
for(ich in 1:nChains){
  initsList=inits.random(x)
  mcmc.samples[,,ich]=Metropolis_normal_mu_sigsq(nsim, nburn, delta, dataList, initsList)
}
```

4) 수렴진단(convergence diagnostics)

각 체인으로부터 얻은 표본으로부터 경로그림과 사후밀도함수 추정치를 그려본 결과 잘 겹쳐지는 것으로 보인다.

```
#### Figure 4.5; mu와 sigma의 경로그림과 사후밀도함수 ####

mu.samples=mcmc.samples[,1,]
sigsq.samples=mcmc.samples[,2,]


plot(mu.samples[,1], type="l", xlab="iteration", ylab=quote(mu))
lines(mu.samples[,2], col=2)
lines(mu.samples[,3], col=3)

plot(density(mu.samples[,1]), xlab=quote(mu), ylab="posterior density", main="")
lines(density(mu.samples[,2]), col=2)
lines(density(mu.samples[,3]), col=3)

plot(sigsq.samples[,1], type="l", xlab="iteration", ylab=quote(sigma^2))
lines(sigsq.samples[,2], col=2)
lines(sigsq.samples[,3], col=3)

plot(density(sigsq.samples[,1]), xlab=quote(sigma^2), ylab="posterior density", main="")
lines(density(sigsq.samples[,2]), col=2)
lines(density(sigsq.samples[,3]), col=3)
```

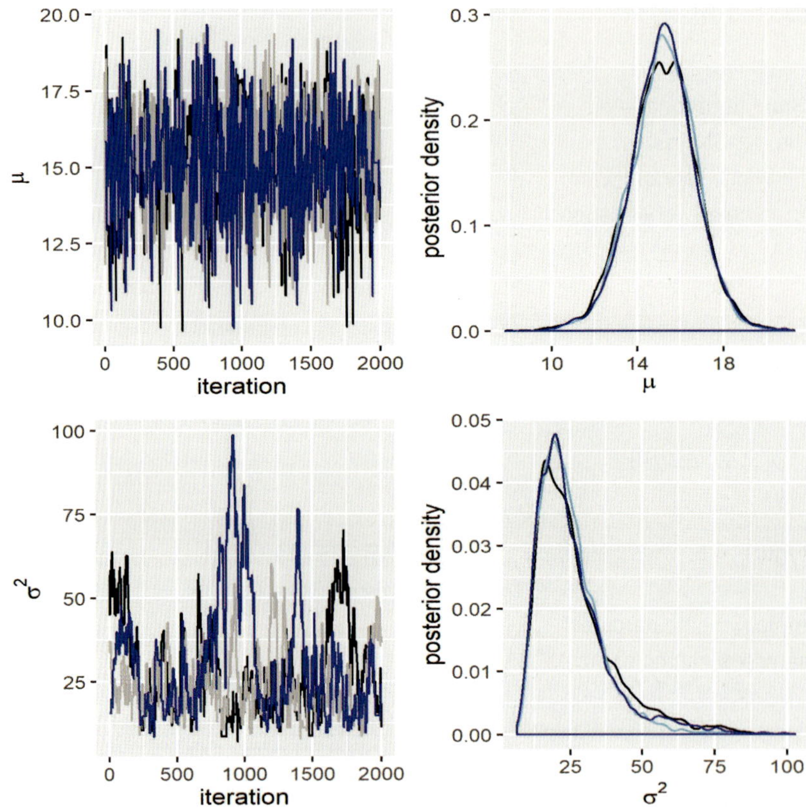

그림 4.5 3개의 체인으로부터 얻은 μ와 σ^2의 경로그림과 사후밀도함수

a) Gelman 상수

Gelman 상수 계산은 coda 패키지를 이용하면 편리하다. 이 패키지를 설치하고, 3개의 체인으로부터 얻은 표본을 먼저 mcmc 형태로 변환한 다음 mcmc.list 형태로 바꾸어 coda 패키지에서 사용할 수 있는 형태로 만들어준다. gelman.diag 함수를 사용하여 Gelman 상수를 계산한다. Gelman 상수의 상한가가 모두 1.1을 넘지 않으므로 수렴이 이루어졌다고 보아도 무방하다.

```
#### Gelman shrink factor ####
install.packages("coda")
require(coda)
samples.1=mcmc(mcmc.samples[,,1])
samples.2=mcmc(mcmc.samples[,,2])
samples.3=mcmc(mcmc.samples[,,3])

codaSamples=mcmc.list(list(samples.1, samples.2, samples.3))
gelman=gelman.diag(codaSamples)
```

```
gelman

Potential scale reduction factors:

      Point est. Upper C.I.
[1,]        1.00       1.00
[2,]        1.01       1.02

Multivariate psrf

1
```

rejectionRate 함수를 사용하여 위에서 제시된 메트로폴리스-해스팅스 알고리즘의 채택확률을 보면 약 19%임을 알 수 있다.

```
Metro.draws=mcmc(mcmc.samples[,,1])
accept.rate=1-rejectionRate(Metro.draws)
accept.rate
     var1      var2
0.1942731 0.1942731
```

5) 베이지안 사후추론

세 개의 체인으로부터 얻은 표본을 통합한 후 이를 이용하여 사후추론을 수행한다. 사후평균을 모수추정치로 사용하고, 95% 사후구간은 대략적으로 표본의 2.5% 백분위부터 97.5% 백분위까지의 구간으로 한다. 표본으로부터 주변 사후밀도함수를 추정할 수도 있다.

```
#### Posterior inference ####
mcmc.samples.combined=rbind(mcmc.samples[,,1], mcmc.samples[,,2], mcmc.samples[
,,3])
para.hat=apply(mcmc.samples.combined, 2, mean)
HPD=apply(mcmc.samples.combined, 2, function(x) quantile(x, c(0.025,0.975)))

#### Figure 4.6 예 4.3에서 mu와 sigma의 주변 사후밀도함수와 95% HPD 구간 ##
par(mfrow=c(1,2))
plot(density(mcmc.samples.combined[,1]),xlab=quote(mu), ylab="", main="")
abline(v=HPD[ ,1], lty=2, col=2)
```

```
plot(density(mcmc.samples.combined[,2]), xlab=quote(sigma^2), ylab="", main="")
abline(v=HPD[ ,2], lty=2, col=2)
```

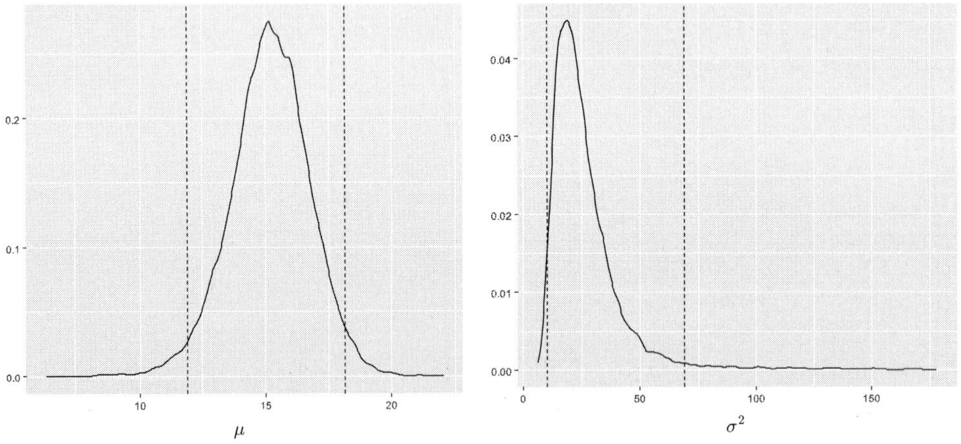

그림 4.6 예 4.3에서 μ와 σ^2의 주변 사후밀도함수와 95% HPD 구간

4.2.3 랜덤워크 메트로폴리스에서 표본추출분포 표준편차의 영향

랜덤워크 메트로폴리스에서는 평균이 현재의 표본값이고 표준편차가 δ인 정규분포에서 후보 표본을 추출한다. 이때 표준편차 δ가 MCMC 표본추출에 미치는 영향을 알아보자. 먼저 $\delta = 0.3$로 선택하고 4.2.2절에서 수행한 랜덤워크 메트로폴리스를 수행해 보자.

1) $\delta = 0.3$

수렴속도를 보기 위해 nsim=2000, nburn=0로 선택하자.

```
#### MCMC Simulation ####
nChains=3
nsim<-2000; nburn<-0; delta=0.3
p=2
mcmc.samples=array(0, dim=c(nsim, p, nChains))
for(ich in 1:nChains){
    initsList=inits.random(x)
    mcmc.samples[,,ich]=Metropolis_normal_mu_sigsq(nsim, nburn, delta, dataList,
    initsList)
}
```

첫 번째 체인에서 후보 표본의 채택확률 계산해 보면 채택확률이 약 76%로 이상적인 채택확률 23.4%에 비하여 매우 크다.

```
Metro.draws=mcmc(mcmc.samples[,,1])
accept.rate=1-rejectionRate(Metro.draws); accept.rate
        var1          var2
0.7688844 0.7688844
```

각 체인으로부터 얻은 표본을 가지고 μ와 σ^2의 경로그림과 사후밀도함수를 그려보자. 참고로, 이 절에서는 수렴속도를 알아보기 위하여 모든 경우에 nsim=2000, nburn=0을 사용하였다. 그림 4.7을 보면 수렴이 매우 느린 것을 볼 수 있다. 그림 4.8의 자기상관그림을 보면 μ 표본의 자기상관이 매우 큰 것을 알 수 있다. 지나치게 작은 δ로 인하여 랜덤워크의 보폭이 매우 작고 따라서 μ의 MCMC 표본이 사후분포의 영역을 섭렵하기에는 오랜 시간이 걸리는 것을 알 수 있다.

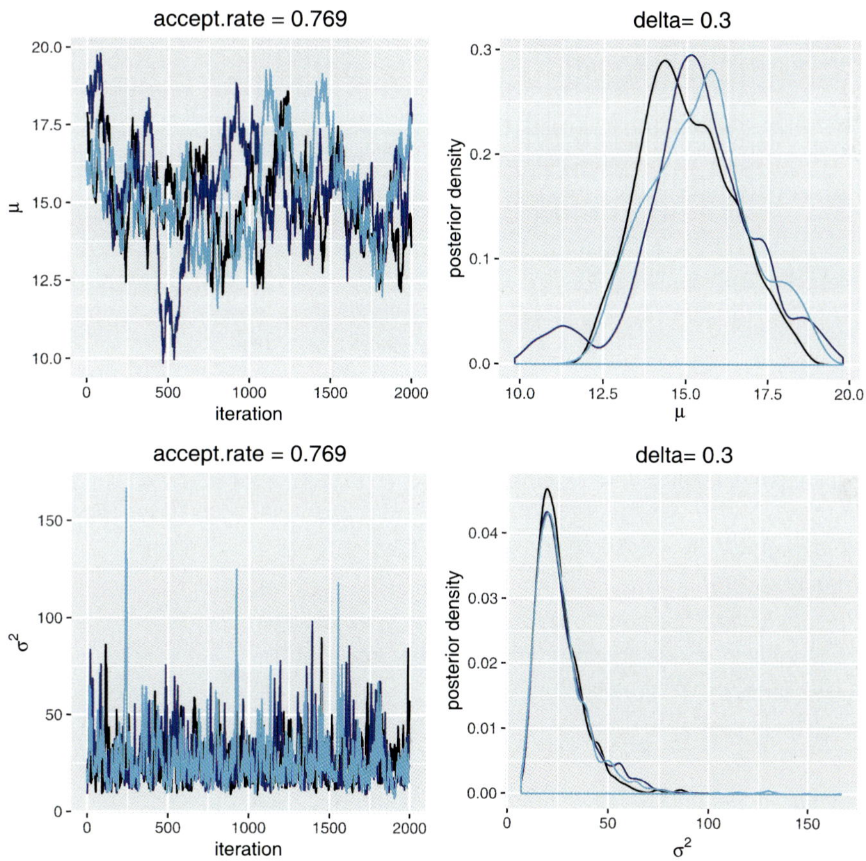

그림 4.7 $\delta=0.3$일 때 경로그림과 사후밀도함수

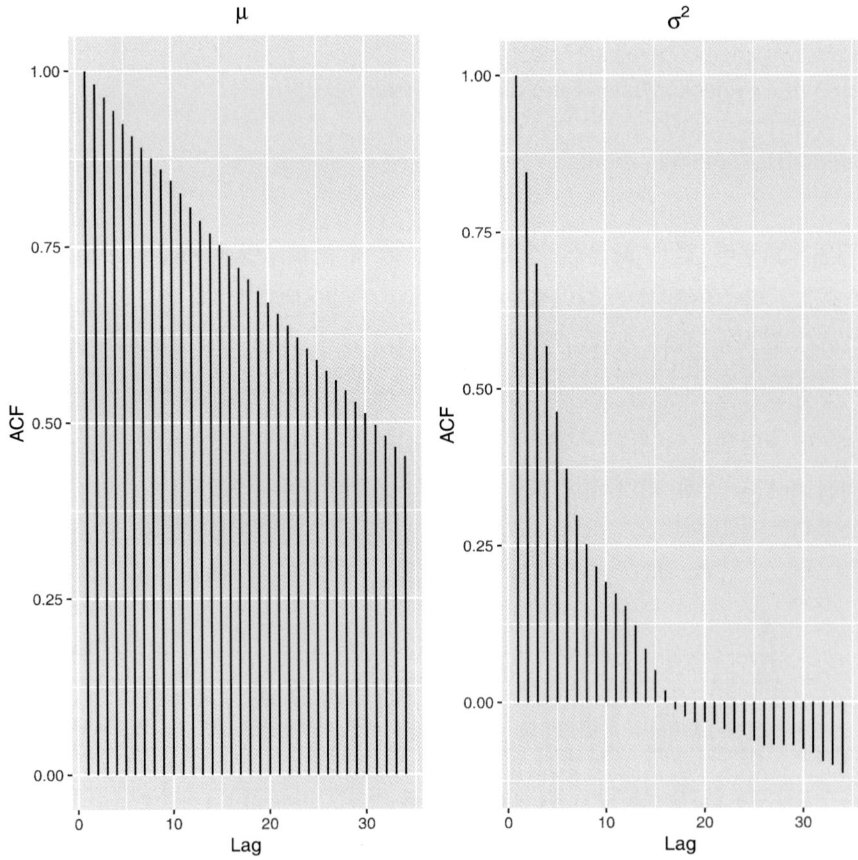

그림 4.8 $\delta=0.3$일 때 자기상관그림

```
mu.samples=mcmc.samples[,1,]
sigsq.samples=mcmc.samples[,2,]

#### Figure 4.7 예 4.3에서 경로그림과 사후밀도함수 ####
par(mfrow=c(2,2))
plot(mu.samples[,1], type="l", xlab="iteration", ylab=quote(mu),
    main=paste0("accept.rate=", round(accept.rate[1],3)))
lines(mu.samples[,2], col=2)
lines(mu.samples[,3], col=3)

plot(density(mu.samples[,1]), type="l", xlab=quote(mu), ylab="posterior density",
    main=paste0("delta = ", round(delta,2)))
lines(density(mu.samples[,2]), col=2)
lines(density(mu.samples[,3]), col=3)

plot(sigsq.samples[,1], type="l", xlab="iteration", ylab=quote(sigma^2),
```

```
        main=paste0("accept.rate=", round(accept.rate[1],3)))
lines(sigsq.samples[,2], col=2)
lines(sigsq.samples[,3], col=3)

plot(density(sigsq.samples[,1]), type="l", xlab=quote(sigma^2), ylab="posterior
     density", main=paste0("delta=", round(delta,2)))
lines(density(sigsq.samples[,2]), col=2)
lines(density(sigsq.samples[,3]), col=3)

#### Figure 4.8 예 4.2에서 자기상관 ####
par(mfrow=c(1,2))
acf(mu.samples[,1], main=quote(mu))
acf(sigsq.samples[,1], main=quote(sigma^2))
```

2) δ=3, 5일 때 랜덤워크 메트로폴리스

δ=3과 δ=5일 때 랜덤워크 메트로폴리스 수행 결과를 확인해 보자. 그림 4.9를 보면 δ가 3일 때 채택확률(0.104)이 매우 작아서 새로운 값으로 이동하는 경우가 작으며 이는 δ가

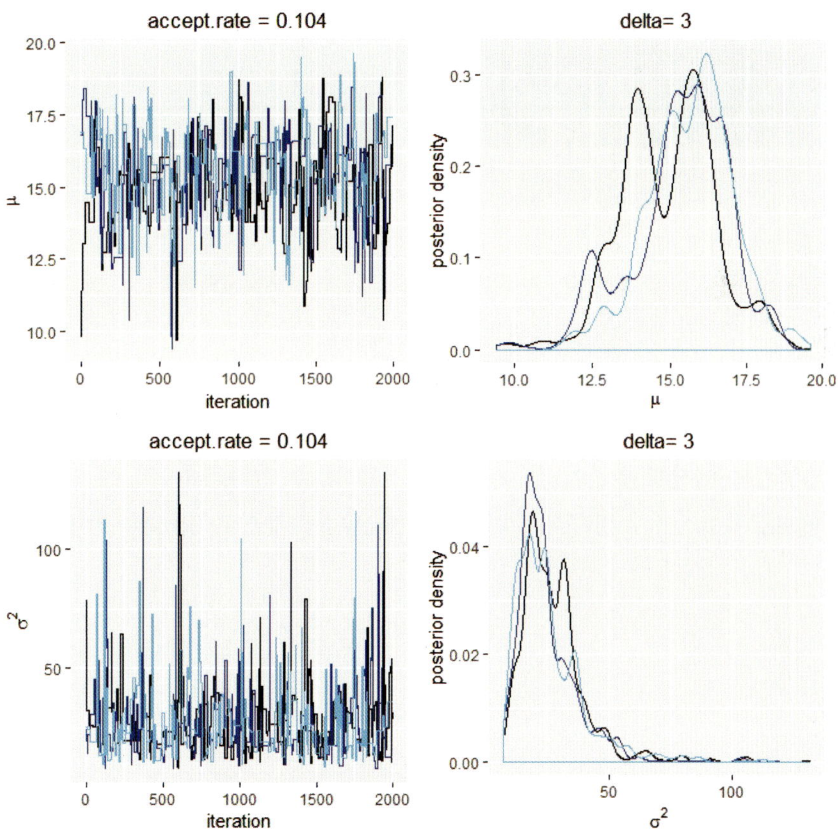

그림 4.9 δ=3일 때 경로그림과 사후밀도함수

5일 때 더욱 두드러진다(채택확률 0.051). 따라서 δ=3 또는 5는 지나치게 큰 값이다.

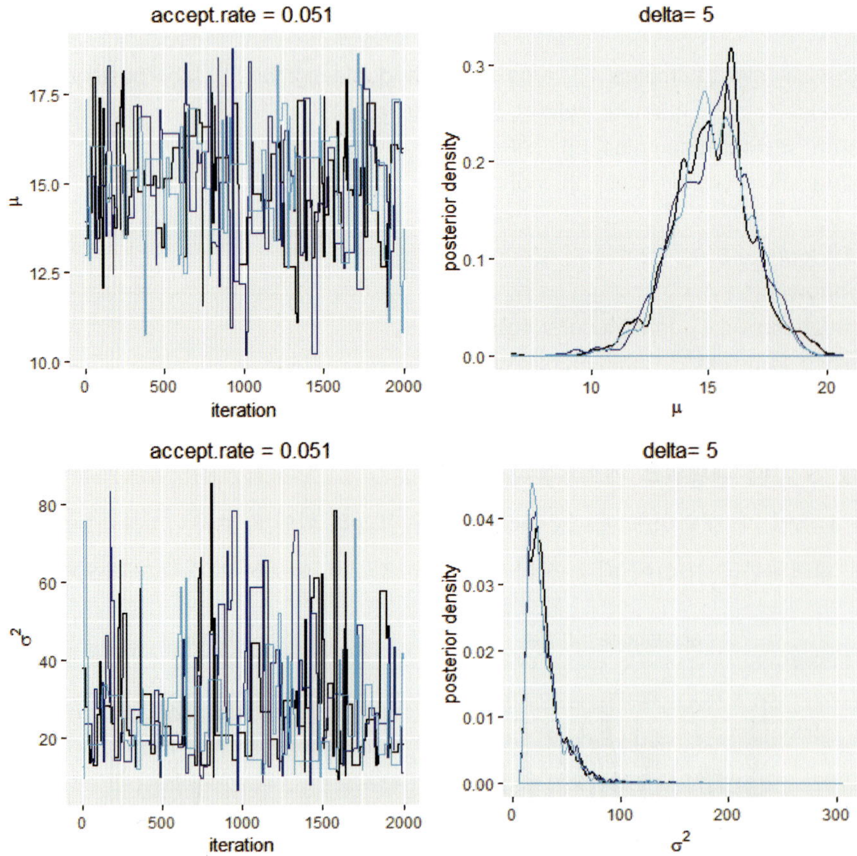

그림 4.10 δ=5일 때 경로그림과 사후밀도함수

3) δ=1.5일 때 랜덤워크 메트로폴리스

그림 4.11의 δ=1.5일 때 랜덤워크 메트로폴리스 수행 결과를 보면 채택확률이 약 27%이며 2000 반복 이전에 수렴이 잘 이루어진 것을 볼 수 있다. 따라서 예 4.3 자료에 랜덤워크 메트로폴리스를 수행하고자 한다면 δ를 1~1.5 값으로 정하는 것이 바람직하다.

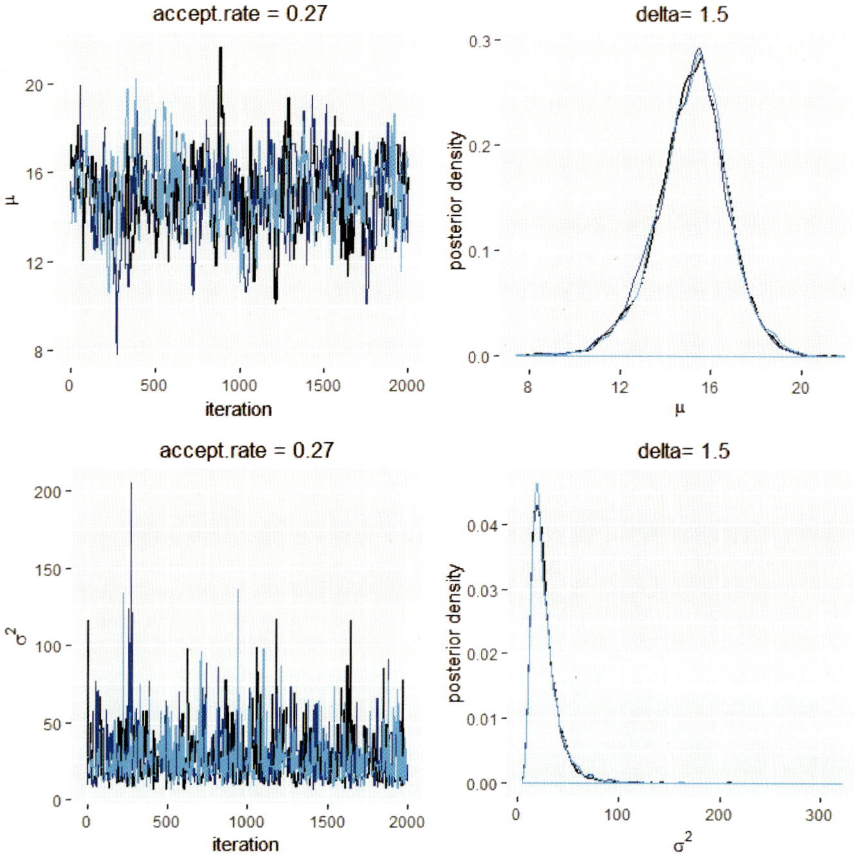

그림 4.11 δ=1.5일 때 경로그림과 사후밀도함수

4.2.4 MCMC 표본의 자기상관

MCMC 표본은 마코브체인으로부터 생성되었기 때문에 서로 독립적인 표본이 아니며 자기상관(auto-correlation)을 갖는다. 랜덤워크 메트로폴리스에서 $\delta=1.5$일 때 준비단계 5000번 이후에 얻어진 20,000개 사후표본의 자기상관을 그림 4.12에 그려보았다. 보폭(δ 값)이 적당함에도 불구하고 상당히 높은 자기상관이 아직 남아있다. 3장의 3.2절에서는 자기상관이 있는 MCMC 표본으로부터 추정치를 구할 때 자기상관을 고려하여 효용표본수 ESS를 계산하고 이를 이용하여 추정치의 오차를 계산하는 방법을 설명하였다. 그러나 ESS로 보정을 하더라도 가급적 자기상관성이 작은, 독립표본에 가까운 표본이 좋은 표본이다.

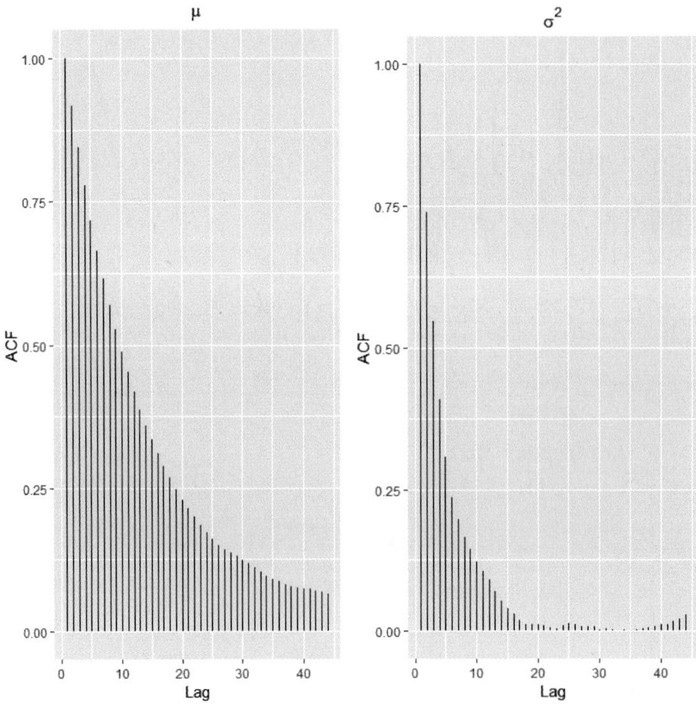

그림 4.12 $\delta = 1.5$일 때 MCMC 사후표본의 자기상관

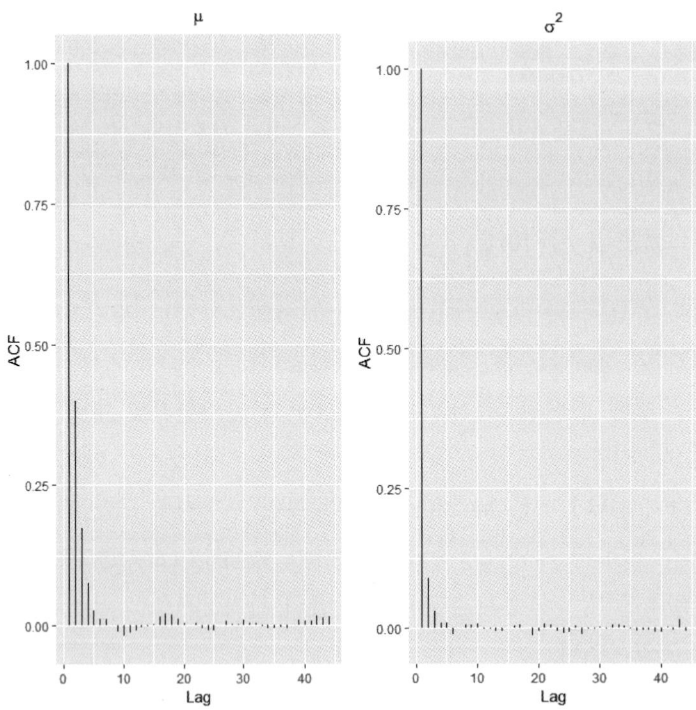

그림 4.13 $\delta = 1.5$, nthin=10일 때 MCMC 사후표본의 자기상관

자기상관을 줄이는 가장 손쉬운 방법은 추출된 표본 중에서 일정한 간격을 두고 표본을 선택하여 이 표본만 저장하여 사용하는 것이다. 예를 들면 MCMC 반복에서 매 10번째 표본만 사용한다면 표본의 자기상관을 상당히 줄일 수 있다. 이를 thining이라고 한다. thining을 사용하면 MCMC 표본추출함수를 아래와 같이 변경하여 사용하면 된다. 그림 4.13을 보면 자기상관이 상당히 감소하였음을 볼 수 있다.

```
Metropolis_normal_mu_sigsq_thin=function(nsim,nburn,nthin,delta,dataList,initsList){

:
:
for(iter in 1:(nsim*nthin+nburn)){
:
:
    if(runif(1)<alpha) {theta.next<-theta.prop} else {theta.next<-theta.curr}
:
     if(iter>nburn) {
     if(iter%%nthin==0)  {para.samples[(iter-nburn)/nthin,]=c(theta.next[1],  exp(theta.
       next[2]))}
     }
  }
return(para.samples)
}

for(ich in 1:nChains) {
  initsList=inits.random(x)
  mcmc.samples[,,ich]=Metropolis_normal_mu_sigsq_thin(
    nsim,nburn,nthin=10,delta,dataList,initsList)
}
```

실습: 예제 4.3에 대한 메트로폴리스 알고리즘에서 $\theta=(\mu,\log(\sigma^2))$ 의 후보 표본을 다변량 정규분포 $N(\theta^{curr},\delta^2 I_2)$에서 생성하여 θ 원소 모두에 같은 보폭(표준편차)을 사용하였다. 그런데 θ 원소마다 분산이 다를 수 있고 따라서 적절한 보폭이 다를 수 있으므로 $N(\theta^{curr}, Diag(\delta_1^2, \delta_2^2))$을 고려하여 보자. $Diag(\delta_1^2, \delta_2^2)$은 대각원소 δ_1^2, δ_2^2을 갖는 대각행렬이다. 적절한 δ_1^2, δ_2^2 값을 찾기 위하여 다음 과정을 실행하여 보자.

1) 4.2절의 알고리즘을 짧게 실행하여 $\theta=(\mu,\log(\sigma^2))$ 의 대략적인 추정치와 분산을 추정한다.

2) 추정된 분산에 2.4를 곱하여 δ_1^2, δ_2^2 값으로 정한다.
3) 4.2절의 알고리즘을 변형하여 $N(\theta^{curr}, Diag(\delta_1^2, \delta_2^2))$로부터 후보표본을 추출하는 랜덤워크 메트로폴리스 알고리즘을 코딩한다.
4) 랜덤워크 메트로폴리스를 짧게 수행한 후 경로그림과 후보표본의 채택확률을 계산하여 본다.
5) 채택확률이 대략 24%가 되도록 δ_1^2, δ_2^2 를 조정한다.
6) 최종 선택된 δ_1^2, δ_2^2을 사용하여 메트로폴리스를 충분히 길게 수행한 후 수렴속도, 효율, 사후추론 결과를 4.2절의 공통 분산을 사용하였을 경우와 비교하라.

참고문헌

- Higgs, R. (1971), Race, Skills, and Earnings : American Imigrants in 1909, *The Journal of Economics*, 31, 420-428.
- Hoijtink, H., Klugkist, I., and Boelen, P.A. (2008), *Bayesian evaluation of informative hypotheses*, New York: Springer.
- Oh, M.S., and Shin, D.W. (2011), A unified bayesian inference on treatment means with order constraints, *Computational Statistics and Data Analysis*, 55, 924-934.

5장

JAGS를 이용한 베이지안 추론

5.1 JAGS 소개

JAGS는 "Just Another Gibbs Sampler"의 약어로 마코프체인 몬테칼로(Markov chain Monte Carlo, MCMC) 기법을 이용하여 베이지안 계층 모형에 대한 시뮬레이션 분석을 수행하는 프로그램이다. JAGS는 Martyn Plummer(2003, 2015)에 의해 개발되었으며, 기존의 WinBUGS/OpenBUGS 등 BUGS(Bayesian inference Using Gibbs Sampler) 프로그램의 후속 프로그램으로 사용법이 매우 유사하다. 그러나 BUGS와 달리 모형설정이나 MCMC 표본의 분석을 위한 GUI(Graphical User Interface)를 제공하지 않으며 R, MATLAB 등 다른 프로그램과 연동하여 사용하게 되어 있다. JAGS/BUGS 관련 참고문헌은 다음과 같다.

- **JAGS**: Plummer(2003), Plummer(2015)
- **BUGS**: Spiegelhalter et al.(1996)
- **WinBUGS**: Lunn et al.(2000); Spiegelhalter et al.(2003); Sturtz et al.(2005); Thompson et al.(2006); Lunn et al.(2012)
- **OpenBUGS**: Thomas(2004); Lunn et al.(2009); Spiegelhalter et al.(2014)

WinBUGS/OpenBUGS 프로그램에 비하여 JAGS가 갖는 장점은 WinBUGS/OpenBUGS가 잘 알려지지 않은 Component Pascal 언어로 코딩된 반면, JAGS는 C++ 언어로 코딩되어 있어 수정과 이해가 용이하다. 또한 WinBUGS/OpenBUGS가 Windows Operating System(OS)에서는 편리하지만 Linux/Unix나 MacOS에는 불편한 면이 있었던 반면 JAGS는 여러 OS에서 사용이 용이하다는 장점이 있다. 이러한 장점으로 인해 최근 JAGS 사용자가 늘어나고 있는 실정이다.

5.2 JAGS 설치

JAGS 프로그램의 설치절차는 다음과 같다.

- 최신 version의 R과 Rtools 프로그램을 설치한다.
  필수적인 것은 아니지만 RStudio 프로그램을 설치하여 사용하면 편리하다.
- JAGS website 'http://mcmc-jags.sourceforge.net'로 이동한다. (그림 5.1, 5.2)
- 최신 버전의 JAGS 실행파일을 다운로드하여 설치한다. (그림 5.3)

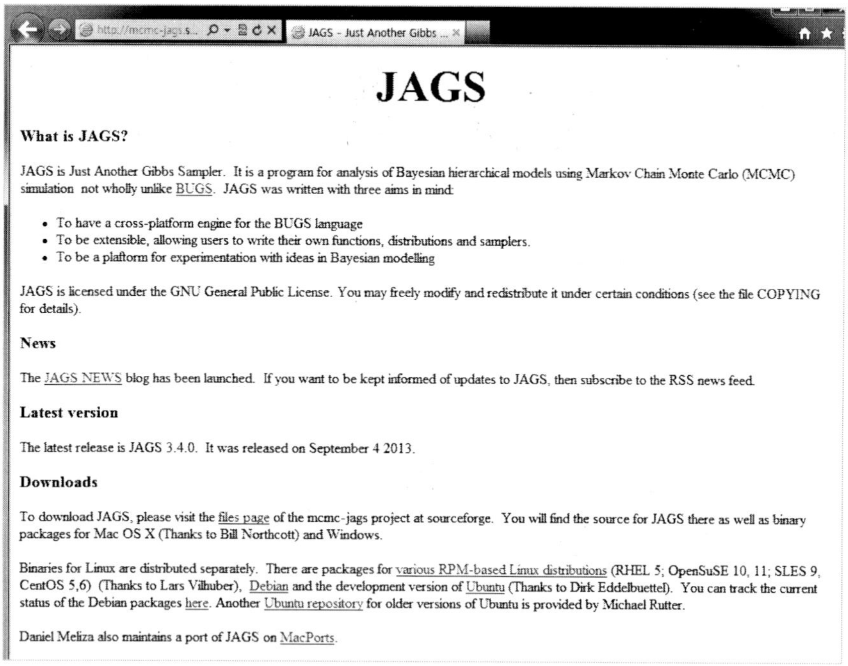

그림 5.1 JAGS 웹사이트 화면 1

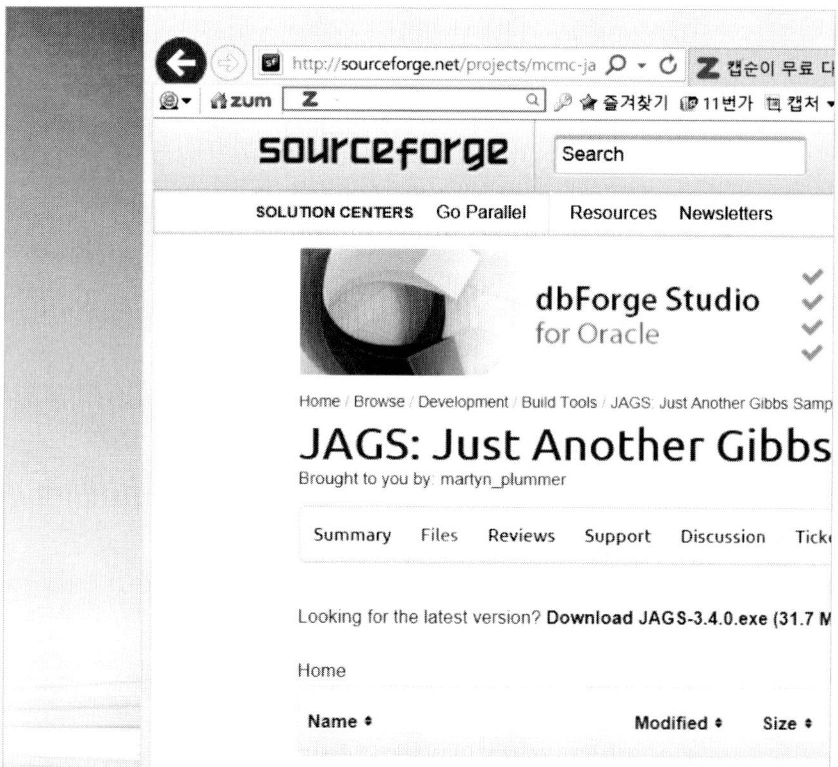

그림 5.2 JAGS 웹사이트 화면 2

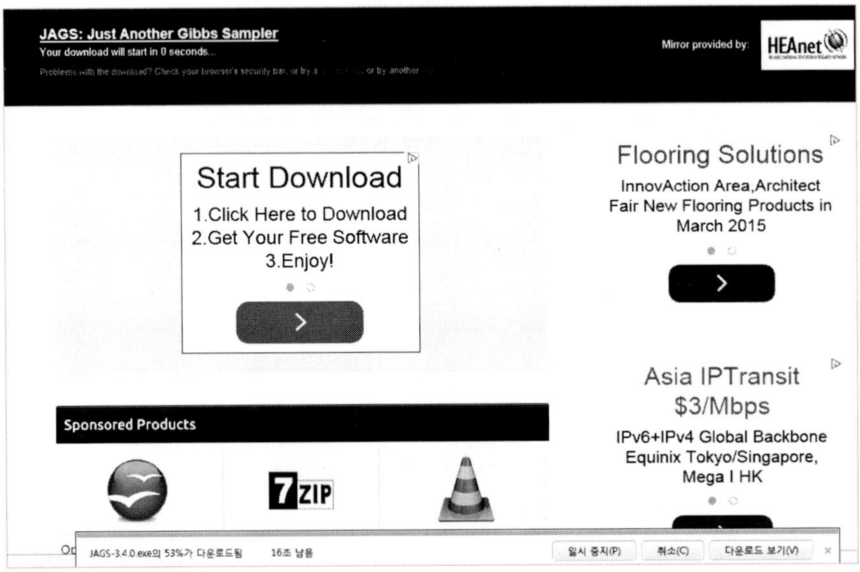

그림 5.3 JAGS 다운로드 과정

5.3 JAGS 분포

JAGS에서 제공하는 분포와 함수 등을 살펴보자. 분포는 보통 'd'로 시작한다. 예를 들면, dbeta는 베타분포, dnorm은 정규분포를 나타낸다. 각 분포의 모수가 일반적인 경우와 다르게 설정되어 있는 경우가 있으므로 이 점을 주의해서 사용해야 한다. 예를 들면 표 5.1에서 정규분포가 dnorm(mu,tau)로 정의되는데 이때 tau 모수는 분산의 역수이다. 즉, JAGS에서 dnorm(0,100)이 나타내는 것은 평균이 0, 분산이 1/100인 정규분포이다. 또한 dbin(p, n)은 시행횟수 n이고 성공확률이 p인 이항분포를 나타낸다. 표 5.1 ~ 5.3은 JAGS에서 제공하는 통계적 분포를 요약한 것이다.

표 5.1 JAGS의 단변량 연속분포

Name	JAGS	Density
Beta	dbeta(a, b) $a>0, b>0$	$\frac{\Gamma(a)\Gamma(b)}{\Gamma(a+b)}x^{a-1}(1-x)^{b-1}$, $0<x<1$
Chi−square	dchisqr(k) $k>0$	$\frac{x^{\frac{k}{2}-1}\exp(-x/2)}{2^{\frac{k}{2}}\Gamma(\frac{k}{2})}$, $x>0$

Double exponential	ddexp(mu, tau) $\tau > 0$	$\tau \exp(-\tau \vert x-\mu \vert)/2$
Exponential	dexp(lambda) $\lambda > 0$	$\lambda \exp(-\lambda x)$, $x > 0$
F	df(n, m) $n > 0, m > 0$	$\frac{\Gamma(\frac{n+m}{2})}{\Gamma(\frac{n}{2})\Gamma(\frac{n}{2})}(\frac{n}{m})^{\frac{n}{2}} x^{\frac{n}{2}-1}(1+\frac{nx}{m})^{-\frac{(n+m)}{2}}$, $x > 0$
Gamma	dgamma(r, lambda) $\lambda > 0, r > 0$	$\frac{\lambda^x x^{r-1} \exp(-\lambda x)}{\Gamma(r)}$, $x > 0$
Generalized gamma	dgen.gamma(r, lambda, b) $\lambda > 0, b > 0, r > 0$	$\frac{b\lambda^{br} x^{br-1} \exp(-(\lambda x)^b)}{\Gamma(r)}$, $x > 0$
Logistic	dlogis(mu, tau) $\tau > 0$	$\frac{\tau \exp((x-\mu)\tau)}{[1+\exp((x-\mu)\tau)]^2}$
Log-normal	dlnorm(mu, tau) $\tau > 0$	$(\frac{\tau}{2\pi})^{\frac{1}{2}} x^{-1} \exp(-\tau(\log(x)-\mu)^2/2)$, $x > 0$
Noncentral Chi-square	dnchisqr(k, delta) $k > 0, \delta \geq 0$	$\sum_{r=0}^{\infty} \frac{\exp(-\frac{\delta}{2})(\frac{\delta}{2})^r}{r!} \frac{x^{(k/2+r-1)} \exp(-\frac{x}{2})}{2^{(k/2+r)}\Gamma(\frac{k}{2}+r)}$, $x > 0$
Normal	dnorm(mu, tau) $\tau > 0$	$(\frac{\tau}{2\pi})^{\frac{1}{2}} \exp -\tau(x-\mu)^2/2$
Pareto	dpar(alpha, c) $\alpha > 0, c > 0$	$\alpha c^{\alpha} x^{-(\alpha+1)}$, $x > c$
Student t	dt(mu, tau, k) $\tau > 0, k > 0$	$\frac{\Gamma(\frac{k+1}{2})}{\Gamma(\frac{k}{2})}(\frac{\tau}{k\pi})^{\frac{1}{2}} 1 + \frac{\tau(x-\mu)^2}{k^{-\frac{(k+1)}{2}}}$
Uniform	dunif(a, b) $a < b$	$\frac{1}{b-a}$, $a < x < b$
Weibull	dweib(v, lambda) $v > 0, \lambda > 0$	$v\lambda x^{v-1} \exp(-\lambda x^v)$, $x > 0$

표 5.2 JAGS의 단변량 이산분포

Name	JAGS	Density
Beta binomial	dbetabin(a, b, n) $a > 0, b > 0, n \in N^*$	$\binom{a+x-1}{x}\binom{b+n-x-1}{n-x}\binom{a+b+n-1}{n}^{-1}$, $x=0,1,\ldots,n$
Bernoulli	dbern(p) $0 < p < 1$	$p^x(1-p)^{1-x}$, $x=0,1$
Binomial	dbin(p, n) $0 < p < 1, n \in N^*$	$\binom{n}{x}p^x(1-p)^{n-x}$, $x=0,1,\ldots,n$
Categorical	dcat(pi) $\pi \in (R^+)^N$	$\frac{\pi_x}{\sum_i \pi_i}$, $x=1,2,\ldots,N$
Noncentral hypergeometric	dhyper(n1, n2, m1, psi) $0 \le n_i, 0 < m_1 \le n_+$	$\frac{\binom{n_1}{x}\binom{n_2}{m_1-x}\psi^x}{\sum_i \binom{n_1}{i}\binom{n_2}{m_1-i}\psi^i}$, $\max(0, n_+ - m_1) < x < \min(n_1, m_1)$
Negative binomial	dnegbin(p, r) $0 < p \le 1, r \ge 0$	$\binom{x+r-1}{x}p^r(1-p)^x$, $x=0,1,2,\ldots$
Poisson	dpois(lambda) $\lambda > 0$	$\frac{\exp(-\lambda)\lambda^x}{x!}$, $x=0,1,2,\ldots$

표 5.3 JAGS의 다변량 분포

Name	JAGS	Density
Dirichlet	p ~ ddrich(alpha) $\alpha_j \ge 0$	$\Gamma(\sum_i \alpha_i)\Pi_j \frac{p_j^{\alpha_j-1}}{\Gamma(\alpha j)}$
Multivariate normal	x ~ dmnorm(mu, Omega) Ω positive definite	$\left(\frac{\lvert\Omega\rvert}{2\pi}\right)^{\frac{1}{2}}\exp[-(x-\mu)^T\Omega(x-\mu)/2]$
Wishart	Omega ~ dwish(R, k) R $p \times p$ pos. def., $k \ge p$	$\frac{\lvert\Omega\rvert^{(k-p-1)/2}\lvert R\rvert^{k/2}\exp[-Tr(R\Omega/2)]}{2^{pk/2}\Gamma_p(k/2)}$
Multivariate Student t	x ~ dmt(mu, Omega, k) Ω pos. def.	$\frac{\Gamma(k+p)/2}{\Gamma(k/2)(n\pi)^{p/2}}\lvert\Omega\rvert^{1/2}[1+\frac{1}{k}(x-\mu)^T\Omega(x-\mu)]^{-\frac{(k+p)}{2}}$
Multinomial	x ~ dmulti(pi, n) $\sum_j x_j = n$	$n!\Pi_j \frac{\pi_j^{x_j}}{x_j!}$

5.4 JAGS 함수

표 5.4 ~ 5.8은 JAGS에 내장된 함수를 요약한 것이다.

표 5.4 JAGS의 스칼라 함수

JAGS	Description	Value Restrictions on arguments
abs(x)	Absolute value	Real
cloglog(x)	Complementary log log	Real
equals(x,y)	Test for equality	Logical
exp(x)	Exponential	Real
icloglog(x)	Inverse complementary log log function	Real
ifelse(x,a,b)	If x then a else b	Real
ilogit(x)	Inverse logit	Real
log(x)	Log function	Real
logfact(x)	Log factorial	Real
loggam(x)	Log gamma	Real
logit(x)	Logit	Real
phi(x)	Standard normal cdf	Real
pow(x,z)	Power function	Real
probit(x)	Probit	Real
round(x)	Round to integer away from zero	Integer
sqrt(x)	Square-root	Real
step(x)	Test for $x \geq 0$	Logical
trunc(x)	Round to integer towards zero	Integer

표 5.5 JAGS의 분포에 관한 함수

Name	Distribution function	Density function	Quantile
Bernoulli	pbern	dbern	qbern
Beta	pbeta	dbeta	qbeta
Binomial	pbin	dbin	qbin
Chi-square	pchisqr	dchisqr	qchisqr
Double exponential	pdexp	ddexp	qdexp

Exponential	pexp	dexp	qexp
F	pf	df	qf
Gamma	pgamma	dgamma	qgamma
Generalized gamma	pgen.gamma	dgen.gamma	qgen.gamma
Noncentral hypergeometric	phyper	dhyper	qhyper
Logistic	plogis	dlogis	qlogis
Log-normal	plnorm	dlnorm	qlnorm
Negative binomial	pnegbin	dnegbin	qnegbin
Noncentral Chi-square	pnchisqr	dnchisqr	qnchisqr
Normal	pnorm	dnorm	qnorm
Pareto	ppar	dpar	qpar
Poisson	ppois	dpois	qpois
Student t	pt	dt	qt
Weibull	pweib	dweib	qweib

표 5.6 JAGS의 연결함수

Link function	Description	Range	Inverse
cloglog(y) <- x	Complementary log log	$0 < y < 1$	y <- icloglog(x)
log(y) <- x	Log	$0 < y$	y <- exp(x)
logit(y) <- x	Logit	$0 < y < 1$	y <- ilogit(x)
probit(y) <- x	Probit	$0 < y < 1$	y <- phi(x)

표 5.7 JAGS의 기타함수

Function	Description
inprod(x1,x2)	Inner product
interp.lin(e,v1,v2)	Linear Interpolation
logdet(m)	Log determinant
max(x1,x2,..)	Maximum element among all arguments
mean(x)	Mean of elements of x
min(x1,x2,..)	Minimum elements among all arguments
prod(x)	Product of elements of x
sum(x)	Sum of elements of x
sd(x)	Standard deviation of elements of x

표 5.8 JAGS의 벡터와 행렬함수

Usage	Description
inverse(a)	Matrix inverse
rank(v)	Ranks of elements of v
order(v)	Ordering permutation of v
sort(v)	Elements of v in order
t(a)	Transpose
a%*%b	Matrix multiplication

5.5 JAGS 실행

JAGS를 이용하여 MCMC 사후표본을 추출하고 수렴진단을 수행한 후 표본을 이용하여 사후추론을 수행하여 보자.

예 5.1 예 4.1에서

$$X_i|\mu,\sigma^2 \sim N(\mu,\sigma^2),\ i=1,...,10$$

$$\boldsymbol{x}=(10,13,15,11,9,18,20,17,23,21)$$

$$\mu \sim N(\mu_0,,\sigma_0^2),\quad \sigma^2 \sim IG(a,b)$$

를 가정하였다. JAGS를 이용하여 (μ,σ^2)의 MCMC 사후표본을 추출하는 과정은 다음과 같다.

1) R 프로그램을 열고 rjags 패키지를 설치한다. JAGS를 실행하여 얻은 MCMC 표본의 수렴성 등을 진단하기 위하여 coda 패키지를 이용하면 편리한데 JAGS를 설치하면 coda 패키지도 같이 설치된다.

```
install.packages("rjags")
library(rjags)
#install.packages("coda")
#library(coda)
```

2) JAGS의 모형설정(Model specification)

모형설정은 model{...} 문장으로 설정하며 모형설정에서는 데이터의 분포와 사전분포를 지정한다. 또한 모형설정문에서 랜덤 모수를 변환하여 새로운 모수를 만들 수 도 있다. 모형설정 내용을 텍스트 형식(*.txt)의 외부 파일에 저장하여 JAGS 실행 시 호출할 수 있도록 한다. Windows에서 직접 파일을 만들어 저장해도 되고 아래와 같이 R에서 writeLines() 명령을 사용하여 파일을 저장해도 된다. JAGS의 모형 설정은 WinBugs와 거의 비슷하다. 사전모수의 값을 $\mu_0 = 10$, $\sigma_0^2 = 25$, $a = 0.5, b = 1$ 을 선택했다고 하면 모형설정문은 아래와 같이 만들 수 있다. 여기에서는 데이터에 대한 분포를 설정하고, 랜덤 모수에 대하여 사전분포를 설정한 다음, 상수의 값을 지정하였다. 그러나 JAGS에서 지정 순서는 상관이 없으므로 사전분포나 상수지정이 데이터 분포 앞에 있어도 상관이 없다.

```
modelString="
model
{
  for(i in 1:n){
     x[i] ~ dnorm(mu, invsigsq)      # 데이터의 분포
  }
  mu ~ dnorm(mu0, invsigsq0)                    # 사전분포
  invsigsq ~ dgamma(a,b)
  sigsq<-1/invsigsq                             # 모수의 변환
  mu0<-10                                       # 상수값 지정
  invsigsq0<-1/25
  a<-0.5
  b<-1
 }
"
writeLines(modelString, "model_ex5_1.txt")
```

3) 리스트 형식으로 입력할 데이터를 저장한다.

모형설정문에서 필요한 데이터는 자료의 수 n과 관측치 $\boldsymbol{x}$이므로 다음과 같은 리스트를 만든다.

```
dataList=list(n=10, x=c(10,13,15,11,9,18,20,17,23,21))
```

4) 리스트 형식으로 랜덤 노드의 초기치를 설정한다. 위의 모형설정문에서 랜덤 노드는 mu와 sigsq으로 아래와 같이 초기치 리스트를 만든다. 여기에서는 μ_0와 σ_0^2을 초기치로 사용하였지만 다른 값, 예를 들면 표본평균과 표본분산인 $\overline{x}, s^2$을 사용할 수도 있다.

```
initsList=list(mu=10, invsigsq=1/25)
```

또는 아래와 같이 자료를 복원 재추출하여 랜덤하게 초기치를 결정할 수도 있다. 코드 중 invsigsqInit=(1/sd(resampledX))^2*0.999+0.01는 혹시 sd(resampledX)가 매우 커서 1/sd(resampledX)이 0에 가까울 때 invsigsqInit를 0.01로 만들어 양수값을 갖도록 하기 위한 것이다.

```
initsList=function(x){
  resampledX=sample(x, replace=T)
  muInit=sum(resampledX)/length(resampledX)
  invsigsqInit=(1/sd(resampledX))^2*0.999+0.01
  return(list(mu=muInit, invsigsq=invsigsqInit))
}
```

5) rjags 패키지에 포함된 jags.model 함수를 사용하여 MCMC를 위한 준비작업을 수행한다. jags.model 함수에 대한 보다 구체적인 설명은 도움말을 사용하면 된다. 아래 예에서는 MCMC 체인의 수를 3개로 지정하였다. n.adapt는 JAGS 프로그램에서 적절한 후보추출함수를 찾는 등 튜닝에 필요한 반복횟수이다. 만약 jags.model 함수 수행 후 "adaptation incomplete"라는 오류 메시지가 나타나면 튜닝이 제대로 안 된 것이므로 n.adapt의 수를 늘려준다.

```
jagsModel=jags.model(file="model_ex5_1.txt", data=dataList, inits=initsList,
n.chains=3, n.adapt=500)
```

6) MCMC가 수렴하기까지는 시간이 걸리므로, 예비단계 이후의 표본이 우리가 원하는 사후분포로부터 생성된 표본이다. update 함수는 n.iter에서 지정한 반복수만큼 예비단계를 수행한다. update 단계에서 추출한 표본은 저장되지 않는다.

```
update(jagsModel, n.iter=500)
```

7) MCMC 표본추출

coda.samples 함수는 예비단계 이후에 n.iter에서 지정한 수만큼 MCMC 체인에서 표본추출을 수행하고 이를 coda 패키지 적용이 가능하도록 mcmc.list 형태로 저장한다. 모든 모수의 표본을 다 저장할 필요는 없을 수 있으므로 저장할 모수의 이름을 variable.names에서 지정한다. 아래의 코드를 이용하면 JAGS의 결과가 codaSamples

에 저장되는데, codaSamples[[1]]에는 첫 번째 체인으로부터 mu와 sigsq의 표본이, codaSamples[[2]], codaSamples[[3]]에는 각각 두 번째와 세 번째 체인으로부터의 표본이 저장된다.

```
codaSamples=coda.samples(jagsModel, variable.names=c("mu", "sigsq"), n.iter= 5000)
```

8) 수렴진단

저장된 codaSamples를 사용하여 MCMC가 수렴이 잘 되었는지 진단할 수 있다. 가장 간단한 방법으로, 3개의 MCMC 체인의 경로그림을 겹쳐 그려보아(coda 패키지의 traceplot 함수 이용) 각 체인의 경로그림이 안정적이고 3개의 경로그림이 잘 겹쳐지는지 눈으로 확인하는 것이다. 또한 자기상관계수그림을 그려보아 표본들의 자기상관관계를 파악할 수 있다. 아래 코드에서 codaSamples[,"mu"][[1]]는 첫 번째 체인에서 mu의 표본을 의미한다.

```
#### Fig 5.4 & 5.5 표본의 경로그림과 자기상관계수 ####
par(mfrow=c(1,2))
coda::traceplot(codaSamples[,"mu"], main="", ylab="mu")
acf(codaSamples[,"mu"][[1]], plot=T, main="")

coda::traceplot(codaSamples[,"sigsq"], main="", ylab="sigsq")
acf(codaSamples[,"sigsq"][[1]], plot=T, main="")
```

그림 5.4와 5.5는 μ와 σ^2에 대한 경로그림과 자기상관그림이다. 그림을 보면 3개의 체인이 잘 섞이므로 수렴이 잘 되며 또한 자기상관이 거의 없으므로 MCMC 표본이 독립표본에 가까운 것을 알 수 있다.

시각적 진단 외에 coda 패키지(Plummer et al., 2006)의 gelman.diag 함수를 이용하여 Gelman 통계량을 계산하여 수렴을 진단할 수도 있다. gelman$psrf에는 각 변수에 대한 Gelman 상수와 신뢰구간이 저장되어 있고 gelman$mpsrf에는 모든 변수를 총괄한 Gelman 상수를 보여준다.

```
gelman=gelman.diag(codaSamples)
gelman.1=as.matrix(gelman$psrf)
if(max(gelman.1)>1.1) cat("Warning: Gelman Shrink Factor>1.1", "\n")
gelman.2=gelman$mpsrf
if(gelman.2>1.1) cat ("Warning: Gelman Multivariate Shrink Factor>1.1", "\n")
```

3개의 체인으로부터 추출된 표본을 합성하여 효용표본수를 effectiveSize 함수로 알아보자.

```
#--- Check MCMC efficiency ---#
mcmcSamples.combined=mcmc(codaSamples[[1]])
if(n.chains>1) for(ich in 2:n.chains)
mcmcSamples.combined=rbind(mcmcSamples.combined, mcmc(codaSamples[[ich]]))

ESS=effectiveSize(mcmcSamples.combined)
cat("Effective Sample size = ", ESS)
```

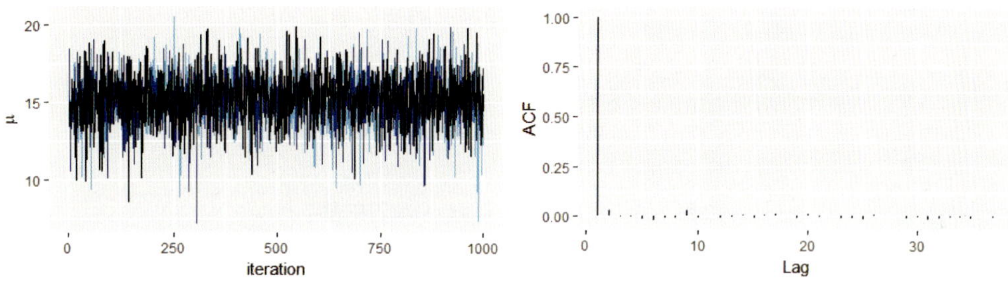

그림 5.4 μ에 대한 표본의 경로그림과 자기상관계수

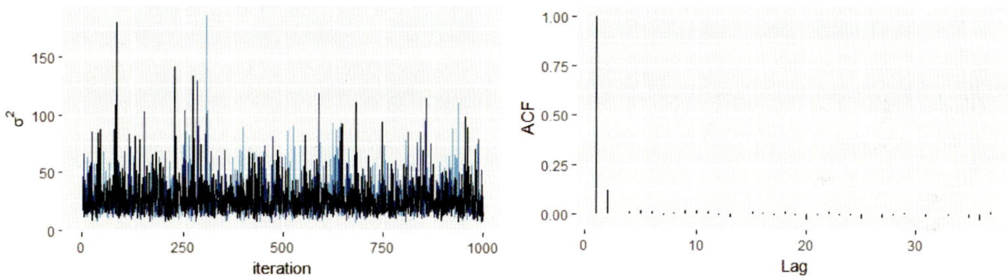

그림 5.5 σ^2에 대한 표본의 경로그림과 자기상관계수

9) 사후추론

추출된 MCMC 표본을 이용하여 원하는 사후추론을 수행할 수 있다. 이를 위해 우선 3개의 체인으로부터 얻은 mu와 sigsq에 대한 사후표본을 하나로 합쳐 행렬 형태로 저장한다. 예를 들면, 아래 코드 실행결과 MuSamples는 3개의 체인에서 각각 5000개씩 추출된 총 15000개의 mu에 대한 표본이 저장된 15000×1 행렬이다. 저장된 표본을 이용하여 μ와 σ^2의 주변 사후밀도함수를 그림 5.6과 같이 그려보자.

```
MuSamples=as.matrix(codaSamples[,"mu"])
```

```
SigSamples=as.matrix(codaSamples[,"sigsq"])

#### Fig 5.6 주변 사후밀도함수 ####
par(mfrow=c(1,2))
plot(density(MuSamples), main="", xlab=bquote(mu), ylab="posterior density")
plot(density(SigSamples), main="", xlab=bquote(sigma^2), ylab="posterior density")
```

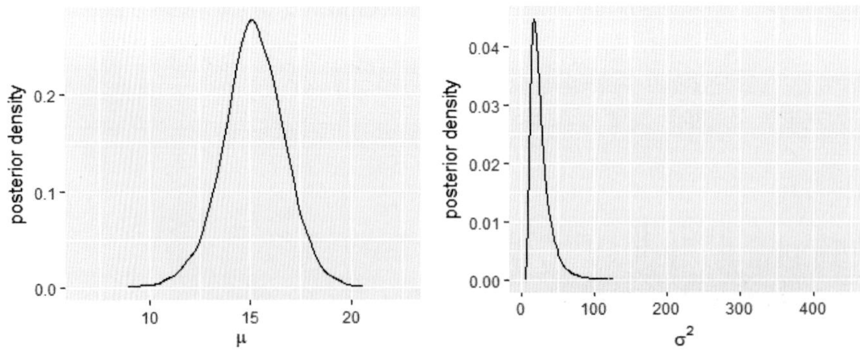

그림 5.6 μ와 σ^2의 주변 사후밀도함수

JAGS에서 어떤 MCMC 기법을 사용했는지 표본의 채택확률을 통해서 알아볼 수 있다. rejectionRate 함수를 이용하여 채택확률을 알아보면, 채택확률이 mu와 sigsq 두 변수에 대하여 모두 100%임을 볼 때 JAGS에서 깁스 표본기법을 사용하였음을 알 수 있다.

```
AcceptRate=1-rejectionRate(codaSamples); AcceptRate
> AcceptRate
   mu sigsq
    1     1
```

예 5.2 예 4.1에 제시한 미국 이민자 자료에 대한 회귀모형의 베이지안 분석을 JAGS를 사용하여 아래와 같이 수행할 수 있다. 예 5.1과 달리 여기에서는 사전모수값을 model 설정에서 지정하지 않고 dataList에서 지정하였다. 이렇게 하면 사전모수값이 바뀌어도 model 설정은 바꾸지 않아도 되는 장점이 있다. 회귀계수 β와 오차분산 σ^2의 초기치로 최소제곱추정치(least squares estimate)인 $\hat{\beta}$, $\hat{\sigma}^2$를 사용하였고, β의 사전분포로 $N(\hat{\beta}, 100\hat{\sigma}^2\widehat{Var}(\hat{\beta}))$, $\widehat{Var}(\hat{\beta}) = Diag((X'X)^{-1})$, σ^2의 사전분포로 $IG(1,1)$을 사용하였다. 참고로 JAGS 모형설정에서 $\boldsymbol{x}_i\boldsymbol{\beta}$를 위해 inprod 함수를 사용하였다. 그림 5.7은 추출된 표본의 경로그림과 자기상관이고 그림 5.8은 사후밀도함수와 95% 사후구간이다. 4장의 그림 4.1, 그림 4.2와 비교하면 거의 동일함을 볼 수 있다.

```
install.packages("rjags")
library(rjags)

dat=read.csv("immigrants.csv")
y=dat$wage
n=length(y)
X=cbind(rep(1,n), dat$sp, dat$lit)
p=ncol(X)

a=1
b=1
XtX=t(X)%*%X
XtX.inv=solve(XtX)
Xty=t(X)%*%y
beta.hat=as.vector(XtX.inv%*%Xty)
sigsq.hat=sum((y-X%*%beta.hat)^2)/(n-p)
beta0=beta.hat
Sig0=diag(diag(XtX.inv))*sigsq.hat*100
Sig0.inv=solve(Sig0)

modelString="
model
{
  for(i in 1:length(y)){
    y[i]~dnorm(inprod(X[i,], beta[]), invsigsq)
  }

  beta[1:length(beta0)]~dmnorm(beta0[], Sig0.inv[,])

  invsigsq~dgamma(a,b)
  sigsq=1/invsigsq

}
"
writeLines(modelString, "model_reg.txt")

dataList=list(X=X, y=y, a=a, b=b, beta0=beta0, Sig0.inv=Sig0.inv)
initsList=list(beta=beta.hat, invsigsq=1/sigsq.hat)
nChains=3

jagsModel=jags.model(file="model_reg.txt", data=dataList, inits=initsList,
                     n.chains=nChains, n.adapt=500)
update(jagsModel, n.iter=1000)
codaSamples=coda.samples(jagsModel, variable.names=c("beta","sigsq"),
```

```
                              n.iter=30000)

para.names=variable.names(codaSamples[[1]])

#### Fig 5.7: 경로그림과 자기상관 ####
par(mfrow=c(4,2))
for(i in 1:4){
coda::traceplot(codaSamples[,i], main="", ylab=para.names[i])
acf(codaSamples[,i][[1]], plot=T, main=para.names[i])
}

MCMCSamples=as.matrix(codaSamples)
(HPD=round(apply(MCMCSamples, 2, quantile, probs=c(0.025, 0.975)), 4))

#### Fig 5.8: 사후밀도함수와 95% 사후구간 ####
par(mfrow=c(2,2))
for(i in 1:4) {
plot(density(MCMCSamples[,i]), main="", xlab=para.names[i], col="blue")
abline(v=HPD[,i], col=2)
}
```

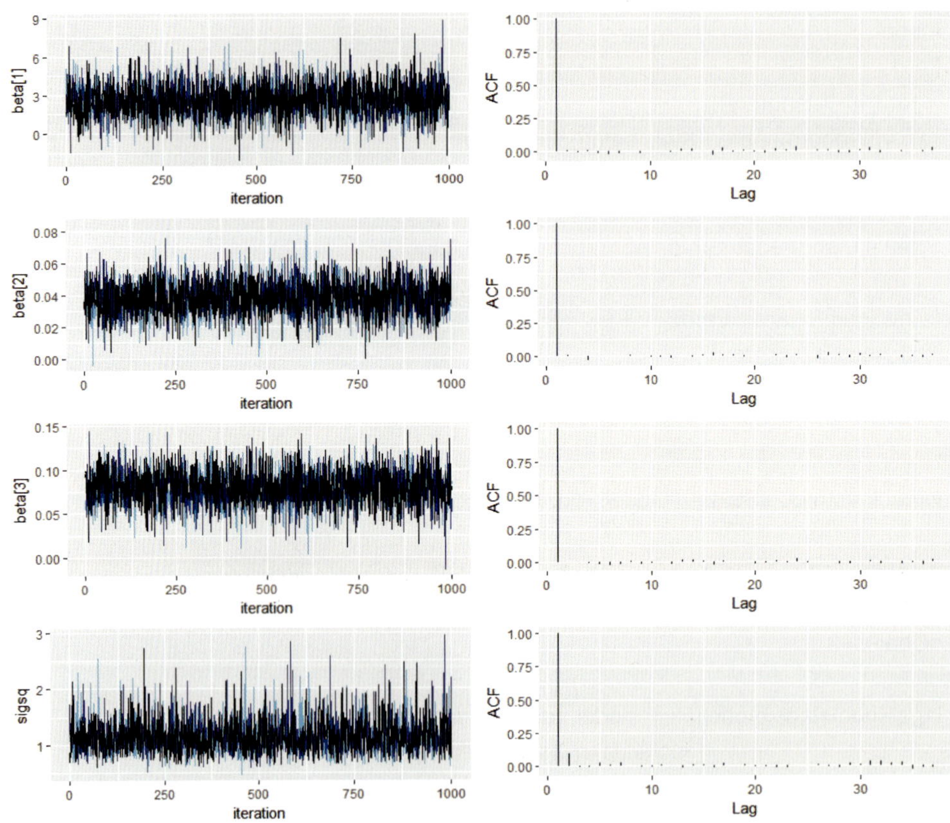

그림 5.7 예 5.2의 모수에 대한 경로그림과 자기상관

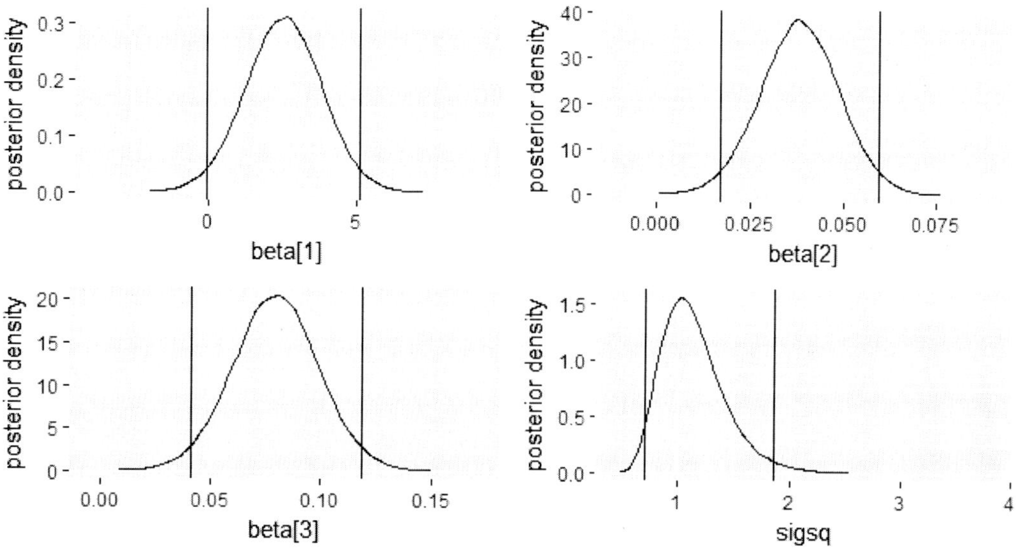

그림 5.8 사후밀도함수와 95% 사후구간

참고문헌

- Lunn, D., Jackson, C., Best, N., Thomas, A. & Spiegelhalter, D. (2012), *The BUGS book: A practical introduction to Bayesian analysis*. CRC press.
- Lunn, D.J., Thomas, A., Best, N. & Spiegelhalter, D. (2000), WinBUGS-a Bayesian modelling framework: concepts, structure, and extensibility. *Statistics and computing*, **10**, 325-337.
- Lunn, D., Spiegelhalter, D., Thomas, A. & Best, N. (2009), The BUGS project: Evolution, critique and future directions. *Statistics in medicine*, **28**, 3049-3067.
- Plummer, M. (2003), JAGS: A program for analysis of Bayesian graphical models using Gibbs sampling. P*roceedings of the 3rd international workshop on distributed statistical computing*, pp. 125. Technische Universit at Wien, Wien, Austria.
- Plummer, M. (2015), *JAGS Version 4.0.0 user manual*.
- Plummer, M., Best, N., Cowles, K., Vines, K. (2006). CODA: convergence diagnosis and output analysis for MCMC. *R News*, 6(1) pp. 7–11.
- Plummer, M., Best, N., Cowles, K. & Vines, K. (2006), CODA: Convergence Diagnostics and Out Analysis for MCMC. *R News*, **6**, 7-11.
- Spiegelhalter, D.J., Thomas, A., Best, N., Gilks, W. & Lunn, D. (1996, *BUGS: Bayesian inference using Gibbs sampling. Version 0.5ii*, ***19***.
- Spiegelhalter, D., Thomas, A., Best, N. & Lunn, D. (2003), *WinBUGS user manual*.
- Spiegelhalter, D., Thomas, A., Best, N. & Lunn, D. (2014), *OpenBUGS user manual, version 3.2.3*. MRC Biostatistics Unit, Cambridge.
- Sturtz, S., Ligges, U. & Gelman, A.E. (2005), R2WinBUGS: a package for running WinBUGS from R. *Journal of Statistical Software*, **12**, 1-16.
- Thomas, A. (2004), OpenBUGS. URL http://mathstat.
- Thompson, J., Palmer, T. & Moreno, S. (2006), Bayesian analysis in Stata using WinBUGS. *The Stata Journal*, **6**, 530-549.

6장

이항자료의 베이지안 분석

6.1 프로빗 모형

6.1.1 프로빗 모형

반응변수가 0 또는 1의 이항으로 주어질 때 n개의 반응변수 Y_i, $i=1,\ldots,n$, 각각에 대하여 독립적으로 베르누이 분포 $Ber(p_i)$를 가정할 수 있다. 이때 Y_i의 기대치 $\mu_i = p_i$와 설명변수들의 선형결합 $\boldsymbol{x}_i\boldsymbol{\beta}$ 의 관계를 고려해 보자. 선형회귀모형에서와 같이 $p_i = \boldsymbol{x}_i\boldsymbol{\beta}$ 를 가정하는 것은 무리가 있다. 왜냐하면 p_i는 확률인데 $\boldsymbol{x}_i\boldsymbol{\beta}$ 값이 극단적으로 커지거나 작아지면 p_i가 $(0,1)$의 범위를 벗어날 수 있기 때문이다. 또한 $\boldsymbol{x}_i\boldsymbol{\beta}$ 값에 따라 p_i의 변화 양상이 처음에는 속도가 느리게 증가 또는 감소하다가 점점 속도가 빨라진 뒤 다시 속도가 느려지는 S자 모양 또는 역 S자 모양을 가지는 경우가 자주 발생하는데, $p_i = \boldsymbol{x}_i\boldsymbol{\beta}$ 는 처음부터 끝까지 일정한 속도를 가정하므로 S자 모양의 변화 형태를 설명하기에 어려움이 있다.

범위를 $(0,1)$로 국한시키면서 S자 모양의 증가를 보이는 함수로 표준정규분포의 누적분포함수인 Φ가 있다. 프로빗 모형은 $p_i = \Phi(\boldsymbol{x}_i\boldsymbol{\beta})$, 즉 $\Phi^{-1}(p_i) = \boldsymbol{x}_i\boldsymbol{\beta}$ 를 가정한다. 다시 말하면, 프로빗 모형은 이항 자료 Y_i, $i=1,\ldots,n$,이 확률 p_i을 갖는 베르누이 분포를 따를 때 확률 p_i와 설명변수 벡터 $\boldsymbol{x}_i$ 간에 $p_i = \Phi(\boldsymbol{x}_i\boldsymbol{\beta})$ 의 관계를 갖는다고 가정한다. 이를 식으로 표현하면

$$\begin{aligned} Y_i &\sim Ber(p_i) \\ p_i &= \Phi(\boldsymbol{x}_i\boldsymbol{\beta}) \end{aligned} \tag{6.1}$$

로 나타낼 수 있다. 이때 모수 $\boldsymbol{\beta}$의 우도함수는

$$L(\boldsymbol{\beta}|\boldsymbol{y}) = \prod_{i=1}^{n} \Phi(\boldsymbol{x}_i\boldsymbol{\beta})^{y_i}(1-\Phi(\boldsymbol{x}_i\boldsymbol{\beta}))^{1-y_i} \tag{6.2}$$

이다.

K개의 $\boldsymbol{x}_i$ 각각에 대응하여 n_i개의 이항 관측치 $Y_{ij}, j=1,..,n_i,$가 $Ber(p_i)$를 따르면

$$Y_i = \sum_{j=1}^{n_i} Y_{ij} \sim B(n_i, p_i),\ \ i=1,..,K,$$

로 나타낼 수 있다. 이때 우도함수는

$$L(\beta | y) \propto \prod_{i=1}^{K} \Phi(\boldsymbol{x}_i\boldsymbol{\beta})^{y_i}(1-\Phi(\boldsymbol{x}_i\boldsymbol{\beta}))^{n_i - y_i}$$

이다.

모수 β에 대하여 보통 $\boldsymbol{\beta} \sim N(\boldsymbol{\beta}_0, \Sigma_0)$ 사전분포를 가정한다. 무정보 사전분포 $\pi(\beta) = 1$은 $\boldsymbol{\beta} \sim N(\boldsymbol{\beta}_0, \Sigma_0)$에서 $\Sigma_0^{-1} = 0$인 경우로 간주하면 된다.

6.1.2 잠재변수를 도입한 깁스 표본기법

β에 대하여 정규사전분포를 가정하는 경우 우도함수와 사전밀도함수는 짝관계가 아니어서 사후분포가 편리한 형태로 주어지지 않으므로 베이지안 추론이 쉽지 않다. 그러나 잠재변수를 도입하면 깁스 표본기법을 사용하여 쉽게 베이지안 추론을 수행할 수 있다 (Albert and Chib, 1993). 잠재변수 Y^*를 다음과 같이 정의한다.

$$Y_i^* \sim N(\boldsymbol{x}_i\boldsymbol{\beta}, 1),$$
$$Y_i = \begin{cases} 1, & \text{if } \ Y_i^* > 0 \\ 0, & \text{if } \ Y_i^* \le 0 \end{cases}$$

간단히 계산해 보면 $P(Y_i = 1) = P(Y_i^* > 0) = 1 - \Phi(-\boldsymbol{x}_i\boldsymbol{\beta}) = \Phi(\boldsymbol{x}_i\boldsymbol{\beta})$임을 알 수 있다. 따라서 이항변수 Y_i가 1인 사건은 연속변수 Y_i^*가 0보다 큰 사건과 동일하다. Y_i^*는 관측된 변수가 아니므로 모수로 취급하여 새로운 우도함수를 구해보면

$$L(\boldsymbol{\beta}, \boldsymbol{y}^* | \boldsymbol{y}) = \prod_{i=1}^{n} \phi(y_i^* | \boldsymbol{x}_i\boldsymbol{\beta}, 1)\left[I(y_i^* > 0, y_i = 1) + I(y_i^* \le 0, y_i = 0)\right]$$

이며, 여기에서 $\phi(y_i^* | \boldsymbol{x}_i\boldsymbol{\beta}, 1)$은 $N(\boldsymbol{x}_i\boldsymbol{\beta}, 1)$ 분포의 y_i^*에서의 확률밀도함수값이다. 이 우도함수를 β의 정규사전분포와 결합한 후 조건부 사후분포를 구해보면, $\boldsymbol{y} = (y_1, \ldots, y_n)'$, $\boldsymbol{y}^* = (y_1^*, \ldots, y_n^*)'$, $\boldsymbol{X} = (\boldsymbol{x}_1, \boldsymbol{x}_2, \ldots, \boldsymbol{x}_n)'$일 때,

$$\begin{aligned} \pi(\beta | \boldsymbol{y}, \boldsymbol{y}^*) = \pi(\beta | \boldsymbol{y}^*) &\propto \exp\left[-\frac{1}{2}\left\{(\boldsymbol{y}^* - \boldsymbol{X}\beta)'(\boldsymbol{y}^* - \boldsymbol{X}\beta) + (\beta - \beta_0)'\Sigma_0^{-1}(\beta - \beta_0)\right\}\right] \\ &\propto \exp\left[-\frac{1}{2}\left\{\beta'(\boldsymbol{X}'\boldsymbol{X} + \Sigma_0^{-1})\beta - 2\beta'(\boldsymbol{X}'\boldsymbol{y}^* + \Sigma_0^{-1}\beta_0)\right\}\right] \end{aligned}$$

이므로

$$\begin{aligned}\beta|\boldsymbol{y}^* &\sim N(\boldsymbol{\mu}_\pi, \Sigma_\pi),\\ \Sigma_\pi &= (\boldsymbol{X}'\boldsymbol{X}+\Sigma_0^{-1})^{-1},\\ \boldsymbol{\mu}_\pi &= \Sigma_\pi(\boldsymbol{X}'\boldsymbol{y}^* + \Sigma_0^{-1}\beta_0)\end{aligned}$$

이다. 위 식을 보면 $\boldsymbol{\mu}_\pi$와 Σ_π가 연속변수인 $\boldsymbol{y}^*$에만 의존할 뿐 $\boldsymbol{y}$에는 의존하지 않으므로 $\pi(\beta|\boldsymbol{y},\boldsymbol{y}^*)=\pi(\beta|\boldsymbol{y}^*)$임을 알 수 있고, $\boldsymbol{y}^*$가 주어지면 $\boldsymbol{y}^*$를 반응변수로 하는 선형회귀모형에서 β의 조건부 분포를 유도할 수 있다.

잠재변수 Y_i^*의 조건부 사후분포는

$$Y_i^*|\beta, y_i \sim \begin{cases} N(\boldsymbol{x}_i\beta, 1)I(Y_i^* > 0), & \text{if } y_i = 1 \\ N(\boldsymbol{x}_i\beta, 1)I(Y_i^* \le 0), & \text{if } y_i = 0 \end{cases}$$

으로 절단된 정규분포를 따른다.

위와 같이 β와 Y_i^*의 조건부 사후분포가 표본생성에 편리한 형태로 주어지므로 깁스 표본기법을 이용하여 β와 Y_i^*의 사후표본을 얻을 수 있다. 우리의 관심은 회귀계수 β에 있고 잠재변수 Y_i^*는 추론의 편리성을 위하여 도입된 것이므로 β의 표본만을 취하면 이 표본들은 β의 주변 사후분포를 따르며 이들을 이용하여 원하는 추론을 수행하면 된다.

예 6.1 다음 자료는 가스로 유입된 CS_2에 5시간 노출된 후 죽은 딱정벌레 마리수이다. 관측된 변수들은 $\log(CS_2)$의 양(dosage), 각 처리 수준별 실험에 이용된 딱정벌레 마리수(insects), 그리고 5시간 동안 CS_2에 노출된 후 죽은 딱정벌레수(killed)이다.

dosage	1.69	1.72	1.75	1.78	1.81	1.83	1.86	1.88
insects	4	4	5	3	5	4	4	4
killed	2	1	2	3	3	3	4	4

이 자료에 프로빗 모형

$$Y_{ij} \sim Ber(p_{ij}), \quad \Phi^{-1}(p_{ij}) = \beta_0 + \beta_1(x_i - \bar{x}), i=1,\ldots,8, j=1,\ldots,n_i,$$

을 적용하여 보자. 여기에서 n_i는 i번째 그룹(수준)에 속하는 벌레의 수, Y_{ij}는 i번째 그룹에서 j번째 딱정벌레의 사망여부(사망=1, 생존=0), x_i는 i번째 그룹에 적용된 $\log(CS_2)$의 양을 나타낸다. 즉, $y_{11}=y_{12}=1$, $y_{13}=y_{14}=0$, $x_1=1.69,\cdots$ 등이다. β_0와 β_1의 사전분포로 무정보 사전분포 $\pi(\beta_0,\beta_1)=1$을 가정하고 잠재변수 도입을 통한 깁스 표본기법을 적용하여 보자.

먼저 β와 Y^*의 표본생성을 위해 다변량 정규난수 생성함수 rmvnorm과 절단된 정규난수 생성함수 trunnor를 만든다. 또는 이 함수들을 제공하는 패키지를 설치하여 사용해도 된다.

```
#Multivariate normal variable generator
rmvnorm=function(mu, Sigma){
  R=t(chol(Sigma))
  R%*%(rnorm(length(mu), 0, 1))+mu
}

#truncated normal random generator
trunnor=function(mu, sigma, l, u){
  unif=runif(1)
  trunnor=qnorm(unif*pnorm((u-mu)/sigma)+(1-unif)*pnorm((l-mu)/sigma))*sigma+mu
}
```

위의 함수 trunnor에서는 절단된 정규분포로부터의 난수생성을 위하여 역누적분포기법을 사용하고 있다. 역누적분포기법이란, 임의의 누적분포함수 F에 대하여

$$F(X) \sim U(0,1)$$

임을 이용하여, $U \sim U(0,1)$을 생성한 다음 $X = F^{-1}(U)$ 변환을 이용하여 누적분포함수 F를 갖는 난수 X를 얻는 방법이다. 절단된 정규분포 $N(\mu,\sigma^2)I(a,b)$에 대하여 역누적분포기법을 적용하면,

$$F(X) = \frac{\Phi\left(\frac{X-\mu}{\sigma}\right) - \Phi\left(\frac{a-\mu}{\sigma}\right)}{\Phi\left(\frac{b-\mu}{\sigma}\right) - \Phi\left(\frac{a-\mu}{\sigma}\right)} = U, \qquad U \sim U(0,1)$$

이므로

$$X = \Phi^{-1}\left(U \cdot \Phi\left(\frac{b-\mu}{\sigma}\right) + (1-U) \cdot \Phi\left(\frac{a-\mu}{\sigma}\right)\right) \cdot \sigma + \mu$$

이다.

절단된 정규분포 $N(\mu,\sigma^2)I(a,b)$로부터의 난수생성을 위하여 제한이 없는 $N(\mu,\sigma^2)$ 분포로부터 난수를 생성한 다음, 구간 (a,b)에 속하는 난수만 취하고 나머지는 버리는 단순 기각-채택기법은 구간 (a,b)의 확률이 작을 경우 기각되는 난수가 많이 발생하는 비효율성을 가질 수 있는 데 반하여, 역누적분포기법은 버리는 난수가 하나도 없는 장점을 가진다.

이제 β의 초기치로 0을 사용하여 깁스 표본기법을 수행하여 보자. 아래 코드에서는 $\pi(\beta)=1$을 $N(\beta_0, \Sigma_0), \beta_0=0, \Sigma_0^{-1}=0$으로 나타내고 있다.

```
#data
nn=c(4,4,5,3,5,4,4,4)
yy=c(2,1,2,3,3,3,4,4)
xx=c(1.69,1.72,1.75,1.78,1.81,1.83,1.86,1.88)
K=length(yy)
x=rep(xx, nn)
SF=as.vector(rbind(yy, nn-yy))
y=rep(rep(c(1,0), times=K), SF)

x.mean=mean(x)
x=x-x.mean
n=length(x)
X=cbind(rep(1, n), x)
p=2

beta0=rep(0, p)
Sigma0.inv=diag(0, p)

#initialize
beta=beta0
nsim=10000; nwarm=1000
beta.save=matrix(0, nsim, p)
Sigma.beta=solve(t(X)%*%X+Sigma0.inv)
ystar=rep(0, n)

#MCMC
for(isim in 1:(nsim+nwarm)){
  # generate ystar
  for(i in 1:n){
    if(y[i]==1)
      ystar[i]=trunnor(t(X[i,])%*%beta, 1, 0, Inf)
    else
      ystar[i]=trunnor(t(X[i,])%*%beta, 1, -Inf, 0)
  }
  # generate beta
  Mu.beta=Sigma.beta%*%(t(X)%*%ystar+Sigma0.inv%*%beta0)
  beta=rmvnorm(Mu.beta, Sigma.beta)
  if(isim>nwarm)beta.save[isim-nwarm,]=beta
}
```

다음은 생성된 표본의 경로그림과 자기상관그림이다. 수렴에 문제가 없는 것으로 보인다. 참고로, 이 장에서는 여러 가지 MCMC 기법들의 수렴속도를 시각적으로 보다 잘 비교하기 위하여 모든 경로그림에 초기 2000개의 표본만 사용하였다.

```
par(mfrow=c(2,2))
plot(beta.save[,1], type="l", xlab="", ylab=expression(paste(beta, "0")), main="")
plot(beta.save[,2], type="l", xlab="", ylab=expression(paste(beta, "1")), main="")
acf(beta.save[,1], xlab="", ylab=expression(paste(beta, "0")), lag.max=1000, main="")
acf(beta.save[,2], xlab="", ylab=expression(paste(beta, "1")), lag.max=1000, main="")
```

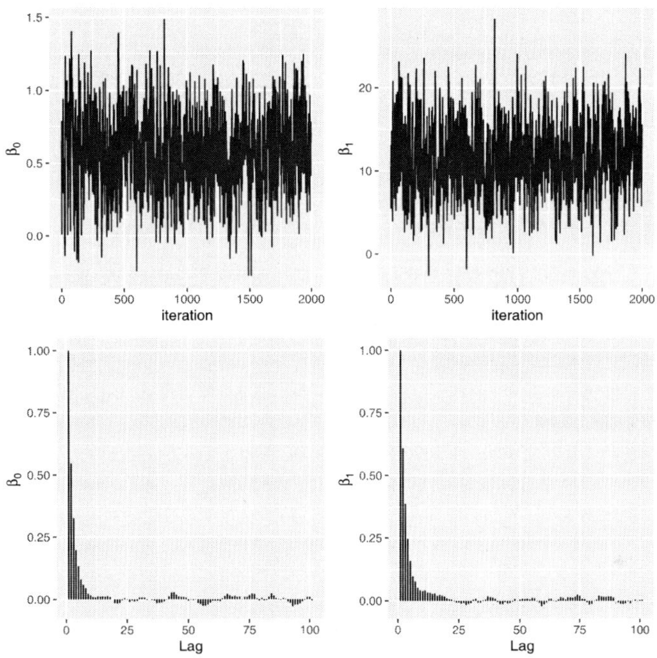

그림 6.1 예 6.1에서 β_0, β_1의 경로그림과 자기상관

표본을 이용하여 β_1의 사후분포를 그려보자(그림 6.2). CS_2의 양은 딱정벌레의 사망에 유의한 양의 영향을 미친다고 결론지을 수 있다.

```
par(mfrow=c(1,1))
plot(density(beta.save[,2]), type="l", xlab=expression(paste(beta, "1")), main="")
```

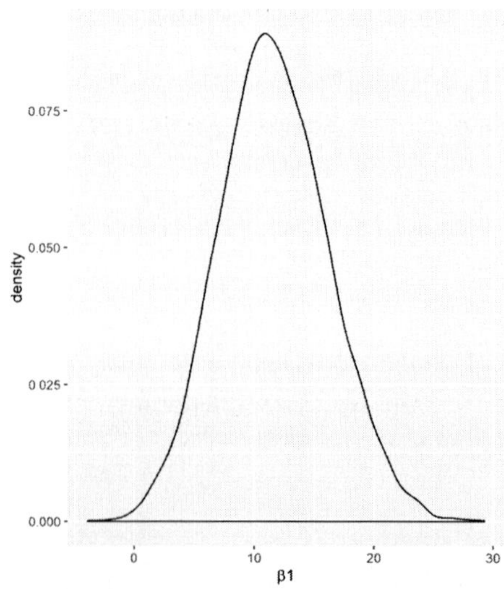

그림 6.2 예 6.1에서 β_1의 사후분포

6.1.3 JAGS를 이용한 사후표본 생성

예 6.1의 자료에 대하여 JAGS를 이용하여 프로빗 모형의 회귀계수 β의 사후표본을 추출하여 보자. 모형설정은 다음과 같다.

```
#### model 설정 ####
modelString="
model
{
for(i in 1:K){
        y[i] ~ dbin(pi[i], n[i])
        probit(pi[i])<-beta0+beta1*(x[i]-mean(x[]))
}
beta0 ~ dnorm(mu0, invsig0)
beta1 ~ dnorm(mu1, invsig1)
}
"
writeLines(modelString, "model_binary_probit.txt")
```

모형설정에서 probit(pi[i]) <- beta0 + beta1*(x[i]-mean(x[]))는 JAGS의 probit 연결함수를 이용하여 $\Phi^{-1}(p_i) = x_i\beta$를 나타낸 것이다. 이 문장을 pi[i] <- pnorm(beta0 + beta1*(x[i]-mean(x[]))) 또는 pi[i] <- phi(beta0 + beta1*(x[i]-mean(x[])))로 대체해도 된다.

JAGS에서는 행렬이나 벡터를 미리 정의하지 않아도 된다. 그리고 노드를 정의하는 순서를 바꾸어도 상관이 없다. 예를 들면 위의 모형설정을

```
model
{
for(i in 1:K){
        probit(pi[i])<-beta0+beta1*(x[i]-mean(x[])
        y[i] ~ dbin(pi[i], n[i])
}
beta0 ~ dnorm(mu0, invsig0)
beta1 ~ dnorm(mu1, invsig1)
}
```

또는

```
model
{
beta0 ~ dnorm(mu0, invsig0)
beta1 ~ dnorm(mu1, invsig1)
for(i in 1:K){
        y[i] ~ dbin(pi[i], n[i])
        probit(pi[i])<-beta0+beta1*(x[i]-mean(x[])
}
}
```

로 바꾸어도 모두 동일한 결과를 얻는다.

행렬 X를

$$X = \begin{pmatrix} 1 & x_1 - \overline{x} \\ \vdots & \vdots \\ 1 & x_n - \overline{x} \end{pmatrix}$$

로, beta=(beta0, beta1)의 2차원 벡터로 놓으면 위의 모형설정에서 probit(pi[i]) <- beta0 + beta1*(x[i] - mean(x[]))를 probit(pi[i]) <- inprod(X[i,], beta[ ])와 같이 벡터식으로 표현할 수 있다. inprod 함수는 두 벡터의 내적(inner product)을 계산하는 함수이다. 벡터 회귀계수에 대한 사전분포를

```
beta[1:2] ~ dmnorm(mu[ ], Tau[ , ])
```

와 같이 줄 수 있다. 벡터 mu[]와 행렬 Tau[,]는 데이터로 제공하면 된다. 설명변수가 2개 이상인 경우 이와 같은 벡터와 행렬 형식을 사용하면 편리하다.

데이터와 사전모수를 제공해야 하는데, JAGS에서는 $\Sigma_0^{-1}=0$이 허용되지 않아 무정보 사전분포 $\pi(\beta)=1$은 사용할 수 없으므로 Σ_0^{-1}을 0에 가까운 값으로 지정한다.

```
n=nn; y=yy; x=xx; K=length(yy)
dataList=list(n=n, y=y, x=x, K=K, mu0=0, invsig0=0.00001, mu1=0, invsig1=0.00001)
initsList=list(beta0=0, beta1=0)
nChains=3; nThin=1; nAdapt=500; nBurn=1000; nIter=10000;
jagsModel=jags.model(file="model_binary_probit.txt", data=dataList, inits=initsList,
n.chains=nChains, n.adapt=nAdapt)
update(jagsModel, n.iter=nBurn)
codaSamples=coda.samples(jagsModel, variable.names=c("beta0", "beta1"), n.iter
=nIter)
1-rejectionRate(codaSamples)
```

```
> 1-rejectionRate(codaSamples)
beta0 beta1
    1     1
```

JAGS 표본에 대한 채택확률이 100%인 것을 보면 잠재변수 도입을 통한 깁스 표본기법을 사용하였음을 알 수 있다.

JAGS 수행 후 저장된 MCMC 표본에 대하여 수렴을 진단하는 함수를 만들어 사용하면 편리할 것이다. 아래 convDiag.plot 함수는 특정 변수에 대하여 경로그림과 자기상관그림을 그려보는 함수이고, convDiag는 효용표본수, 채택률, Gelman 통계량을 계산하는 함수이다. 그림 6.3은 convDiag.plot 함수를 사용하여 β_0와 β_1의 수렴성을 진단한 것이다. 수렴에 문제가 없어 보인다.

```
# multiple chains
convDiag.plot=function(codaSamples, var) {
  ESS=effectiveSize(codaSamples[, var])
  par(mfrow=c(1,2))
  traceplot(codaSamples[, var], xlab=var)
  acf(as.matrix(codaSamples[,var]), main=paste0("ESS=", round(ESS,2)))
}

convDiag=function(codaSamples){
  ESS=effectiveSize(codaSamples); cat("ESS = " , ESS, "\n")
  acceptRate=1-rejectionRate(codaSamples); cat("Accept rate = " , acceptRate, "\n")
  gelman=gelman.diag(codaSamples); cat("Gelman statistics" , "\n",  gelman, "\n")
  gelman.1=as.matrix(gelman$psrf)
  if(max(gelman.1)>1.1) cat("Warning: Gelman Shrink Factor>1.1", "\n")
```

```
    gelman.2=gelman$mpsrf
    if(gelman.2>1.1) cat("Warning: Gelman Multivariate Shrink Factor>1.1", "\n")
}

par(mfrow=c(2,2))
convDiag.plot(codaSamples, "beta0")
convDiag.plot(codaSamples, "beta1")
convDiag(codaSamples)
```

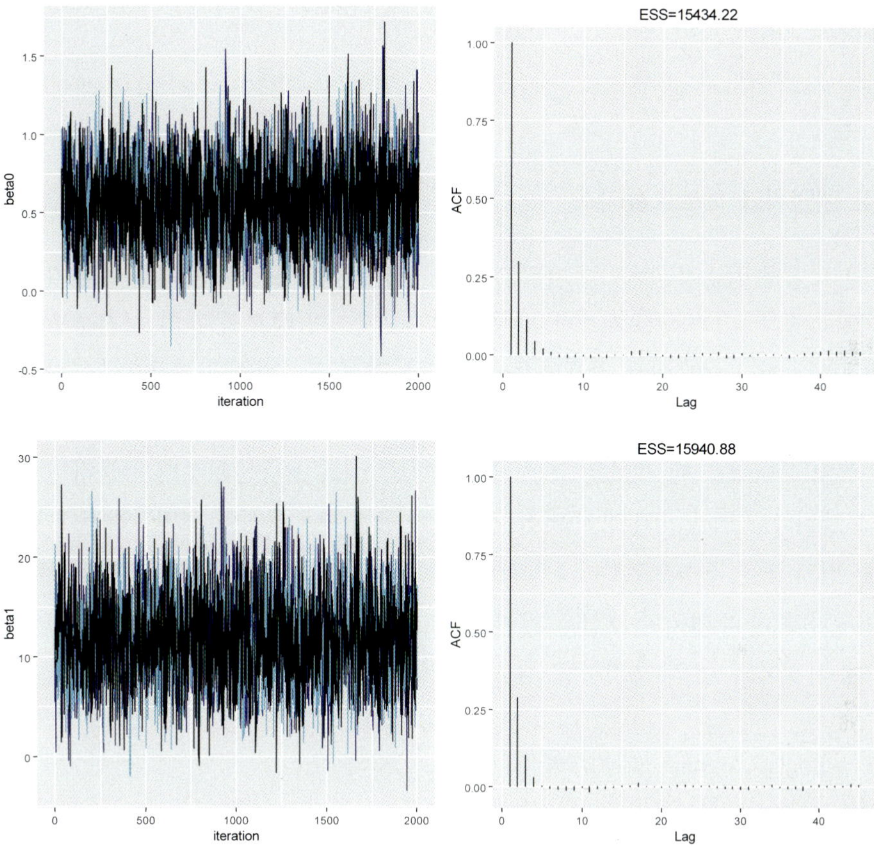

그림 6.3 프로빗 모형에서 JAGS 회귀계수 표본의 경로그림과 자기상관

그런데 만약 $n=\sum n_i$이 크면 총 n개의 0 또는 1의 이항자료가 존재하고 따라서 깁스 표본기법을 적용하기 위해서는 n개의 잠재변수를 도입하여야 한다. 알고리즘이 간단하기는 하지만 모수의 수에 비하여 지나치게 많은 잠재변수의 도입은 비효율적일 수 있으므로 n이 매우 크다면 효율 면에서 메트로폴리스-해스팅스 기법을 적용하는 것이 더 좋을 수도 있다.

6.2 로지스틱 모형

6.2.1 로지스틱 모형

프로빗 모형과 달리 로지스틱 모형은 확률 p_i와 설명변수 벡터 $\boldsymbol{x}_i$의 관계를

$$\log\left(\frac{p_i}{1-p_i}\right) = \boldsymbol{x}_i\boldsymbol{\beta}, \quad \text{즉,} \quad p_i = \frac{e^{\boldsymbol{x}_i\boldsymbol{\beta}}}{1+e^{\boldsymbol{x}_i\boldsymbol{\beta}}} = \frac{1}{1+e^{-\boldsymbol{x}_i\boldsymbol{\beta}}}$$

로 설정한다. 따라서 식 (6.1) ~ (6.2)에서 $\Phi(\boldsymbol{x}_i\boldsymbol{\beta})$ 대신 $e^{\boldsymbol{x}_i\boldsymbol{\beta}}/(1+e^{\boldsymbol{x}_i\boldsymbol{\beta}})$를 대입하면 된다.

6.2.2 랜덤워크 메트로폴리스

프로빗 모형에서는 정규분포를 따르는 연속 잠재변수를 도입하면 깁스 표본기법의 적용이 가능하였다. 그러나 로지스틱 모형에서는 로지스틱 분포와 $\boldsymbol{\beta}$의 사전분포인 정규분포가 공액관계가 아니어서 잠재변수를 도입한 깁스 표본기법의 적용이 불가능하고, 메트로폴리스-해스팅스(MH) 기법을 사용하여 모수 $\boldsymbol{\beta}$의 사후표본을 생성해야 한다. 현재 $\boldsymbol{\beta}$ 표본이 주어졌을 때 새로운 표본 $\boldsymbol{\beta}^*$를 $N(\boldsymbol{\beta}, \delta^2(X'X)^{-1})$로부터 추출하는 랜덤워크 메트로폴리스 기법을 아래에 주어진 코드를 이용하여 적용하여 보자. 예 6.1 자료에 대한 몇 번의 짧은 실험으로부터 $\delta^2=9$일 때 랜덤워크 메트로폴리스 기법의 채택확률이 약 25%가 되며 수렴이 양호함을 확인하였으므로 $\delta^2=9$를 사용하였다. $\pi(\beta)=1$ 사전분포를 가정하고, $\boldsymbol{\beta}$의 초기치로 최우추정치를 사용하였다.

```
#### Logistic model: M-H ####
x=xx; y=yy; n=nn; K=length(y)
x=x-mean(x)
X=cbind(rep(1,K), x)
p=ncol(X)

#log posterior function
logpost<-function(beta, K, n, x, y, beta0, Sig0.inv){
  Xbeta=X%*%beta
  p=1/(1+exp(-Xbeta))
  logpost=sum(y*log(p)+(n-y)*log(1-p))-0.5*t(beta-beta0)%*%Sig0.inv%*%(beta-beta0)
}

#---- Random Walk Metropolis
```

```
glm.out<-glm(cbind(y, n-y)~x, family=binomial(link="logit"))
beta.MLE<-as.vector(glm.out$coefficient)
beta=beta.MLE
beta0=beta.MLE
Sig0.inv=diag(0,p)  # non-informative prior
XtX.inv=solve(t(X)%*%X)
nsim<-10000; nthin=1; nwarm<-1000
beta.save<-matrix(0, nsim, p)

# random walk Metropolis
deltasq=9; nAccept=0
for(isim in 1:(nsim*nthin+nwarm)) {
  beta.star<-as.vector(rmvnorm(beta, deltasq*XtX.inv))
  log.alpha<-logpost(beta.star, K, n, X, y, beta0, Sig0.inv)-logpost(beta, K, n, X, y,
  beta0, Sig0.inv)
  u<-runif(1)
  if(log(u)<log.alpha) {beta<-beta.star; nAccept=nAccept+1}
  if(isim>nwarm & isim%%nthin==0) beta.save[(isim-nwarm)/nthin,]<-beta
}

par(mfrow=c(2,2))
plot(beta.save[,1], type="l", xlab="", ylab=quote(paste(beta,0)), main="", col="blue")
plot(beta.save[,2], type="l", xlab="", ylab=quote(paste(beta,1)), main="", col="blue")
acf(beta.save[,1], xlab="", ylab=quote(paste(beta,0)), lag.max=1000, main="")
acf(beta.save[,2], xlab="", ylab=quote(paste(beta,1)), lag.max=1000, main="")

par(mfrow=c(1,2))
plot(density(beta.save[,1]), xlab=expression(paste(beta,"0")), main="")
plot(density(beta.save[,2]), xlab=expression(paste(beta,"1")), main="")
```

1000번의 준비단계 이후 연속으로 10,000개의 표본을 취하여 경로그림과 자기상관, 그리고 사후밀도함수를 추정한 결과 만족스럽지 못하였기 때문에 nthin=10으로 하여 10씩 간격을 두고 처음 2,000개의 표본을 취하여 경로그림과 자기상관(그림 6.4)을 체크한 후 총 10,000개의 표본을 사용하여 사후밀도함수를 추정하였다(그림 6.5). 로지스틱 모형의 회귀계수 추정치가 프로빗 모형의 추정치와 약간 다름을 볼 수 있다.

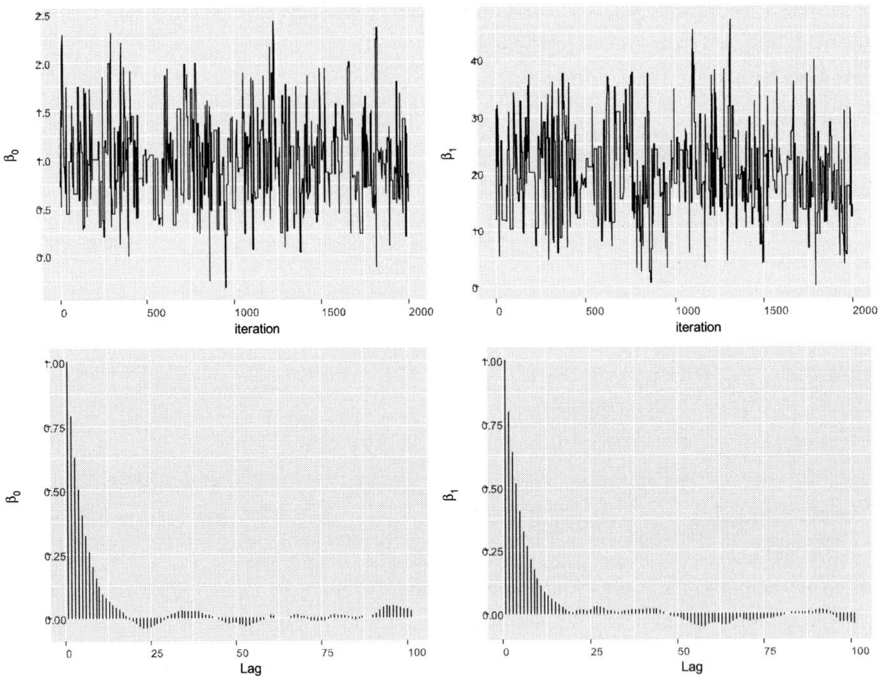

그림 6.4 랜덤워크 메트로폴리스 표본의 경로그림과 자기상관

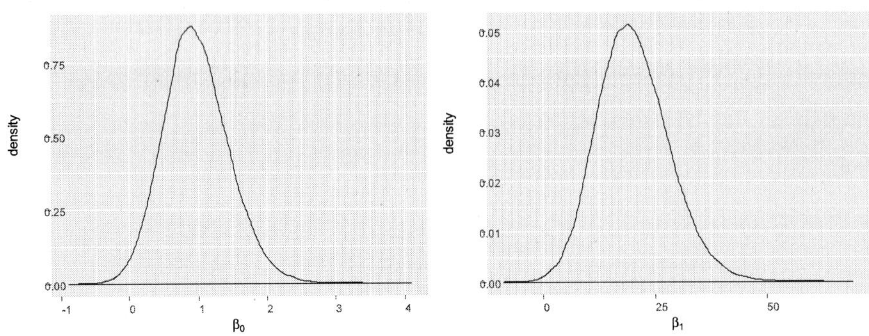

그림 6.5 로지스틱 모형에서 회귀계수의 사후분포

6.2.3 독립 메트로폴리스-해스팅스 기법

이번에는 현재 β 표본값과 상관없이 새로운 표본 β^*를 항상 $N(\hat{\beta}_{MLE}, \delta^2(X'X)^{-1})$로부터 추출하는 독립 메트로폴리스-해스팅스(independent Metropolis-Hastings) 기법을 적용하여 보자. 이 경우 $\delta^2 = 2.5$일 때 독립 메트로폴리스-해스팅스 기법의 채택확률이 약 20%가 되며 수렴이 양호하므로 $\delta^2 = 2.5$를 사용하였다. nwarm=1000, nthin=1, nsim=10,000으로 사용하여 간격을 두지 않고 연속적으로 표본을 취하였음

에도 불구하고 그림 6.4, 그림 6.5와 거의 유사한 결과를 얻을 수 있었다. 이로 미루어 앞서의 랜덤워크 메트로폴리스보다 MLE 정보를 이용한 독립 메트로폴리스-해스팅스가 더 효율적임을 알 수 있다. 그 이유는 독립 메트로폴리스-해스팅스에서 사용한 후보표본 β^*의 분포가 β의 사후분포와 유사하기 때문이다. 메트로폴리스-해스팅스 기법에서 후보추출분포가 사후분포에 가까울수록 MCMC 수렴이 빠르고 효율이 좋아진다. 극단적으로, 만약 후보추출분포가 사후분포와 정확히 일치한다면 항상 후보표본을 채택하며 수렴에 이르기까지 준비단계가 필요치 않다.

```
# independent Metropolis-Hastings
XtX=t(X)%*%X
XtX.inv=solve (XtX)
deltasq=2.5; nAccept=0
for(isim in 1:(nsim*nthin+nwarm)){
 beta.star<-as.vector(rmvnorm(beta.MLE, deltasq*XtX.inv)))
 log.alpha<-logpost(beta.star, K, n, X, y, beta0, Sig0.inv)-logpost(beta, K, n, X, y,
 beta0, Sig0.inv)
            +(-0.5/deltasq*t(beta-beta.MLE)%*%XtX%*%(beta-beta.MLE)
              +0.5/deltasq*t(beta.star-beta.MLE)%*%XtX%*%(beta.star-beta.MLE))
 u<-runif(1)
 if(log(u)<log.alpha){beta<-beta.star ; nAccept=nAccept+1; delete}
 if(isim>nwarm & isim%%nthin==0) beta.save[(isim-nwarm)/nthin,]<-beta
}
```

6.2.4 JAGS 활용

이제 JAGS를 사용하여 로지스틱 모형을 적합시켜 보자. 6.1절의 프로빗 모형에 대한 JAGS 모형설정과 동일하고 단지 연결함수 probit을 logit으로 대체하여 model_binary_logit.txt 파일에 저장하고 jags.model 함수에서 위 파일을 지정하면 된다.

```
modelString="
model
{
for(i in 1:K){
        y[i] ~ dbin(pi[i], n[i])
        logit(pi[i])<-beta0+beta1*(x[i]-mean(x[]))
}
beta0 ~ dnorm(mu0, invsig0)
beta1 ~ dnorm(mu1, invsig1)
}
"
```

```
writeLines(modelString, "model_binary_logit.txt")
                                    :
                                    :
jagsModel=jags.model(file="model_binary_logit.txt", data=dataList, inits=initsList, ...)
                                    :
                                    :
```

6.3 모수선택이 MCMC에 미치는 영향

6.1절의 프로빗 모형에서

$$Y_i \sim B(n_i, p_i),\ p_i = \Phi(\beta_0 + \beta_1(x_i - \overline{x})) \tag{6.3}$$

모형을 적용하였다. 이 절에서는 같은 자료에

$$Y_i \sim B(n_i, p_i),\ p_i = \Phi(\beta_0^* + \beta_1^* x_i) \tag{6.4}$$

모형을 적용하여 보자. (6.3) 모형은 설명변수의 평균을 0으로 만들어준 중심화(centralized) 모형이고 (6.4) 모형은 비중심화(non-centralized) 모형이다.

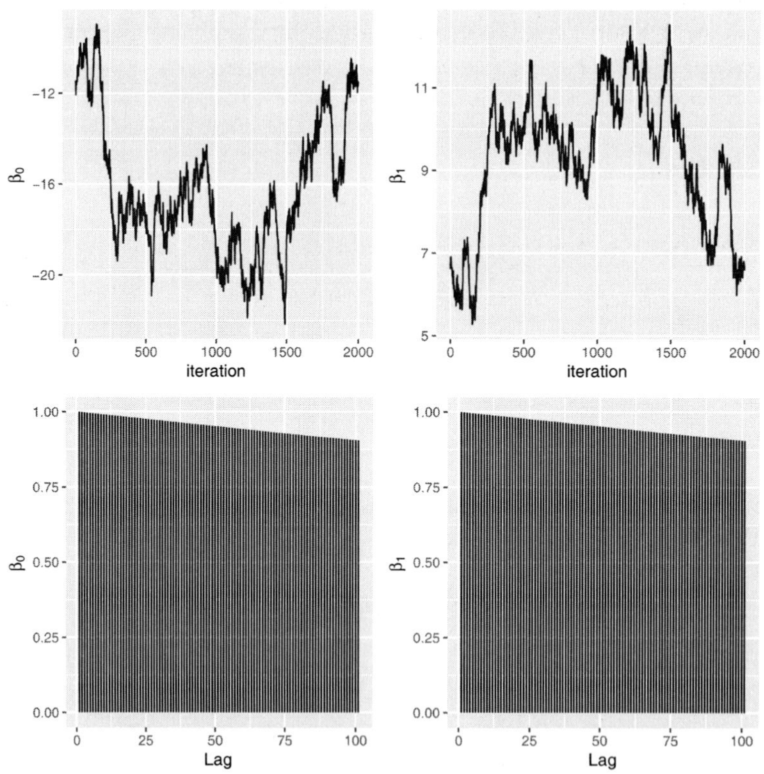

그림 6.6 비중심화 모형에서의 경로그림과 자기상관

비중심화 모형 (6.4)에 대하여 6.1절에서와 같이 MCMC를 적용한 후 회귀계수에 대한 경로그림과 자기상관그림을 그린 것이 그림 6.6이다. 그림 6.6을 중심화 모형의 경우 대응되는 그림인 그림 6.3과 비교하면 중심화 모형 (6.3)에서 표본의 수렴이 훨씬 더 빠른 것을 볼 수 있다. 이는 비중심화 모형에서는 회귀계수 β_0와 β_1의 상관관계가 높지만 중심화 모형에서는 β_0와 β_1의 상관계수가 0이기 때문이다.

이와 같이 모형의 모수를 어떻게 정하느냐에 따라 수렴속도가 매우 달라질 수 있기 때문에 모수변환을 통하여 적절한 모수를 선택하는 것이 좋다. 어떻게 모수변환을 해야 수렴성이 좋아지는지는 모형마다 다르지만 일반적인 방법은 가능한 모수들 간의 상관관계가 낮도록 하는 모수선택(parameterization)이 바람직하다. 보다 자세한 사항은 Gilks and Roberts(1996), Gelfand et al.(1995)을 참고하라.

6.4 사전분포의 선택

앞 절에서는 $\boldsymbol{\beta}=(\beta_0,\beta_1)$의 사전분포로 무정보 사전분포를 사용하였다. 정규사전분포를 사용할 경우 대부분 평균은 0, 분산은 충분히 큰 수를 사용한다. 사전분포 선택 시 주의할 점을 예를 들어 보여주기 위하여 딱정벌레 자료에 대한 프로빗 모형에서 사전분포를 $N(\mathbf{0},100I)$, $N(\mathbf{0},1000I)$, $N(\hat{\boldsymbol{\beta}}_{MLE},100\times \widehat{Var}(\hat{\boldsymbol{\beta}}_{MLE}))$로 변화시키면서 β_0,β_1의 사후추정치를 비교하여 보자. $\hat{\boldsymbol{\beta}}_{MLE}$, $Var(\hat{\boldsymbol{\beta}}_{MLE})$는 $\boldsymbol{\beta}$의 최우추정치와 공분산 추정치의 대각행렬이다. 아래 코드는 최우추정치를 구하고 이를 사전모수에 반영하는 과정을 보여준다.

```
kk=NULL
for(i in 1: length(xx)) kk=c(kk, rep(c(1,0), c(yy[i], nn[i]-yy[i])))
xxx=rep(xx,nn); xbar=mean(xxx); xxx=xxx-xbar
glm.out=glm(kk ~ xxx, family=binomial(link="probit"))
beta.mle=glm.out$coefficients
SigBeta.mle=as.vector(diag(vcov(glm.out)))
dataList=list(K=8, n=nn, y=yy, x=xx, mu0=beta.mle[1], invsig0=0.01/SigBeta.mle[1],
mu1=beta.mle[2], invsig1=0.01/SigBeta.mle[2])
```

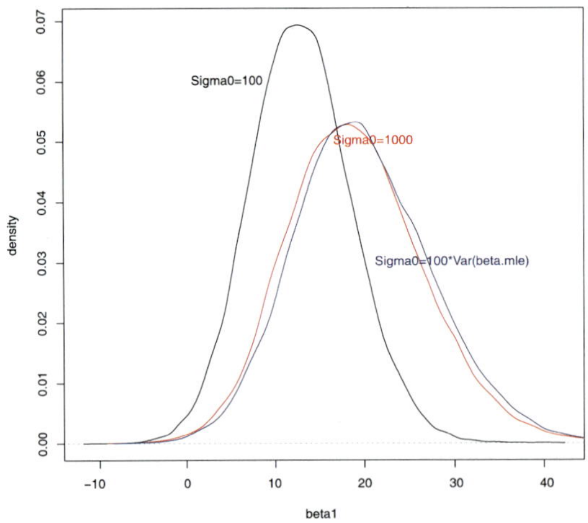

그림 6.7 사전분포에 따른 사후밀도함수

그림 6.7은 위의 세 사전분포로부터 얻어진 사후 밀도함수의 추정치를 나타낸 것이다. 위의 결과를 보면, 사전분포에 따라 사후분포가 달라짐을 볼 수 있다. 따라서 사전분포를 적절히 선택할 필요가 있다. 예를 들어, $\beta_i \sim N(0, 100)$을 선택할 경우 분산이 상당히 크므로 사전분포의 영향이 없을 것으로 생각할 수 있다. 그러나 이 자료의 경우 최우추정치 MLE를 구해보면 β_0, β_1의 중심이 0과 상당히 다름에도 불구하고 사전 표준편차인 10이 MLE의 오차와 비교하여 그다지 크지 않기 때문에 β_1의 사후추정치를 MLE에 비하여 왼쪽으로 이동시키는 효과를 주었다. 여기에서 말하고자 하는 것은, 막연히 100 정도면 충분히 클 것이라는 생각으로 사전분산을 정하는 것은 위험할 수 있다는 것이다.

사전 정보가 없을 경우, 분산을 "충분히" 크게 하여 우도함수가 0보다 유의하게 큰 구간에서 사전밀도함수값을 거의 균일하게 만들어 줌으로써 사전분포의 영향을 미미하게 만들 수 있다. 또한 고전적 추정치를 이용할 수 있는데, 예를 들어 $\boldsymbol{\beta} \sim N(\hat{\boldsymbol{\beta}}_{\boldsymbol{MLE}}, 100 \times \widehat{Var}(\hat{\boldsymbol{\beta}}_{MLE})$와 같이 중심을 최우추정치로 하고 분산 추정치에 큰 수를 곱하여 사용하는 방법이 있다. 또는 사전분포에서 회귀계수들 간의 상관관계를 가정하고 싶지 않다면 $\widehat{Var}(\hat{\boldsymbol{\beta}}_{MLE})$의 대각원소만 취하여 대각행렬을 만든 다음 $\widehat{Var}(\hat{\boldsymbol{\beta}}_{MLE})$ 대신 사용할 수도 있다. 앞에서 여러 사전분포를 테스트한 결과 MLE를 이용한 사전분포와 매우 분산이 큰 $\beta_i \sim N(0, 1000)$ 사전분포는 거의 동일한 사후추론 결과를 도출함을 알 수 있었다.

참고문헌

- Albert, J. and Chib, S. (1993), Bayesian Analysis of Binary and Polychotomous Response Data, *Journal of the American Statistical Association*, 88, 669-679.
- Gelfand, AE., Sahu, SK., Carlin, BP. (1995), Efficient parameterizations for normal linear mixed models, *Biometrika*, 82, 479-488.
- Gilks, WR., Roberts, GO. (1996), Strategies for improving MCMC, *Markov chain Monte Carlo in Practice: Ch6*, Chapman & Hall.

7장

순서적 프로빗 모형의 베이지안 추론

7.1 순서적 프로빗 모형
7.2 깁스 표본기법 적용
7.3 JAGS 활용
7.4 자료의 표준화

7.1 순서적 프로빗 모형

이항자료에 대한 프로빗 모형을 확장한 것이 순서적 프로빗 모형이다. 관심변수 Y가 2개 이상의 가능한 범주를 가진 다항 변수인데 이 범주들이 순서적 의미를 지니는 경우를 생각해보자. 예를 들면 어떤 정책에 대한 의견이 '적극찬성', '찬성', '보통', '반대', '적극반대' 중의 하나로 관측이 되거나 병의 진행정도를 '경증', '보통', '중증' 중 하나로 측정하거나, 또는 취업 상태가 '미취업', '임시직', '정규직'으로 관측되는 경우이다.

순서적 범주형 변수에 대한 순서적 프로빗 모형은 다음과 같다. 설명변수값 $\boldsymbol{x}_i$를 갖는 i번째 개체의 반응변수 Y_i는 K개의 범주 중 하나의 범주에 속하며, Y_i가 k번째 범주에 속할 확률을 $P(Y_i = k)$라고 할 때

$$P(Y_i = k) = \Phi(\gamma_k - \boldsymbol{x}_i\boldsymbol{\beta}) - \Phi(\gamma_{k-1} - \boldsymbol{x}_i\boldsymbol{\beta}),\ k = 1,..,K \tag{7.1}$$

이다. 여기서 $\boldsymbol{\gamma} = (\gamma_1, \ldots, \gamma_{K-1})$는 경곗값이며 $\gamma_0 < \gamma_1 < \ldots < \gamma_K$, $\gamma_0 = -\infty$, $\gamma_K = \infty$를 만족해야 한다. 식 (7.1)의 순서적 프로빗 모형에서 우도함수는

$$f(\boldsymbol{y}|\boldsymbol{\beta},\boldsymbol{\gamma}) \propto \prod_{i=1}^{n}\prod_{k=1}^{K}[\Phi(\gamma_k - \boldsymbol{x}_i\boldsymbol{\beta}) - \Phi(\gamma_{k-1} - \boldsymbol{x}_i\boldsymbol{\beta})]^{I(y_i = k)} I(\gamma_0 < \gamma_1 < \ldots < \gamma_K) \tag{7.2}$$

이다.

7.2 깁스 표본기법 적용

식 (7.2)의 우도함수는 $\boldsymbol{\beta}$와 $\boldsymbol{\gamma}$에 관한 복잡한 식이므로 MCMC 기법의 적용이 용이하지 않다. 그러나 적절한 잠재변수를 사용하여 깁스 표본기법의 적용에 용이한 형태로 바꿀 수 있다. 순서적 프로빗 모형에서 관측되는 것은 다항 자료지만 우리는 관측되는 현상의 이면에 연속적인 정규분포가 존재한다고 가정한다. 예를 들어 병이 연속적으로 정규분포를 따르며 진행이 되지만 우리는 표면적으로 '경증', '보통', '중증'의 세 개의 범주 중 하나로 측정하는 경우이다. 이때 우리는 다음과 같이 Z를 매개로 반응변수 Y와 설명변수 $\boldsymbol{x}$의 관계를 설정할 수 있다(Albert and Chib, 1993).

$$Z_i \sim N(\boldsymbol{x}_i\beta, 1)$$

$$Y_i = \begin{cases} 1, & -\infty < Z_i < \gamma_1 \\ 2, & \gamma_1 < Z_i < \gamma_2 \\ \vdots & \\ K, & \gamma_{K-1} < Z_i < \infty. \end{cases} \tag{7.3}$$

즉, 설명변수 $\boldsymbol{x}$와 정규분포를 따르는 잠재변수 Z를 연결시킨 다음, Y와 Z를 연결시키는 것이다. 모형 (7.3)에서 Z에 대하여 적분하면 $\boldsymbol{x}$와 Y의 직접적인 관계는

$$P(Y_i = k) = \Phi(\gamma_k - \boldsymbol{x}_i\beta) - \Phi(\gamma_{k-1} - \boldsymbol{x}_i\beta),\ k = 1,..,K,$$

로 순서적 프로빗 모형이 성립함을 알 수 있다. 식 (7.3)을 $K=5$인 경우 그림으로 표현하면 그림 7.1과 같다.

순서적 프로빗 모형에서 모수는 β와 γ인데 γ는 $\gamma_0 < \gamma_1 < \ldots < \gamma_K$를 만족해야 한다. 여기에서 γ는 경곗값(threshold)으로 Z가 경곗값 γ_k보다 커지면 Y는 다음 $k+1$번째 범주로 관측된다. 경곗값 γ의 위치(중심)는 Z의 평균에 의하여 결정되며 위치가 고정되면 γ의 상대적 거리만 의미가 있다. 따라서 설명변수가 상수항을 가지면 $\gamma_1 = 0$으로 고정하고 상수항에 해당하는 β_0(절편)가 위치를 조정하도록 하고, 만약 설명변수에 상수항이 포함되지 않으면 γ_1을 고정하지 않고 γ_1이 위치를 조정하도록 한다.

잠재변수 $\boldsymbol{Z}=(Z_1,\ldots,Z_n)$은 관측되지 않은 미지의 변수이므로 $\boldsymbol{Z}$를 모수로 취급하여 $(\beta, \gamma, \boldsymbol{Z})$의 사후분포를 구해보면,

$$\begin{aligned}\pi(\beta,\gamma,\boldsymbol{z}|\boldsymbol{y}) &\propto f(\boldsymbol{z}|\beta)f(\boldsymbol{y}|\boldsymbol{z},\gamma)\pi(\beta)\pi(\gamma)I(\gamma_0 < \gamma_1 < \ldots < \gamma_K) \\ &\propto \exp\left[-\frac{1}{2}(\boldsymbol{z}-\boldsymbol{X}\beta)'(\boldsymbol{z}-\boldsymbol{X}\beta)\right]\prod_{i=1}^{n}\sum_{k=1}^{K} I(\gamma_{k-1} < z_i < \gamma_k, y_i = k) \\ &\times \pi(\beta)\pi(\gamma)I(\gamma_0 < \gamma_1 < \ldots < \gamma_K)\end{aligned}$$

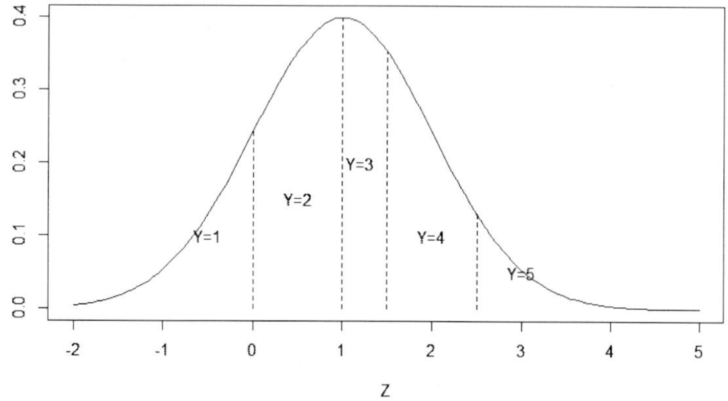

그림 7.1 순서적 프로빗 모형에서 잠재변수 Z와 Y의 관계

이다.

이로부터 β의 완전 조건부 사후분포는

$$\pi(\beta|\gamma, z, y) = \pi(\beta|z) \propto f(z|\beta)\pi(\beta)$$

이다. 왜냐하면 z가 주어지면 β는 더 이상 y와 γ에 의존하지 않기 때문이다. $\pi(\beta)$로 $N(\beta_0, \Sigma_0)$를 가정하면

$$\beta|z \sim N((X'X + \Sigma_0^{-1})^{-1}(X'z + \Sigma_0^{-1}\beta_0),\ (X'X + \Sigma_0^{-1})^{-1})$$

이다. 특히 $\beta_0 = 0, \Sigma_0 = n(X'X)^{-1}$이면

$$\beta|z \sim N\left(\frac{n}{n+1}(X'X)^{-1}X'z,\ \frac{n}{n+1}(X'X)^{-1}\right)$$

이다. 이 분포는 반응변수 Z와 설명변수 X를 갖는 선형회귀모형에서 회귀계수 β의 조건부 사후분포와 같다.

다음으로 Z_i의 완전 조건부 사후분포는

$$\begin{aligned}\pi(z_i|\beta, \gamma, y) &\propto f(z_i|\beta)f(y_i|z_i, \gamma) \\ &\sim N(x_i\beta, 1)\sum_{k=1}^{K} I(\gamma_{k-1} < z_i < \gamma_k,\ y_i = k)\end{aligned}$$

으로 절단된 정규분포이다. 즉, $N(x_i\beta, 1)I(\gamma_{k-1} < z_i < \gamma_k)$, if $y_i = k$, $k = 1, 2, \ldots, k$, 이다.

γ_k의 완전 조건부 사후분포는

$$\begin{aligned}\pi(\gamma_k|\beta, z, y, \gamma_{j;j\neq k}) &\propto f(y|z, \gamma)\pi(\gamma_k) \\ &\propto \pi(\gamma_k)\left\{\prod_{i=1}^{n}\sum_{m=k}^{k+1} I(\gamma_{m-1} < z_i < \gamma_m, y_i = m)\right\} I(\gamma_0 < \gamma_1 < \ldots < \gamma_K) \\ &\propto \pi(\gamma_k) I(\max\{\max\{z_i : y_i = k\}, \gamma_{k-1}\} < \gamma_k < \min\{\min\{z_i : y_i = k+1\}, \gamma_{k+1}\})\end{aligned}$$

이다. 자세히 설명하면, γ_k는 $y_i = k$에 대응하는 모든 z_i에 대하여 $z_i < \gamma_k$를 만족해야 하고 또한 $y_i = k+1$에 대응하는 모든 z_i에 대하여 $\gamma_k < z_i$를 만족해야 한다. 즉, $\max\{z_i;\ y_i = k\} < \gamma_k < \min\{z_i;\ y_i = k+1\}$이 성립해야 한다. 이에 추가로 $\gamma_{k-1} < \gamma_k < \gamma_{k+1}$이 성립해야 하므로 γ_k는 $\max\{z_i;\ y_i = k\}$과 γ_{k-1} 중 더 큰 값을 하한가로, $\min\{z_i;\ y_i = k+1\}$과 γ_{k+1} 중 더 작은 값을 상한가로 갖는 구간으로 제한된다. 따라서 γ_k의 완전 조건부 사후분포는 $\pi(\gamma_k)$를 따르되 위의 구간으로 제한된 분포를 갖는다.

예를 들어, 만약 $\pi(\gamma_k)$가 정규분포이면 γ_k의 조건부 사후분포는 절단된 정규분포를 따른다.

모수와 잠재변수 (β, γ, Z)의 완전 조건부 사후분포가 모두 편리한 형태로 주어지므로 깁스 표본기법을 사용하여 이들의 사후표본을 추출할 수 있고 이 표본들을 이용하여 사후추론을 수행할 수 있다. 다음 데이터에 깁스 표본기법을 적용해 보자.

예 7.1 40명을 대상으로 지난 1년 동안 자신이 느꼈던 스트레스 정도(1=전혀 없음, 2=약간, 3=조금 심함, 4=심함)와 사회경제적 신분(SES=1, 높다; SES=0, 낮다), 전문가가 분석한 정신적 안정 상태(1=매우 안정, 2=조금 안정, 3=보통, 4=조금 불안정, 5=매우 불안정)를 조사한 자료를 분석해보자. 데이터는 아래 프로그램에 주어져 있다.

정신적 안정 상태를 순서적 다항 반응변수라고 하면 경곗값은 $\gamma_0 < \gamma_1 < \gamma_2 < \ldots < \gamma_5$, $\gamma_0 = -\infty$, $\gamma_5 = \infty$이다. 설명변수에 상수항을 포함시키고 $\gamma_1 = 0$으로 고정하면 추정해야 하는 모수는 $(\gamma_2, \gamma_3, \gamma_4)$가 된다. 스트레스 정도($X_1$), 사회경제적 신분($X_2$), 스트레스 정도와 사회경제적 신분의 곱($X_1 X_2$)을 설명변수로 사용하자. 데이터를 읽고 $\boldsymbol{y}$, $\boldsymbol{X}$를 구성하는 프로그램은 다음과 같다.

```
data<-scan()
1 1 1  1 1 5  1 1 3  1 1 2  1 0 2 1 1 1  1 0 1 1 1 2  1 1 2  1 1 4
1 0 1  1 0 2  2 1 3  2 0 4  2 1 2 2 0 1  2 1 5 2 1 2  2 0 3  2 1 3
2 1 5  2 0 2  2 1 2  2 1 1  3 0 1 3 1 3  3 0 2 3 0 5  3 1 4  3 0 3
3 0 2  4 1 5  4 1 2  4 1 4  4 0 3 4 0 3  4 0 3 4 1 5  4 0 5  4 0 5

n<-40
data<-matrix(data, n, 3, byrow=T)
stress<-data[,1]
SES<-data[,2]
mental<-data[, 3]
ftable(stress, SES, mental)

#stress  SES mental  1 2 3 4 5
#1       0           2 2 0 0 0
#        1           2 3 1 1 1
#2       0           1 1 1 1 0
#        1           1 3 2 0 2
#3       0           1 2 1 0 1
#        1           0 0 1 1 0
#4       0           0 0 3 0 2
```

```
#      1          0 1 0 1 2
X<-cbind(rep(1, n), stress, SES, stress*SES)
p=ncol(X)
y<-mental
nLevels=5
nData=length(y)
dimBeta=ncol(X)
```

β의 사전분포로 $\beta \sim N(0, n(X'X)^{-1})$, γ의 사전분포로 $\gamma_k \sim N(0,\ 10^2)$, 그리고 $0 = \gamma_1 < \gamma_2 < \cdots < \gamma_K = \infty$의 제한조건을 가정한다. 다음은 깁스 표본기법으로부터 사후표본을 생성하는 R 프로그램이다. 깁스 표본기법에서 β의 초기치로 0을, γ_k의 초기치로는 $N(0,\ 10^2)$ 분포에서 $\sum_{\ell=1}^{k} \hat{P}(Y=\ell)$ 분위수에 해당하는 값으로 정하되 $\gamma_{k-1} < \gamma_k < \gamma_{k+1}$을 만족하도록 필요 시 값을 조정하였다. 또한 다변량 정규분포와 제한된 일변량 정규분포로부터 난수생성을 위하여 패키지 mvtnorm과 truncnorm을 사용하였다.

```
K=5
# Prior
gamma0<-rep(0, K); sigma0<-rep(10, K)

#initial
beta<-rep(0, p)
freq.y=data.frame(table(y))$Freq
prob=freq.y/sum(freq.y)
gamma<-rep(0, K)
gamma[1]<-0; gamma[K]=Inf
for(i in 2:(K-1)) {
    gamma[i]<-qnorm(sum(prob[1:i]), 0, 10)
    if(gamma[i]<=gamma[i-1]) gamma[i]<-gamma[i-1]+0.1
}
z<-rep(0, n)

#install.packages("mvtnorm")
library(mvtnorm)

#install.packages("truncnorm")
library(truncnorm)

#### start MCMC ####
nwarm<-5000; maxn<-10000; nthin=100
beta.sim<-NULL
```

```
gamma.sim<-NULL

for(isim in 1:(nwarm+maxn*nthin)){
#generate z
   for(i in 1:n) {
      if(y[i]==1)z[i]<-rtruncnorm(1, -Inf, gamma[1], X[i,]%*%beta, 1)
     for(k in 2:K) {
       if(y[i]==k)z[i]<-rtruncnorm(1, gamma[k-1], gamma[k], X[i,]%*%beta, 1)
     }
   }

#generate beta
var.beta<-n/(n+1)*solve(t(X)%*%X)
mean.beta<-n/(n+1)*solve(t(X)%*%X) %*% (t(X)%*%z)
beta<-as.vector(rmvnorm(1, mean.beta, var.beta))

#generate gamma
gamma[1]<-0; gamma[K]<-Inf
for(k in 2:(K-1)){
   ak<-max(max(z[y==k]), gamma[k-1])
   bk<-min(min(z[y==k+1]), gamma[k+1])
   gamma[k]<-rtruncnorm(1, ak, bk, gamma0[k], sigma0[k])
}

if(isim>nwarm & isim%%nthin==0){
   beta.sim<-rbind(beta.sim, beta)
   gamma.sim<-rbind(gamma.sim, gamma)
  }
}
#### End MCMC ####
```

MCMC의 처음 1000번 반복에서 생성된 표본들의 경로그림을 살펴보니 그림 7.2와 같이 경곗값 γ_k의 자기상관이 매우 높음이 관측되었다. 이유는 γ_k의 완전 조건부 사후분포에서 제한된 구간의 하한가와 상한가가 매우 가까워서 바로 전 단계의 γ_k 표본 값으로부터 많이 이동하지 못하기 때문이다. 이 현상은 보통 표본의 크기가 커질수록 더 심해진다. 이 느린 수렴문제를 해결하기 위한 Cowles(1996)의 방법 등이 있으나 이 책에서는 간단히 표본 사이의 간격을 충분히 두어 자기상관 문제를 해결하는 방법을 취하기로 하고, 5000번 반복시점 이후에 매 100번째의 표본을 취하는 방법으로 총 10,000개의 표본을 취하여 추정에 사용하였다. 이렇게 취한 표본들의 경로그림이 그림 7.3와 그림 7.4에 주어져 있는데 표본들 간의 자기상관이 거의 사라졌음을 볼 수 있다.

그림 7.5와 그림 7.6에 회귀계수 β와 경곗값 $\gamma_2, \ldots, \gamma_4$의 사후분포가 주어져 있다. 회귀계수 중 스트레스에 대한 계수만 유의하고 나머지는 유의하지 않다. γ들의 차이에 대한 사후분포를 추정해 보면 그림 7.7과 같이 주어지므로 경곗값이 모두 유의하게 다름을 알 수 있다.

```
#### Fig 7.2 연속된 1000개의 표본에서 회귀계수 γ의 경로그림 ####
par(mfrow=c(3,1))
for(i in 2:(K-1))
  plot(gamma.sim[1:1000, i], type="l", xlab="iteration", ylab="gamma")

#### Fig 7.3 매 100번째의 표본을 취했을 때 회귀계수 β의 경로그림 ####
par(mfrow=c(2,2))
for(i in 1:p)
  plot(beta.sim[,i], type="l", xlab="iteration", ylab="beta")

#### Fig 7.4 매 100번째의 표본을 취했을 때 회귀계수 γ의 경로그림 ####
par(mfrow=c(3,1))
for(i in 2:(K-1))
  plot(gamma.sim[,i], type="l", xlab="iteration", ylab="gamma")

#### Fig 7.5 β의 주변 사후분포 ####
par(mfrow=c(2,2))
for(i in 1:p){
  plot(density(beta.sim[,i]), type="l", xlab="beta", main="posterior")
  abline(v=0, lty=2, col=2)
}

#### Fig 7.6 γ의 주변 사후분포 ####
par(mfrow=c(1,3))
for(i in 2:(K-1))
  plot(density(gamma.sim[,i]), type="l", xlab="gamma", main="posterior")

#### Fig 7.7 γ_k-γ_{k-1}의 주변 사후분포 ####
par(mfrow=c(1,3))
plot(density(gamma.sim[,2]-gamma.sim[,1]), type="l", xlab="gamma2-gamma1",
     main="posterior")
plot(density(gamma.sim[,3]-gamma.sim[,2]), type="l", xlab="gamma3-gamma2",
     main="posterior")
plot(density(gamma.sim[,4]-gamma.sim[,3]), type="l", xlab="gamma4-gamma3",
     main="posterior")

mean.gamma<-rep(0,K)
```

```
for(i in 1:K)mean.gamma[i]<-mean(gamma.sim[,i])

mean.beta<-rep(0,p)
for(i in 1:p)mean.beta[i]<-mean(beta.sim[,i])
```

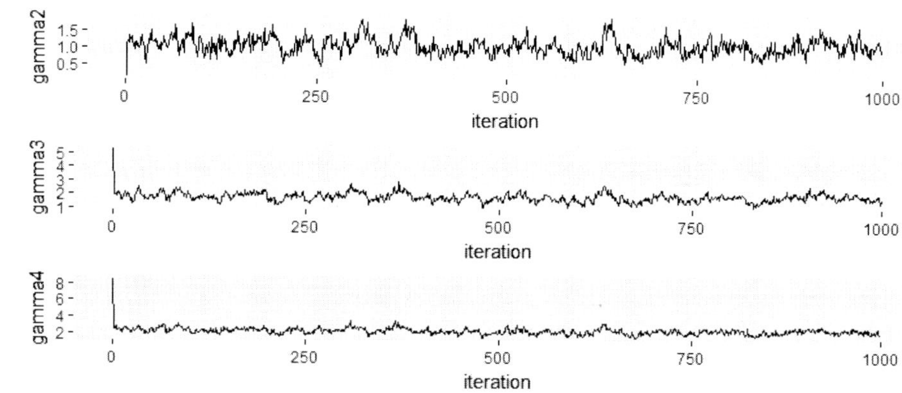

그림 7.2 연속된 1000개의 표본에서 회귀계수 γ의 경로그림

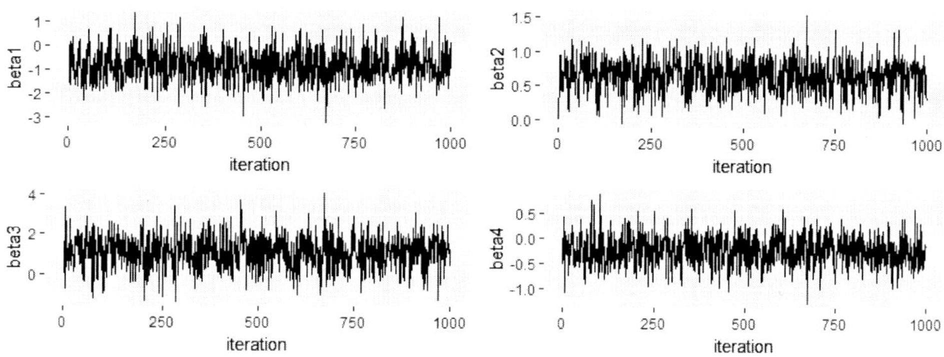

그림 7.3 매 100번째의 표본을 취했을 때 회귀계수 β의 경로그림

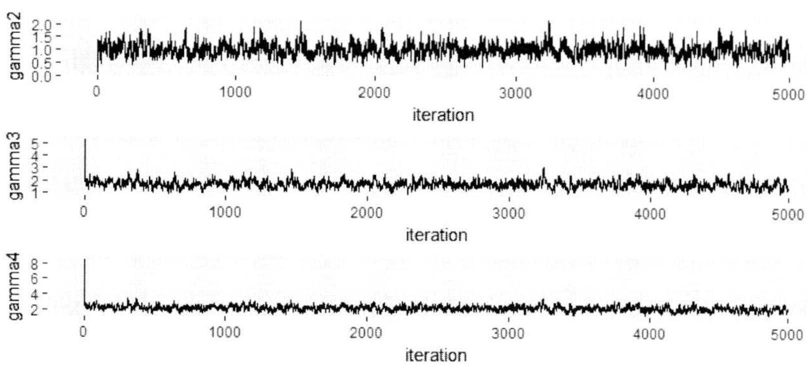

그림 7.4 매 100번째의 표본을 취했을 때 회귀계수 γ의 경로그림

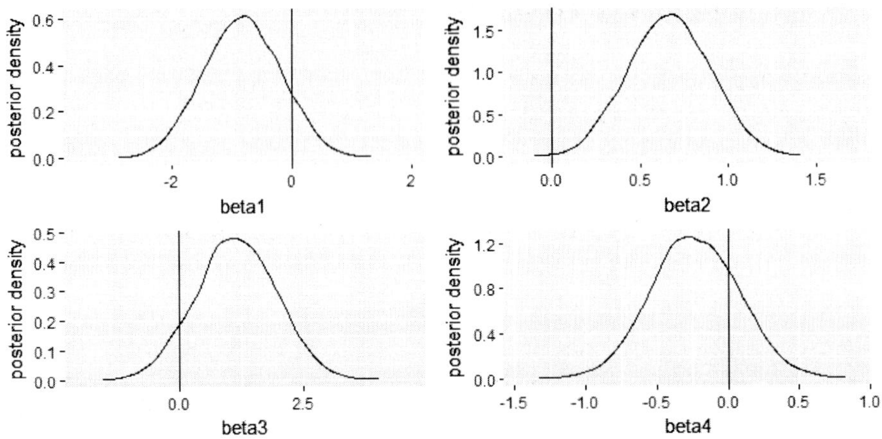

그림 7.5 β의 주변 사후분포

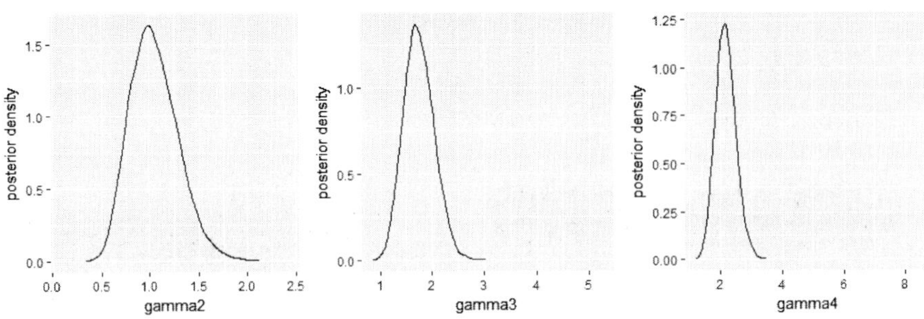

그림 7.6 γ의 주변 사후분포

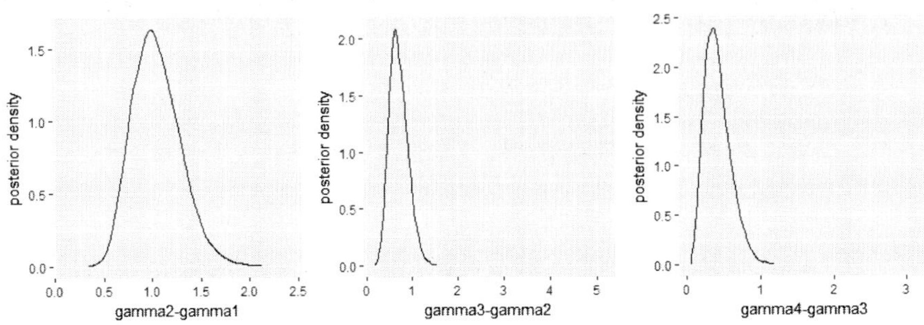

그림 7.7 $\gamma_k - \gamma_{k-1}$의 주변 사후분포

7.3 JAGS 활용

JAGS를 이용하여 순서적 프로빗 모형의 모수 β, γ 의 사후표본을 추출하여 보자. 모형

설정에서 Y_i는 관측대상이 K=5개 범주 중 어느 범주에 속하는지를 나타내는 다항 변수이므로

```
y[i] ~ dcat(pr[i,1:K])
```

분포를 설정한다. 각 항의 확률 pr[i,1:K]에 대해서 식 (7.1)을 구현하면

```
mu[i]<-inprod(X[i,], beta[])
pr[i,1]<-phi((gamma[1]-mu[i]))
for(k in 2:(K-1)){
      pr[i,k]<-phi(gamma[k]-mu[i])-phi(gamma[k-1]-mu[i])
}
pr[i,K]<-1-phi(gamma[K-1]-mu[i])
```

이다.

그런데 gamma[1]은 0으로 고정시켜야 하므로 gamma[2],...,gamma[K-1]만 랜덤변수이다. 이를 구분하기 위하여 편의상 gamma[1] 대신 gamma1을 사용한다. 단, 초기치와 사전분포 설정을 편리하게 하기 위하여 gamma 벡터 전체, gamma[1],..., gamma[K-1]을 랜덤으로 취급한다. gamma[1]은 MCMC에서 사전분포로부터 생성은 되지만 전혀 사용되지 않는 변수이다. 이를 반영하여 위의 JAGS 코드를 다음과 같이 수정한다.

```
pr[i,1]<-phi((gamma1-mu[i]))
pr[i,2]<-phi(gamma[2]-mu[i])-phi(gamma1-mu[i])
for(k in 3:(K-1)){
      pr[i,k]<-phi(gamma[k]-mu[i])-phi(gamma[k-1]-mu[i])
}
pr[i,K]<-1-phi(gamma[K-1]-mu[i])
```

또한 경곗값은 $0=\gamma_1<\ldots<\gamma_{K-1}<\gamma_K=\infty$의 순서를 만족시켜야 한다. 즉, $k=2,\ldots,K-1$에 대해서 phi(gamma[k]-mu[i])-phi(gamma[k-1]-mu[i])은 항상 0보다 커야 한다. 이를 만족시키기 위하여 다음과 같은

$$
\begin{aligned}
&\gamma_2 \sim N(\mu_r,\sigma_\gamma^2)I(0<\gamma_2<\gamma_3)\\
&\gamma_k \sim N(\mu_r,\sigma_\gamma^2)I(\gamma_{k-1}<\gamma_k<\gamma_{k+1}),\, k=3,\ldots,K-2\\
&\gamma_{K-1} \sim N(\mu_r,\sigma_\gamma^2)I(\gamma_{K-2}<\gamma_{K-1}<\infty)
\end{aligned}
$$

절단된 사전분포를 가정한다.

JAGS에서 사전분포에 위와 같은 순서적 제한조건을 반영하는 방법은 다음과 같이 일단 공통된 사전분포 $N(\mu_\gamma, \sigma_\gamma^2)I(\gamma_k > 0)$로부터 난수를 생성한 다음 크기순으로 정렬하여 차례로 $\gamma_1, \gamma_2, .., \gamma_{K-1}$로 배정하는 것이다.

```
muGamma<-1; tauGamma<-0.01
for(k in 1:(K-1)){
    gamma0[k] ~ dnorm(muGamma, tauGamma)T(0,)
}
gamma[1:(K-1)]<-sort(gamma0)
```

또 다른 방법은 γ의 사전분포에서는 순서적 제한 조건을 반영하지 않고 대신 pr[i,k]=phi(gamma[k]-mu[i])-phi(gamma[k-1]-mu[i])에서 순서를 반영하는 것으로, pr[i,k]가 0보다 작으면 pr[i,k]=0으로 대체하는 것이다. 만약 $Y_i = k$가 관측되었다면 pr[i,k]=0이 될 수 없고 pr[i,k]>0이어야 하므로 반드시 $\gamma_{k-1} < \gamma_k$가 성립해야 한다. 따라서 $\gamma_{k-1} \geq \gamma_k$인 (γ_{k-1}, γ_k)가 원천적으로 봉쇄되어 $\gamma_{k-1} < \gamma_k$인 표본만 추출된다.

이를 적용하는 코드는

```
pr[i,2]<-max(0, phi(gamma[2]-mu[i])-phi(gamma1-mu[i]))
for(k in 3:(K-1)){
    pr[i,k]<-max(0, phi(gamma[k]-mu[i])-phi(gamma[k-1]-mu[i]))
}
```

이며 γ의 사전분포를 예를 들어

```
tauGamma<-0.01
for(k in 1:(K-1)){
    muGamma[k]<-k+0.5
    gamma[k]<-dnorm(muGamma[k], tauGamma)T(0, )
}
```

와 같이 설정하면 된다. 여기에서는 앞서 정렬을 이용할 때와 달리 γ_k의 사전평균을 각각 다르게 설정할 수 있다.

이상을 종합하여 다음과 같이 JAGS의 모형설정을 한다.

```
modelString ="
```

```
model {
for (i in 1:nData){
        y[i] ~ dcat(pr[i,1:K])

        pr[i,1]<-phi((gamma1-mu[i]))
        pr[i,2]<-phi(gamma[2]-mu[i])-phi(gamma1-mu[i])
        for(k in 3:(K-1)){
                pr[i,k]<-phi(gamma[k]-mu[i])-phi(gamma[k-1]-mu[i])
        }
        pr[i,K]<-1-phi(gamma[K-1]-mu[i])
        mu[i]<-inprod(X[i,], beta[])
}
beta[1:dimBeta] ~ dmnorm(muBeta, TauBeta)

gamma1<-0
muGamma<-1; tauGamma<-0.01
for(k in 1:(K-1)){
   gamma0[k] ~ dnorm(muGamma, tauGamma)T(0,)
}
gamma[1:(K-1)]<-sort(gamma0)
}
"
writeLines(modelString, "model_ordProbit.txt")
```

다음은 데이터 리스트를 만드는 과정이다. X와 Y에 대한 선형회귀모형을 적합하여 얻은 β의 최소제곱추정치를 사전평균으로, 그리고 최소제곱추정치의 공분산행렬에 표본의 수 n을 곱하여 사전분산으로 사용하였다.

```
X<-cbind(rep(1, n), stress, SES, stress*SES)
y<-mental
nLevels=5
nData=length(y)
dimBeta=ncol(X)
muBeta=solve(t(X)%*%X )%*% t(X)%*%y
TauBeta=1/nData* t(X)%*%X
dataList=list(nData=nData, K=nLevels, dimBeta=dimBeta, X=X, y=y, muBeta=muBeta,
TauBeta=TauBeta)
```

모수 β의 초기치는 Y와 x에 대하여 선형모형을 적합시켜 얻은 추정치를 사용하였고, γ의 초기치는 $\gamma_1 = 0.5$, $\gamma_2 = 1.5$, $\gamma_3 = 2.5$, $\gamma_4 = 3.5$를 사용하였다.

```
betaInit=solve(t(X)%*%X)%*%t(X)%*%y
gammaInit=c(0:(nLevels-2))+0.5
initsList=list(beta=betaInit, gamma0=gammaInit)
```

체인의 수를 3으로 하여 JAGS를 실행하여 보자.

```
nChains=3
jagsModel=jags.model(file="model_ordProbit.txt", data=dataList,
                                 inits=initsList, n.chains=3, n.adapt=1000)
update(jagsModel, n.iter=10000)
codaSamples=coda.samples(jagsModel, variable.names=c("gamma[2:4]",
                                 "beta"), thin=1, n.iter=10000)
```

convDiag.plot과 convDiag 함수를 사용하여 경로그림과 ACF를 그려보았다. 준비단계 이후 총 10000개의 표본을 생성하였으나 7.2절의 결과와 비교하기 위하여 초기 2000개 표본만 사용한 결과가 그림 7.8과 7.9이다. 생성된 MCMC 표본에 대하여 수렴성을 진단한 결과 수렴이 비교적 잘 된 것으로 보인다. 그러나 자기상관은 상당히 커서 효용표본의 수가 작음을 볼 수 있다. β의 경로그림이 γ의 경로그림과 비교하여 안정적이지 않은 것으로 보이지만 이는 자기상관이 매우 높은데 초기 2000개의 표본으로만 경로그림을 그렸기 때문이고 총 10,000개의 표본을 사용한 경로그림은 안정적 형태를 보인다. 채택확률이 모두 100%인 것을 볼 때 잠재변수를 도입한 깁스 표본기법을 JAGS에서 사용하였음을 짐작할 수 있다.

```
convDiag.plot=function(codaSamples, var){
  ESS=effectiveSize(codaSamples[, var])
  par(mfrow=c(1,2))
  traceplot(codaSamples[, var], xlab=var)
  acf(as.matrix(codaSamples[,var]), main=paste0("ESS=", round(ESS,2)))
}

convDiag=function(codaSamples){
  ESS=effectiveSize(codaSamples); cat("ESS=", ESS, "\n")
  acceptRate=1-rejectionRate(codaSamples); cat("Accept rate=", acceptRate, "\n")
  gelman=gelman.diag(codaSamples) #; cat("Gelman statistics", "\n", gelman, "\n")
  gelman
  gelman.1=as.matrix(gelman$psrf)
  if(max(gelman.1)>1.1) cat("Warning: Gelman Shrink Factor>1.1", "\n")
  gelman.2=gelman$mpsrf
  if(gelman.2>1.1) cat("Warning: Gelman Multivariate Shrink Factor>1.1", "\n")
```

```
}

var=colnames(codaSamples[[1]])
par(mfrow=c(length(var), 2))
for(i in 1:length(var))convDiag.plot(codaSamples, var[i])
convDiag(codaSamples)
#   ESS = 555.4644 513.017 509.3774 487.3961 2247.605 1691.678 1855.104
#   Accept rate = 1 1 1 1 1 1 1
```

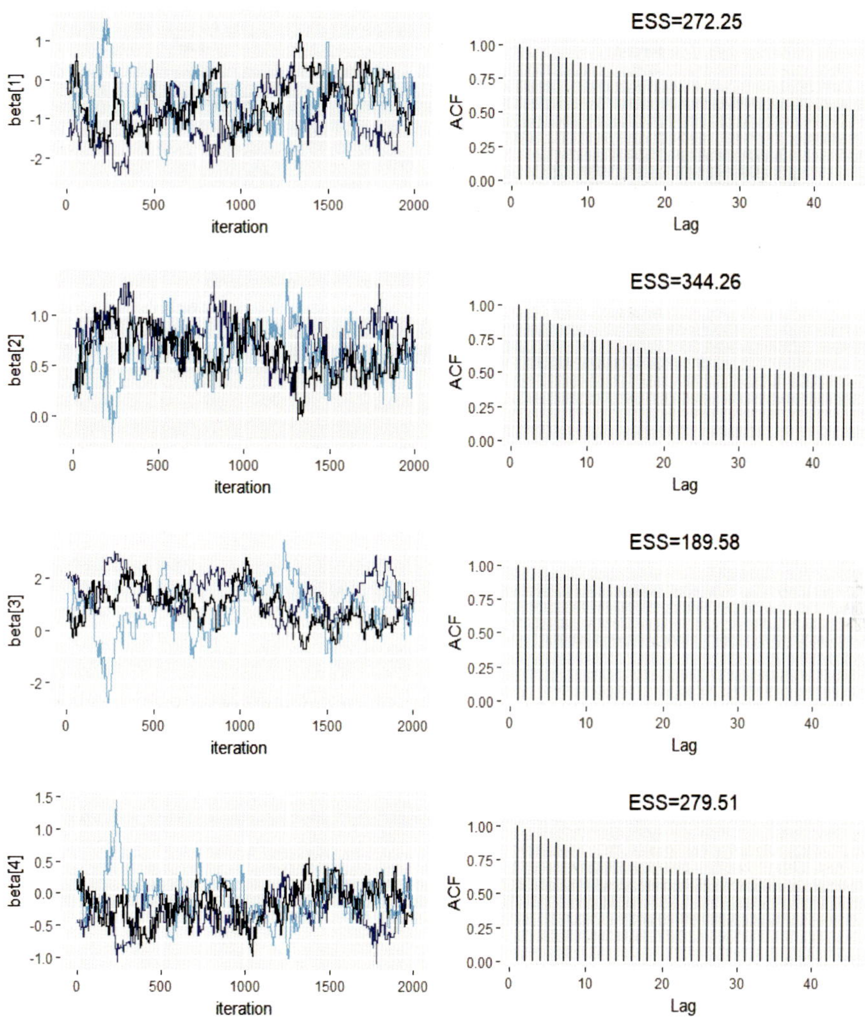

그림 7.8 JAGS에서 얻은 β 표본의 경로그림과 자기상관

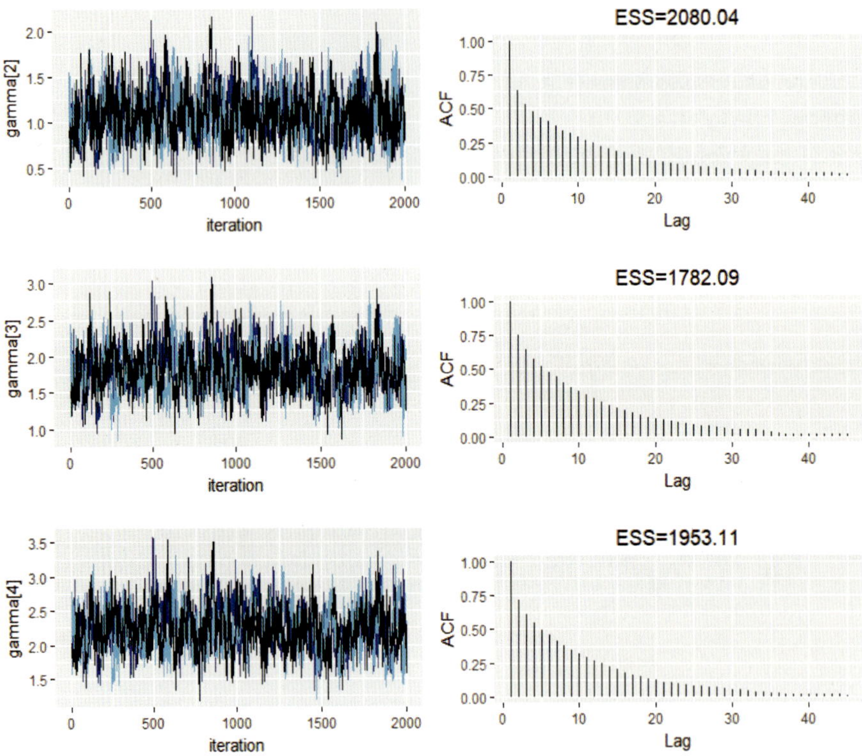

그림 7.9 JAGS에서 얻은 γ 표본의 경로그림과 자기상관

JAGS로부터 생성된 모수의 사후표본을 이용하여 다음과 같이 사후추론을 수행한 결과 추정된 사후분포는 그림 7.10과 같다.

```
#### Fig 7.10 JAGS 표본으로부터 추정된 모수의 사후분포 ####
mcmcSamples=as.matrix(codaSamples)
par(mfrow=c(1,1))
plot(density(mcmcSamples[,"beta[2]"]), xlim=c(min(mcmcSamples[,2:4]),
                                  max(mcmcSamples[,2:4])), main="", xlab="beta")
text(1.5, 1.5, "beta2")
lines(density(mcmcSamples[,"beta[3]"]), col=2)
text(2, 0.5, "beta3", col=2)
lines(density(mcmcSamples[,"beta[4]"]), col=3)
text(-1, 1, "beta4", col=3)
par(mfrow=c(1,1))
plot(density(mcmcSamples[,"gamma[2]"]), xlim=c(min(mcmcSamples[,5:7]),
                              max(mcmcSamples[,5:7])), main="", xlab="gamma")
text(0.5, 1.2, "gamma2")
lines(density(mcmcSamples[,"gamma[3]"]), col=2)
text(1.8, 1.4, "gamma3", col=2)
```

```
lines(density(mcmcSamples[,"gamma[4]"]), col=3)
text(2.6, 1.2, "gamma4", col=3)

para.hat=apply(mcmcSamples, 2, mean)
para.hat
#   beta[1]    beta[2]     beta[3]     beta[4]   gamma[2]    gamma[3]  gamma[4]
#-0.8192065 0.7357642 1.2768979 -0.2667284  1.1846983   1.9317888  2.3599765

HPD=apply(mcmcSamples, 2, function(x) quantile(x, c(0.025, 0.975)))
#HPD
#          beta[1]    beta[2]     beta[3]      beta[4]   gamma[2] gamma[3] gamma[4]
#2.5%   -2.1528193 0.2572423  -0.3591023 -0.8707829 0.6816616  1.323718 1.710968
#97.5% 0.4271837 1.2261573  2.8793009  0.3609079 1.7793649 2.594252 3.073009
```

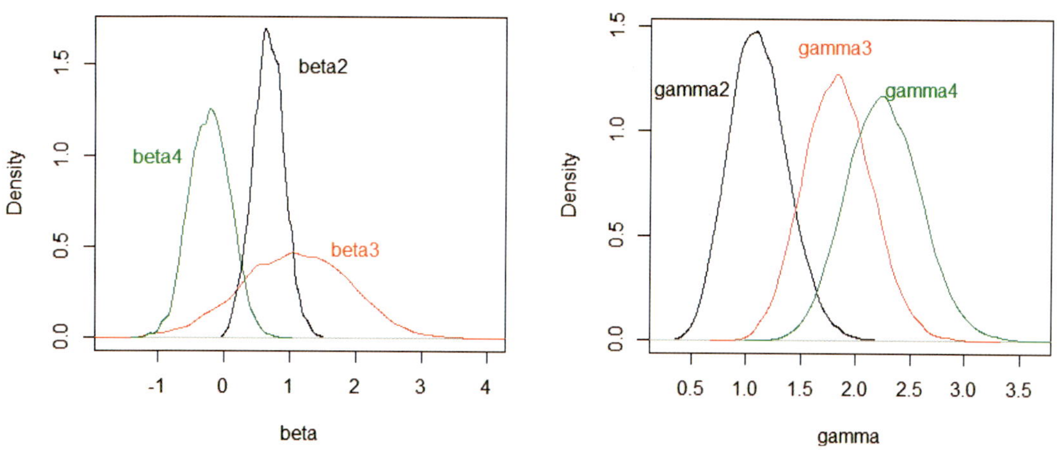

그림 7.10 JAGS 표본으로부터 추정된 모수의 사후분포

7.4 자료의 표준화

각 설명변수를 평균이 0, 표준편차가 1이 되도록 표준화하면 상수항이 존재하는 경우 변수 간의 상관관계를 줄이므로 MCMC 효율을 높일 수 있다. 또한 설명변수들의 단위가 통일되기 때문에 회귀계수의 사전분포를 결정하기도 쉽다. JAGS에서 표준화를 수행하는 방법은 모형설정 파일에서 model{ } 문장 앞에 표준화를 수행하는 data{ } 문장을 추가하여 자료를 표준화시켜주고 model{ } 문장 끝부분에 표준화된 변수에 대한 회귀계수를 원래 변수의 단위로 바꾸어 주는 것이다.

이를 수행하는 코드는 다음과 같다. 참고로, 아래 코드에서는 회귀계수에 대한 사전분포의 모수를 model{ }에서 지정하였으므로 dataList에서 사전모수를 입력할 필요가 없다. 표준화된 모형에서 회귀계수의 사전평균은 0, 사전분산은 K^2으로 정하였다. 또한 경곗값의 순서적 제한조건을 부여하기 위하여 7.3절에서 소개한 두 번째 방법을 사용하였다.

```
modelString="
data{
zX[1:nData,1]=X[1:nData, 1]                    # constant term
for(j in 2:dimBeta){
Xm[j]<-mean(X[,j])
Xsd[j]<-sd(X[,j])
for(i in 1:nData){
zX[i,j]<-(X[i,j]-Xm[j])/Xsd[j]
}
}
}

model {
for (i in 1:nData){
y[i] ~ dcat(pr[i,1:K])
pr[i,1]<-phi((gamma1-mu[i]))
pr[i,2]<-max(0, phi(gamma[2]-mu[i])-phi(gamma1-mu[i]))

for(k in 3:(K-1)){
pr[i,k]<-max(0, phi(gamma[k]-mu[i])-phi(gamma[k-1]-mu[i]))
}
pr[i,K]<-1-phi(gamma[K-1]-mu[i])
mu[i]<-inprod(zX[i,], zbeta[])
}

gamma1<-0

sigZbetaInv<-pow(K, -2)
for(j in 1:dimBeta){
zbeta[j] ~ dnorm(0, sigZbetaInv)
}

tauGamma<-0.01
for(k in 1:(K-1)){
muGamma[k]<-k-0.5
gamma[k] ~ dnorm(muGamma[k], tauGamma)T(0,)
}
```

```
for(j in 2:dimBeta){
beta[j]<-zbeta[j]/Xsd[j]
}
beta[1]<-zbeta[1]-inprod(zbeta[2:dimBeta], Xm[2:dimBeta]/Xsd[2:dimBeta])
}
"
writeLines(modelString, "model_ordProbit_std.txt")

zbetaInit=rep(0, dimBeta)
gammaInit=c(0:(nLevels-2))+0.5
```

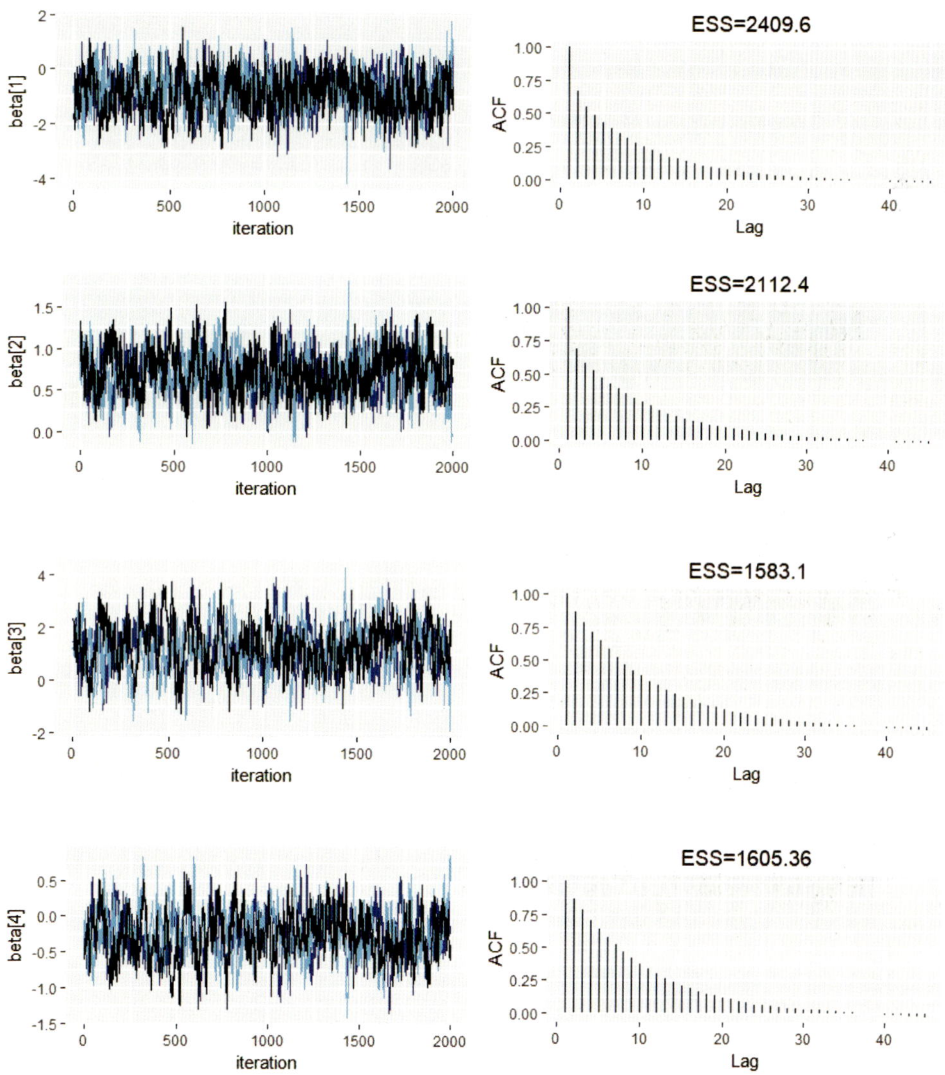

그림 7.11 표준화된 자료 사용 시 β표본의 경로그림과 자기상관

```
dataList=list(nData=nData, K=nLevels, dimBeta=dimBeta, X=X, y=y)
initsList=list(zbeta=zbetaInit, gamma=gammaInit)
jagsModel.std=jags.model(file="model_ordProbit_std.txt", data=dataList,
                         inits=initsList, n.chains=3, n.adapt=1000)
update(jagsModel.std, n.iter=10000)
codaSamples=coda.samples(jagsModel.std, variable.names=c("gamma", "beta"),
n.iter=10000)

var=colnames(codaSamples[[1]])

#### Fig 7.11 표준화된 자료 사용 시 모수의 경로그림과 자기상관 ####
for(i in 1:length(var))convDiag.plot(codaSamples, var[i])
convDiag(codaSamples)
```

위 코드의 수행으로 얻은 2000개 표본으로부터 경로그림과 자기상관그림이 그림 7.11과 그림 7.12이다. 앞서 표준화를 사용하지 않은 경우(그림 7.8, 7.9)에 비하여 특히 회귀계수 β 표본의 자기상관이 상당히 감소하였고 ESS도 커졌음을 볼 수 있다.

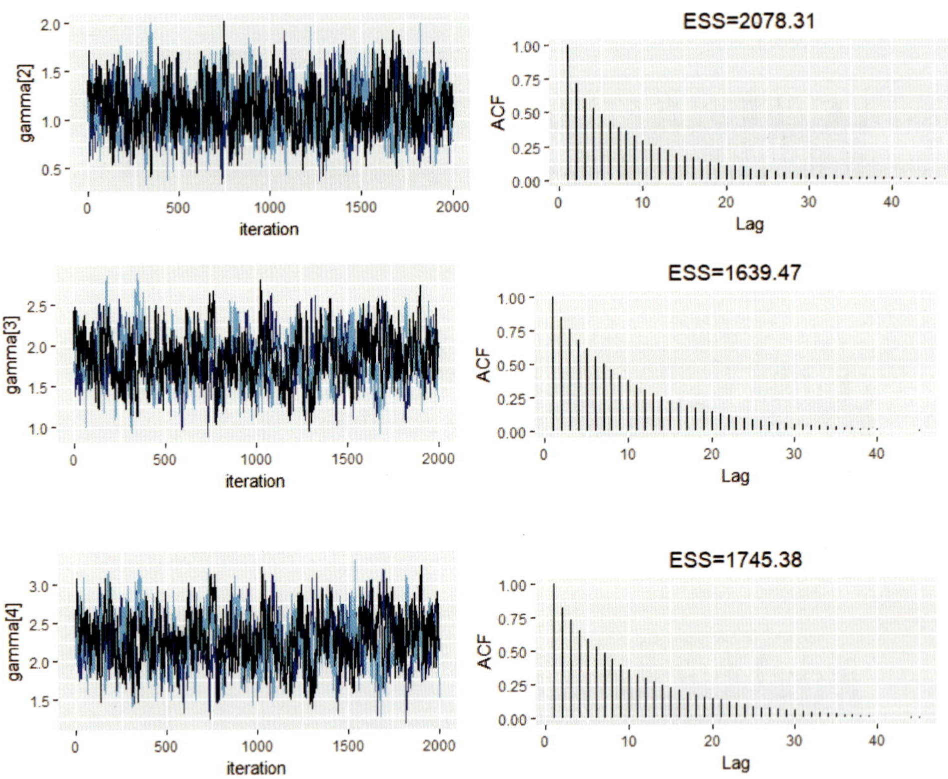

그림 7.12 표준화된 자료 사용 시 r표본의 경로그림과 자기상관

참고문헌

- Albert, J.H., Chib, S. (1993), Bayesian analysis of binary and polychotomous response data, *Journal of the American statistical Association*, 88, 669-679.
- Cowles, Mk. (1996), Accelerating Monte Carlo Markor chain convergence for cumulative-link generalized linear models, Statistics and Computing, b, 101-111.

8장

카운트 자료의 분석

8.1 포아송 로그 선형모형

고정된 시간 동안 발생한 어떤 사건의 횟수(카운트)에 대하여 흔히 포아송 분포를 가정한다. 변수 Y가 평균 λ를 갖는 포아송 분포를 따를 때

$$P(Y=y|\lambda)=\frac{e^{-\lambda}\lambda^{y}}{y!},\quad y=0,1,2,\cdots$$

의 확률을 갖는다.

개체 i의 반응변수 Y_i가 평균 λ_i를 갖는 포아송 분포를 따르고 개체 i의 설명변수가 $(x_{i1},\cdots,x_{ik})$로 주어질 때 보통

$$\log\lambda_i=\beta_0+x_{i1}\beta_1+x_{i2}\beta_2+\cdots+x_{ik}\beta_k$$

연결함수(link function)를 가정한다. 위 모형을 포아송 로그 선형모형(Poisson log-linear model)이라고 하는데 $\boldsymbol{x_i}=(1,x_{i1},\cdots,x_{ik})$, $\boldsymbol{\beta}=(\beta_0,\beta_1,\cdots,\beta_k)'$로 정의할 때 아래와 같이 표현할 수 있다.

$$Y_i=Poi(\lambda_i),\ \log\lambda_i=\boldsymbol{x_i}\boldsymbol{\beta} \tag{8.1}$$

포아송 로그 선형모형에서는 설명변수 x_{ik}가 Y_i의 로그 평균에 선형적인 영향(linear effect)을 미친다고 가정한다. 이를 달리 말하면 x_{ik}가 Y_i의 평균에 지수적 영향(exponential effect)을 미친다고 가정한다. 예를 들어, $k=1$이면

$$\log\lambda_i=\beta_0+\beta_1x_i\quad\Leftrightarrow\quad\lambda_i=e^{\beta_0}e^{\beta_1x_i}=e^{\beta_0}(e^{\beta_1})^{x_i}$$

이므로 x_i가 1 증가하면 λ_i는 e^{β_1}배 증가한다.

예 8.1 한국은 2015년 5월 20일 중동호흡기증후군(메르스, MERS) 첫 확진 환자 발생을 기점으로 극심한 메르스 전염병 공포에 시달렸으며, 이를 계기로 부실한 한국의 방역 및 보건의료체계를 돌아보게 되었다. 한국 질병관리본부의 2015년 7월 21일 보도자료는 첫 환자가 발생한 2015년 5월 20일부터 7월 20일까지 62일 동안 메르스 환자의 일별 상황을 제공하고 있다. 일자별로 메르스 확진 신규 환자의 수, 메르스로 인하여 사망한 환자의 수, 치료 중인 환자의 수, 퇴원환자 수, 격리 대상자 수 그리고 격리 해제 대상자 수 등이 나와 있다. 총 62일의 조사 기간의 일자에 차례대로 1,...,62 값이 부여되는 변수 day를 설명변수로 하고 일별 메르스 신규 확진 환자의 수(diag)를 반응변수로 하여 포아송 로그 선형모형을 적합시켜 보자.

먼저 데이터를 읽어 들여 일별 메르스 확진환자 수를 그려보니 그림 8.1과 같다.

```
mers=read.table("mers.txt", header=T)
head(mers)

day diag_new diag_sum checkout_new checkout_sum death_new death_sum care
1 5/20       2        2            0            0         0         0    2
2 5/21       1        3            0            0         0         0    3
3 5/22       0        3            0            0         0         0    3
4 5/23       0        3            0            0         0         0    3
5 5/24       0        3            0            0         0         0    3
6 5/25       0        3            0            0         0         0    3
  quarantin quaratine_off
1         3             0
2        64             0
3        58             0
4        61             0
5        62             0
6        62             0

day=as.character(mers$day)
diag=mers$diag_new
y=diag; n=length(y)
n.day=c(1:n)
plot(n.day, y, xlab="day", ylab="n_diag", type="l")
points(n.day, y)
```

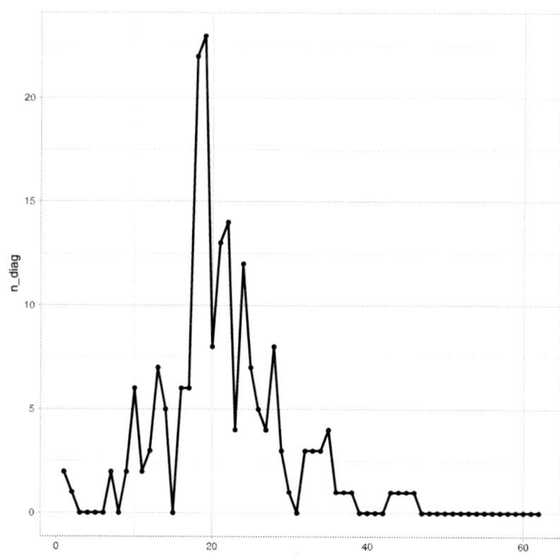

그림 8.1 일별 메르스 확진 환자 수

그림 8.1을 보면 조사 시작일로부터 19일째인 6월 7일 23명의 신규 확진환자가 발생할 때까지 빠른 속도로 증가하다가 이후로 점차 줄어드는 양상을 보인다. 이 자료에 대하여 6월 7일까지의 자료와 이후 자료로 나누어 다음과 같은 포아송 로그 선형모형을 가정하여 보자.

$$
\begin{aligned}
Y_i|\lambda_{1i} &\sim Poi(\lambda_{1i}), \quad i=1,\ldots,19, \\
Y_i|\lambda_{2i} &\sim Poi(\lambda_{2i}), \quad i=20,\ldots,62, \\
\log(\lambda_{1i}) &= \alpha_1+\beta_1 day_i \\
\log(\lambda_{2i}) &= \alpha_2+\beta_2(day_i-19)
\end{aligned}
\qquad \textbf{(8.2)}
$$

회귀계수에 대한 사후추론을 위하여 매트로폴리스-해스팅스 알고리즘을 적용할 수 있다. 이 절에서는 직접 코딩은 생략하고 JAGS를 사용한 사후추론을 수행하기로 한다. 모형 (8.2)에 대하여 JAGS를 활용한 베이지안 추론을 수행하는 코드는 다음과 같다. 회귀계수의 사전분포로 $N(0,100)$을 사용하였다.

```
x1=c(rep(1,19), rep(0, n-19))
x2=c(c(1:19), rep(0, n-19))
x3=c(rep(0,19), rep(1, n-19))
x4=c(rep(0,19), c(1:(n-19)))
X=cbind(x1, x2, x3, x4)
data=data.frame(y, X)
p=ncol(X)


modelString="
model
{
  for(i in 1:length(y)){
  y[i] ~ dpois(lambda[i])
  log(lambda[i])<-inprod(X[i,], beta[])
  }
  for (i in 1:p){beta[i] ~ dnorm(mu.beta[i], Tau.beta[i])}
}
"
writeLines(modelString, "model_pois.txt")

#prior parameters
mu.beta=rep(0, p)
Tau.beta=rep(0.01, p)
```

```
dataList=list(p=p, y=y, X=X, mu.beta=mu.beta, Tau.beta=Tau.beta)
initsList=list(beta=mu.beta)

require(rjags);
jagsModel.pois=jags.model(file="model_pois.txt", data=dataList, inits=initsList,
                          n.chains=3, n.adapt=1000)
update(jagsModel.pois, n.iter=3000)
codaSamples=coda.samples(jagsModel.pois, variable.names=c("beta"),
                          thin=1, n.chains=3, n.iter=10000)
coda::gelman.diag(codaSamples)

Potential scale reduction factors:

        Point est. Upper C.I.
beta[1]       1.01       1.02
beta[2]       1.01       1.02
beta[3]       1.00       1.00
beta[4]       1.00       1.01

Multivariate psrf

1.01
```

Gelman 상수가 모두 1에 매우 근접하므로 수렴이 이루어졌다고 판단된다. JAGS에서 생성된 MCMC 표본으로부터 회귀계수의 추정치를 요약하면 다음과 같다. 95% 사후구간을 보면 모든 설명변수가 유의한 영향을 미침을 알 수 있다.

```
summary(codaSamples)


Iterations=4001:14000
Thinning interval=1
Number of chains=3
Sample size per chain=10000

1. Empirical mean and standard deviation for each variable,
   plus standard error of the mean:

           Mean       SD  Naive SE Time-series SE
beta[1] -1.6632 0.47314 2.732e-03      0.0212760
beta[2]  0.2415 0.02966 1.712e-04      0.0013383
```

```
beta[3]    2.7478    0.15049    8.688e-04        0.0020446
beta[4]   -0.1477    0.01534    8.856e-05        0.0002109

2. Quantiles for each variable:

           2.5%      25%      50%      75%    97.5%
beta[1] -2.6761  -1.9661  -1.6390  -1.3306  -0.8066
beta[2]  0.1872   0.2206   0.2401   0.2606   0.3038
beta[3]  2.4483   2.6472   2.7501   2.8499   3.0368
beta[4] -0.1788  -0.1578  -0.1472  -0.1371  -0.1190
```

추정된 회귀계수로부터 반응변수의 추정치를 관측치와 비교하여 보자. 추정치와 관측치가 매우 유사함을 볼 수 있다(그림 8.2).

```
mcmcSamples=as.matrix(codaSamples)
beta.hat=apply(mcmcSamples,2,mean)
lambda.hat=exp(X%*%beta.hat)
points(n.day, y, xlab="day", ylab="n_diag")
lines(n.day, lambda.hat, col=2)
points(n.day, lambda.hat, col=2, pch='*')
```

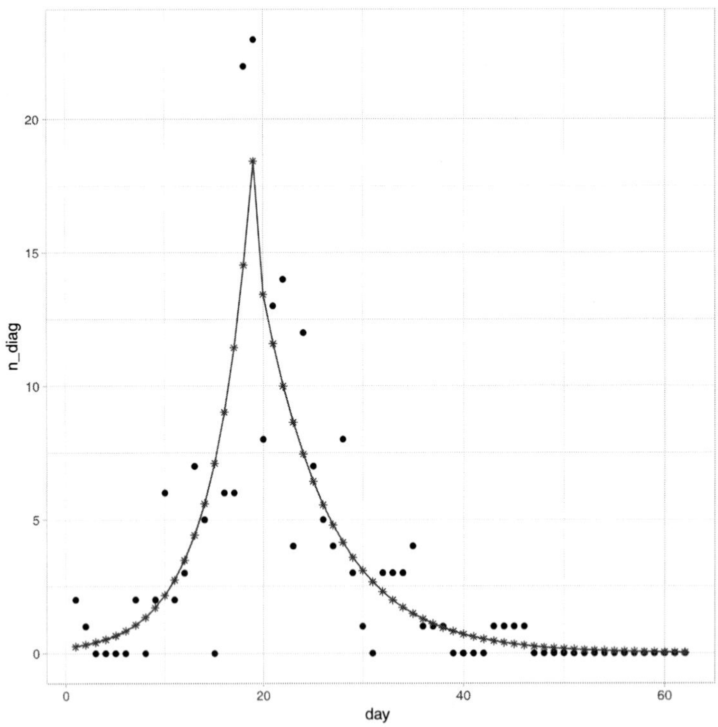

그림 8.2 메르스 신규확진 환자의 수(•)와 추정치(*)

MCMC 표본을 이용한 베이지안 추론에서 모형 적합도를 나타내는 측도로는 DIC (Deviance Information Criteria)가 주로 사용된다. DIC는 Spiegelhalter et al.(2002)가 제안한 모형의 적합도(Goodness of fit)를 나타내는 측도로 적합이 잘 될수록 작은 값을 갖는다. 벡터 모수 $\boldsymbol{\theta}_m$을 갖는 모형 m의 DIC는

$$DIC(m) = 2\overline{D(\boldsymbol{\theta}_m, m)} - D(\overline{\boldsymbol{\theta}_m}, m) = D(\overline{\boldsymbol{\theta}_m}, m) + 2P_m \tag{8.3}$$

이다. 여기에서 deviance $D(\boldsymbol{\theta}_m, m)$은

$$D(\boldsymbol{\theta}_m, m) = -2\log f(y|\boldsymbol{\theta}_m, m)$$

이고, $\overline{D(\boldsymbol{\theta}_m, m)}$은 deviance의 사후평균, $\overline{\boldsymbol{\theta}_m}$은 $\boldsymbol{\theta}_m$의 사후평균이다. P_m은

$$P_m = \overline{D(\boldsymbol{\theta}_m, m)} - D(\overline{\boldsymbol{\theta}_m}, m)$$

으로 정의하며 모형 m에서 유효한 모수의 수(the number of effective parameters for model)라고 해석할 수 있다. 참고로 DIC는 사후분포가 대략 단봉이고(unimodal) 대칭적일 때 적절하며 그렇지 않을 때는 주의가 필요하다(Spiegelhalter et al., 2003). **dic.samples** 명령을 사용하여 모형 (8.3)의 DIC를 계산해보자. 참고로, DIC는 초기치에 따라 민감하게 달라질 수 있으므로 충분히 큰 반복수를 사용하는 것이 좋다.

```
jagsModel.pois=jags.model(file="model_pois.txt", data=dataList, inits=initsList,
                          n.chains=3, n.adapt=1000)
dic.pois=dic.samples(jagsModel.pois, 10000); dic.pois

Mean deviance: 192.9
penalty 3.941
Penalized deviance: 196.9
```

DIC를 이용한 모형 비교 예시를 위하여 day 변수의 제곱항을 추가한 다음 모형에 대한 DIC를 계산해 보기로 하자.

$$\log(\lambda_{1i}) = \alpha_1 + \beta_1 day_i + \gamma_1 day_i^2$$
$$\log(\lambda_{2i}) = \alpha_2 + \beta_2 (day_i - 19) + \gamma_2 (day_i - 19)^2$$

```
X2=cbind(x1, x2, x2*x2, x3, x4, x4*x4)
p=ncol(X2)
```

```
mu.beta=rep(0, p)
Tau.beta=rep(0.01, p)
dataList=list(p=p, y=y, X=X2, mu.beta=mu.beta, Tau.beta=Tau.beta)
initsList=list(beta=mu.beta)
jagsModel.pois2=jags.model(file="model_pois.txt", data=dataList, inits=initsList,
                            n.chains=3, n.adapt=1000)
dic.pois=dic.samples(jagsModel.pois2,10000); dic.pois

Mean deviance: 188.6
penalty 5.784
Penalized deviance: 194.4
```

제곱항이 없는 모형과 DIC 값이 거의 차이가 없으므로 두 모형의 적합도는 차이가 없다고 보며 그렇다면 보다 간단한 제곱항이 없는 모형이 더 적합하다고 볼 수 있다.

예 8.2 한국 프로 축구팀들의 Korea 리그(KL)가 해마다 많은 관심 속에 열리고 있다. 프로 축구의 인기가 높아지면서 각 팀의 스코어(골 득점수)에 대한 추론은 전 세계적으로 흥미있는 주제이다. 일찍이 프로 축구 팀 경기가 활발한 유럽에서는 경기에 참가하는 두 팀을 홈팀과 어웨이팀으로 구분하여 홈 경기인지 어웨이 경기인지에 따라 팀의 스코어를 추정하는 모형이 Maher(1982)에 의해 제안되었고, 이 모형을 기반으로 한 추론이 Karlis and Ntzoufras(2000, 2008) 등에 의해 수행되었다. Maher(1982)의 모형을 KL 스코어 자료에 적용하여 분석해보자. 자료는 KL 홈페이지에 제공된 2017년도 KL 경기의 스코어 자료이다. 총 232경기가 2017년에 있었고 이에 대한 자료의 일부는 다음과 같다. team1과 team2는 각각 홈팀과 에웨이팀의 이름이고 score1과 score2는 각각 홈팀과 에웨이팀의 득점수를 나타낸다.

```
KL=read.csv("KL1.csv") #dim: 232    5
head(KL)

  team1 team2 score1 score2 hometeam
1  광주  대구      1      0     광주
2  상주  강원      1      2     상주
3  울산  포항      2      1     울산
4  서울  수원      1      1     서울
5  인천  제주      0      1     인천
6  전북  전남      2      1     전북
```

그런데 각 팀이 치른 홈경기 수와 어웨이 경기 수를 보면 부산, 아산, 성남은 2017년에

홈경기와 어웨이 경기 수가 0 ~ 2개로 이 세 팀은 리그전을 완전히 치르지 않았음을 알 수 있다. 특히 성남은 홈경기가 하나도 없어 추정이 어려운 문제가 발생한다. 총 15팀 중 부산, 아산, 성남을 제외한 나머지 12개 팀의 자료에 대하여 포아송 로그 선형모형을 적용하여 보자. 이 세 팀의 경기를 제외하면 4경기가 제외되어 총 228개 경기를 분석에 사용한다.

```
table(KL$team1)

 강원 광주 대구 부산 상주 서울 수원 아산 울산 인천 전남 전북 제주 포항
  19   19   19    2   20   19   19    1   19   19   19   19   19   19

table(KL$team2)


강원 광주 대구 부산 상주 서울 성남 수원 아산 울산 인천 전남 전북 제주 포항
 19   19   19    1   20   19    1   19    1   19   19   19   19   19   19

install.packages("ggmcmc")
install.packages("tidyverse")

library(ggmcmc)
library(tidyverse)

# 4(부산) 7(성남) 9(아산) 제거
KL=KL%>%filter(team1!="부산"&team1!="성남"&team1!="아산"&
                    team2!="부산"&team2!="성남"&team2!="아산") #dim 228    5
```

12개 팀에 대하여 새로운 일련번호를 부여하고 이를 데이터에 추가하는 작업을 수행하면 새로운 자료는 다음과 같다.

```
name.team1=data.frame(num.team1=1:12, team1=c("강원","광주","대구","상주","서울",
                                      "수원","울산","인천","전남","전북","제주","포항"))
name.team2=data.frame(num.team2=1:12, team2=c("강원","광주","대구","상주","서울",
                                      "수원","울산","인천","전남","전북","제주","포항"))

 KL=merge(KL, name.team1, by=c("team1"))
 KL=merge(KL, name.team2, by=c("team2"))
```

Maher(1982)의 모형은 다음과 같다. KL의 i번째 경기에 참여한 두 팀 중 홈팀을 HT_i, 어웨이팀을 AT_i라 하고, 홈팀의 골 득점 수를 Y_{i1}, 어웨이팀의 골 득점 수를 Y_{i2}라고 할 때, $i=1,\cdots,n$에 대하여

$$\begin{aligned} Y_{i1} &\sim Poi(\lambda_{i1}) \\ Y_{i2} &\sim Poi(\lambda_{i2}) \\ \log(\lambda_{i1}) &= \mu + \text{home} + a_{HT_i} + d_{AT_i} \\ \log(\lambda_{i2}) &= \mu \qquad\quad + a_{AT_i} + d_{HT_i} \end{aligned} \tag{8.4}$$

를 가정하고 또한 Y_{i1}과 Y_{i2}의 독립성을 가정한다. μ는 상수항, home은 홈팀효과(home effect), a_k는 k팀의 공격능력(attack skill), d_k는 k팀의 방어능력(defense skill)을 나타내는 모수이다. 예를 들어 i번째 경기에서 1번 팀(홈팀)과 2번 팀(어웨이팀)이 만났을 때, 홈팀인 1번 팀 스코어는 평균 λ_{i1}인 포아송 분포를 따르는데 $\log(\lambda_{i1})$은 상수항 μ, 홈팀효과 home, 1번 팀의 공격능력 a_1, 어웨이팀인 2번 팀의 방어능력 d_2의 합으로 이루어진다. 반면 어웨이팀인 2번 팀 스코어의 로그 평균 $\log(\lambda_{i2})$는 상수항 μ, 2번 팀의 공격능력 a_2, 1번 팀의 방어능력 d_1의 합으로 이루어진다.

공격능력과 방어능력은 상대적인 것이므로 제로섬을 가정하여

$$\sum_{k=1}^{K} a_k = \sum_{k=1}^{K} d_k = 0 \tag{8.5}$$

과 같이 제약조건을 부여하면, $a_k > 0$인 팀은 KL 팀 평균보다 공격능력이 우수한 팀이고 $a_k < 0$인 팀은 반대로 KL 팀 평균보다 공격력이 떨어지는 팀임을 의미한다. 방어능력을 나타내는 모수 d_k에 대해서도 마찬가지로 $d_k > 0$은 상대적으로 방어능력 좋음, $d_k < 0$은 나쁨을 의미한다.

JAGS를 활용하여 모수의 사후표본을 추출하기 위한 코드는 다음과 같다. 식 (8.5)의 제한조건을 만족하기 위해 $a_2,\cdots,a_k,d_2,\cdots,d_k$는 랜덤노드로 지정하고 $a_1=-\sum_{k=2}^{K} a_k$, $d_1=-\sum_{k=2}^{K} d_k$로 설정하였다. 또한 모든 모수에 대한 사전분포로 $N(0,100^2)$를 사용하였다. μ와 home의 초기치는 0으로 설정하였고 a_k와 d_k의 초기치는 설정하지 않았다. 랜덤노드의 초기치를 설정하지 않으면 JAGS에서 임의의 값을 부여하므로 오류가 나지는 않으나 MCMC 수렴을 위해서는 좋은 초기치를 설정해주는 것이 좋다.

```
modelString="
model{
```

```
for(i in 1:n){
y1[i]~dpois(lambda1[i])
y2[i]~dpois(lambda2[i])
log(lambda1[i])=mu+home+a[ht[i]]+d[at[i]]
log(lambda2[i])=mu+a[at[i]]+d[ht[i]]
}

for(k in 2:K){
a[k] ~ dnorm(0, 0.0001)
d[k] ~ dnorm(0, 0.0001)
}
a[1]=-sum(a[2:K])
d[1]=-sum(d[2:K])

mu ~ dnorm(0, 0.0001)
home ~ dnorm(0, 0.0001)
}
"
writeLines(modelString, "model_soccer_pois.txt")


y1=KL$score1; y2=KL$score2
ht=KL$num.team1; at=KL$num.team2
n=nrow(KL)
K=length(unique(KL$team1))
initsList=list(mu=0, home=0)
dataList=list(n=n, K=K, at=at, ht=ht, y1=y1, y2=y2)

jagsModel=jags.model("model_soccer_pois.txt", inits=initsList, data=dataList,
n.chains=3, n.adapt=1000)
update(jagsModel, n.iter=3000)
codaSamples=coda.samples(jagsModel, variable.names=c("a", "d", "mu", "home"),
n.chains=3, n.iter=10000)

#-------- inference -----------------
coda::gelman.diag(codaSamples)
summary(codaSamples)

mcmcSamples=as.matrix(codaSamples)
para.hat=apply(mcmcSamples, 2, mean)
para.hat2=apply(mcmcSamples, 2, sd)
```

MCMC 표본을 이용하여 각 팀의 공격능력(변수 a)과 방어능력(변수 d)을 추정하여 이를 caterpillar plot으로 그린 것이 그림 8.3과 그림 8.4이다. 공격능력은 전북, 포항, 수원, 강원, 제주 순서로 평균보다 우수하고 인천, 광주, 상주, 울산 순으로 평균보다 나쁘다. 반면 방어능력은 전남, 상주, 강원, 포항, 광주 순으로 우수하고 전북, 제주, 수원, 서울, 울산 순으로 나쁘다. 각 팀을 들여다보면, 전북 팀은 공격능력이 최상이나 방어능력은 최하로 공격에 집중하는 팀이다. 포항과 강원은 공격과 방어능력 둘 다 평균보다 우수하다. 광주와 상주는 공격능력은 평균보다 못하지만 방어능력은 평균보다 우수하다. 울산은 공격과 방어 둘 다 평균보다 떨어지는 양상을 보인다.

```
ind.a=which(unlist(lapply(strsplit(varnames(codaSamples), split=""), function(x)
x[1]))=="a")
ind.d=which(unlist(lapply(strsplit(varnames(codaSamples), split=""), function(x)
x[1]))=="d")

aa=sort(c("강원","광주","대구","상주","서울","수원",
          "울산","인천","전남","전북","제주","포항"))


P1=c()
P2=c()
for (i in 1:K){
  P1[i]=paste("a", "[",i,"]", sep="")
  P2[i]=paste("d", "[",i,"]", sep="")
}
P1=data.frame(Parameter=P1, Label=aa)
P2=data.frame(Parameter=P2, Label=aa)

ggs1=ggs(codaSamples[,ind.a], par_labels=P1)
p1=ggs_caterpillar(ggs1)
p1=p1+geom_vline(xintercept=0, col="red")
plot(p1)

ggs2=ggs(codaSamples[,ind.d], par_labels=P2)
p2=ggs_caterpillar(ggs2, horizontal=TRUE)
p2=p2+geom_vline(xintercept=0, col="red")
plot(p2)
```

우리가 고려한 12팀의 2017년 227번째 경기는 서울:제주, 228번째 경기는 전북:수원의 경기였고 실제 스코어는 서울:제주가 3:2, 전북:수원이 2:3이었다.

```
tail(KL)
    team1 team2 score1 score2 hometeam
223  광주  포항    0     4     광주
224  대구  전남    1     0     대구
225  인천  상주    2     0     인천
226  강원  울산    1     2     강원
227  서울  제주    3     2     서울
228  전북  수원    2     3     전북
```

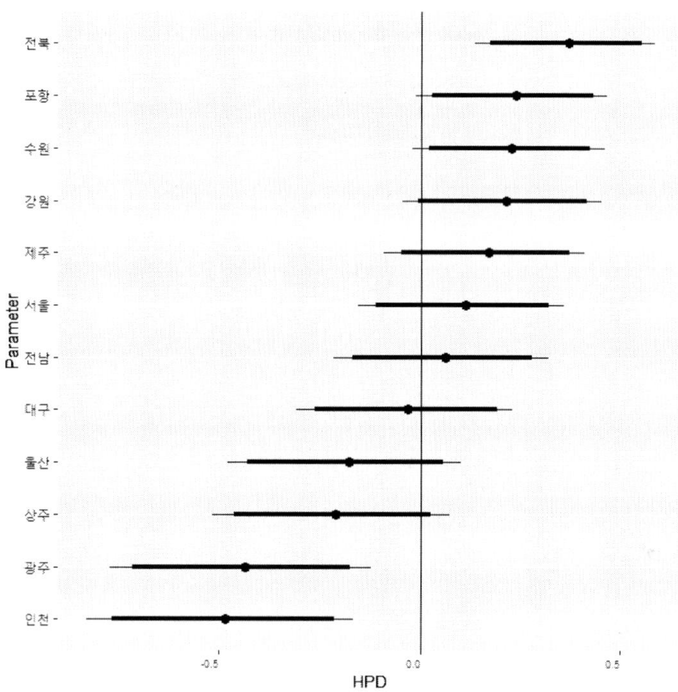

그림 8.3 K-리그 팀의 공격능력

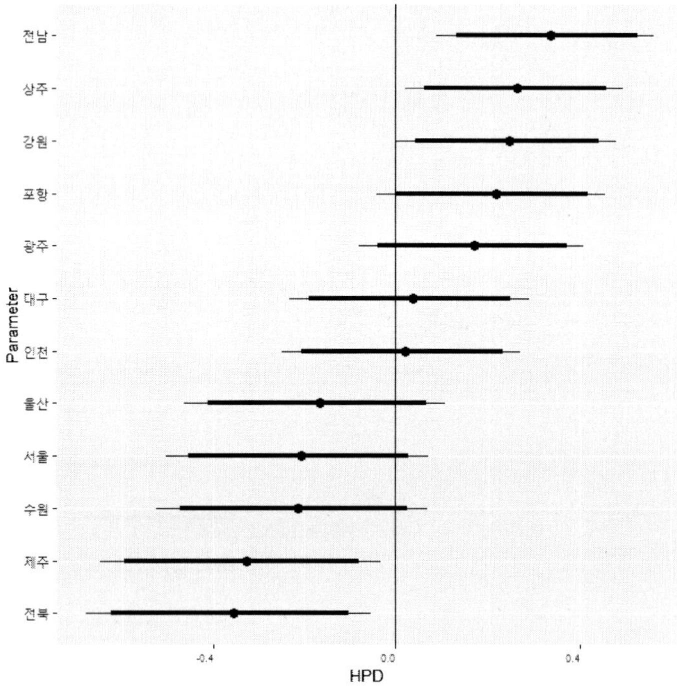

그림 8.4 K-리그 팀의 방어능력

이 두 경기의 결과를 모른다고 가정하고 226번째 경기까지의 스코어를 사용하여 마지막 두 경기의 결과를 예측하여 보자. 모수 μ, $home$, $\{a_k\}$, $\{d_k\}$의 추정치로 예측치를 구할 수도 있지만, 간편하게 JAGS에서 직접 예측치를 구할 수도 있다. 자료에서 $y_{227,1}=y_{227,2}=y_{228,1}=y_{228,2}=NA$로 분실값을 지정한 후 JAGS를 실행하면 이들 분실값을 모수처럼 취급하여 MCMC 표본이 생성되므로 표본으로부터 예측치를 구할 수 있다.

```
#--Prediction-----------------------------------------
y1[227:228]=y2[227:228]=NA
initsList=list(mu=0, home=0)
dataList=list(n=n, K=K, at=at, ht=ht, y1=y1, y2=y2)
jagsModel.pois=jags.model("model_soccer_pois.txt", inits=initsList, data=dataList,
n.chains=3, n.adapt=1000)
update(jagsModel.pois, n.iter=3000)
variable.names=c("a", "d", "mu", "home", "y1[227]", "y1[228]", "y2[227]", "y2[228]")
codaSamples=coda.samples(jagsModel.pois, variable.names=variable.names,
n.chains=3, n.iter=10000)

summary(codaSamples)
```

```
Iterations=4001:14000
Thinning interval=1
Number of chains=3
Sample size per chain=10000

1. Empirical mean and standard deviation for each variable,
   plus standard error of the mean:

              Mean      SD   Naive SE  Time-series SE
a[1]       0.21863 0.12795  0.0007387       0.0004106
a[2]      -0.44149 0.16679  0.0009630       0.0020217
a[3]      -0.02942 0.13611  0.0007858       0.0015554
a[4]      -0.20065 0.15140  0.0008741       0.0018180
a[5]       0.08050 0.13302  0.0007680       0.0014911
a[6]       0.19922 0.12581  0.0007263       0.0013385
a[7]      -0.17226 0.14874  0.0008587       0.0017094
a[8]      -0.47810 0.16729  0.0009658       0.0020785
a[9]       0.06574 0.13354  0.0007710       0.0014204
a[10]      0.36039 0.11693  0.0006751       0.0011912
a[11]      0.15643 0.12803  0.0007392       0.0014151
a[12]      0.24100 0.12209  0.0007049       0.0013514
d[1]       0.26050 0.12265  0.0007081       0.0003777
d[2]       0.18017 0.12501  0.0007217       0.0014187
d[3]       0.04702 0.13526  0.0007809       0.0015163
d[4]       0.27622 0.12078  0.0006973       0.0013118
d[5]      -0.21573 0.15382  0.0008881       0.0019177
d[6]      -0.21745 0.15197  0.0008774       0.0018953
d[7]      -0.15228 0.14225  0.0008213       0.0017448
d[8]       0.03290 0.13393  0.0007733       0.0016188
d[9]       0.34435 0.11844  0.0006838       0.0012570
d[10]     -0.40723 0.17000  0.0009815       0.0021128
d[11]     -0.37293 0.16562  0.0009562       0.0020612
d[12]      0.22446 0.12680  0.0007321       0.0014720
home       0.11603 0.08070  0.0004659       0.0010479
mu         0.16788 0.06077  0.0003508       0.0008384
y1[227]    1.01253 1.03041  0.0059491       0.0066499
y1[228]    1.56253 1.28893  0.0074417       0.0077389
y2[227]    1.14410 1.09680  0.0063324       0.0070477
y2[228]    0.99570 1.02647  0.0059264       0.0064183

2. Quantiles for each variable:

              2.5%       25%      50%      75%    97.5%
```

```
a[1]     -0.039851   0.133061   0.22106   0.30679   0.46178
a[2]     -0.779657  -0.552257  -0.43514  -0.32706  -0.13382
a[3]     -0.303879  -0.119546  -0.02684   0.06359   0.23115
a[4]     -0.507922  -0.300700  -0.19732  -0.09664   0.08882
a[5]     -0.183141  -0.008357   0.08196   0.17124   0.33376
a[6]     -0.056730   0.116152   0.20268   0.28507   0.43773
a[7]     -0.472720  -0.271662  -0.16821  -0.07024   0.11248
a[8]     -0.813957  -0.589330  -0.47426  -0.36202  -0.15974
a[9]     -0.201105  -0.024288   0.06866   0.15792   0.31940
a[10]     0.126990   0.281920   0.36231   0.44054   0.58228
a[11]    -0.102772   0.072030   0.15782   0.24453   0.40057
a[12]    -0.005898   0.160124   0.24336   0.32504   0.47180
d[1]      0.012988   0.179229   0.26265   0.34462   0.49396
d[2]     -0.072750   0.096883    .18114   0.26646   0.41976
d[3]     -0.231685  -0.041044   0.04973   0.13874   0.30449
d[4]      0.030822   0.196587   0.27911   0.35890   0.50630
d[5]     -0.527989  -0.316751  -0.21167  -0.11124   0.07873
d[6]     -0.524510  -0.316976  -0.21481  -0.11304   0.06904
d[7]     -0.438833  -0.246659  -0.14930  -0.05454   0.11572
d[8]     -0.234518  -0.055886   0.03597   0.12418   0.28700
d[9]      0.102973   0.265485   0.34690   0.42518   0.57175
d[10]    -0.754648  -0.518876  -0.40199  -0.29178  -0.08620
d[11]    -0.702639  -0.483118  -0.37032  -0.26019  -0.05776
d[12]    -0.028965   0.140106   0.22575   0.31061   0.46871
home     -0.040455   0.061149   0.11538   0.16983   0.27531
mu        0.045214   0.126840   0.16891   0.20906   0.28513
y1[227]   0.000000   0.000000   1.00000   2.00000   3.00000
y1[228]   0.000000   1.000000   1.00000   2.00000   5.00000
y2[227]   0.000000   0.000000   1.00000   2.00000   4.00000
y2[228]   0.000000   0.000000   1.00000   2.00000   3.00000
```

실제 스코어를 모른다고 했을 때 서울:제주의 예측 평균 스코어는 1.01:1.14, 전북:수원의 예측 평균 스코어는 1.57:1.00이다. 그러나 95% 사후구간을 보았을 때는 구간이 서울:제주의 경우 (0~3):(0~4), 전북:수원의 경우 (0~5):(0~3)으로 구간이 너무 넓어 정확한 예측이 어렵다. 50% 사후구간을 보았을 때는 서울:제주의 경우 (0~2):(0~2), 전북:수원의 경우 (1~2):(0~2)이다. 종합적으로 보았을 때 서울:제주는 비길 것으로 예측되며 전북:수원은 전북이 이길 확률이 크다. 따라서 실제 경기에서 서울:제주(3 대 2) 경기는 서울이 평소보다 잘 한 것이며 전북:수원 경기(2 대 3)는 수원이 평소보다 잘 한 것으로 볼 수 있다.

축구는 다른 스포츠에 비하여 경기당 골 득점수가 매우 작고 팀의 전력 외의 변수가 많이 작용하는 스포츠여서 골 득점수나 승패의 예측이 쉽지 않다. 우리는 코리안 리그 12팀의 228번 경기 자료를 사용하였는데 보다 더 좋은 예측을 위해서는 더 많은 자료가 필요한 것으로 보인다. 참고로, 총 228번의 경기 중 서울:제주의 경기는 227번째 경기를 제외하면 2번의 경기가 있었고 스코어는 두 경기 모두 0:0이었다. 또한 전북:수원의 경기는 228번째 경기를 제외하면 단 한 번이었고 스코어는 2:0으로 전북의 승리였다.

```
KL2=cbind(c(1:nrow(KL)), KL)
KL2%>%filter(team1=="서울"&team2=="제주")
  c(1:nrow(KL)) team1 team2 score1 score2 hometeam
1            26  서울   제주      0      0     서울
2           163  서울   제주      0      0     서울
3           227  서울   제주      3      2     서울
> KL2%>%filter(team1=="전북"&team2=="수원")
  c(1:nrow(KL)) team1 team2 score1 score2 hometeam
1            73  전북   수원      2      0     전북
2           228  전북   수원      2      3     전북
```

모형 (8.4)에서는 Y_{i1}과 Y_{i2}가 독립이라고 가정하였는데, 사실 이 둘은 서로 연관성이 있을 가능성이 크므로 축구 스코어에 대하여 독립 모형보다는 연관성을 가정한 모형을 사용하는 것이 더 바람직할 수 있다. 또한 축구경기에서는 골 득점이 없는 0인 관측치가 포아송 분포에 비하여 과도하게 많이 발생하는 경우가 있는데 이러한 자료에 대해서는 포아송 모형이 적절치 않고 영과잉을 반영한 모형을 고려할 필요성이 있을 수 있다(Karlis and Ntzoufras, 2008).

8.2 음이항 로그 선형모형

포아송 모형에서는 평균과 분산이 동일한 값을 갖는다. 그러나 많은 실제 카운트 자료에서 분산이 평균보다 큰 과분산(over-dispersion)이 관측되며 이러한 자료에 포아송 모형을 적용하는 것은 부적절할 수 있다. 과분산 카운트 자료에 포아송을 대체할 수 있는 분포로는 음이항 분포가 있다.

변수 Y가 모수 π와 $r(0<\pi<1, r>0)$을 갖는 음이항 분포를 따를 때,

$$P(Y=y|\pi,r)=\frac{\Gamma(y+r)}{y!\Gamma(r)}\pi^r(1-\pi)^y,\ y=0,1,\cdots \tag{8.6}$$

이며 $E(Y)=r(1-\pi)/\pi$, $Var(Y)=r(1-\pi)/\pi^2$이다. DI(Dispersion index)= $Var(Y)/E(Y)=1/\pi$이므로 π값에 따라 과분산을 반영할 수 있다.

일반적인 음이항 분포 (8.6) 대신 모수 λ를 $\lambda=r(1-\pi)/\pi$로 정의하면, $\pi=\frac{r}{r+\lambda}$ 관계가 성립한다. 모수 λ와 r을 사용하면

$$P(Y=y|\lambda,r)=\frac{\Gamma(y+r)}{y!\Gamma(r)}\left(\frac{r}{r+\lambda}\right)^r\left(\frac{\lambda}{r+\lambda}\right)^y,\ y=0,1,\cdots \quad (8.7)$$

이며 이때 $E(Y)=\lambda$, $Var(Y)=\lambda(\lambda+r)/r$이다.

모형 (8.7)을 포아송-감마 합성 모형(Poisson-Gamma Mixture Model)으로 표현할 수도 있다.

$$Y|\lambda,\eta\sim Poi(\lambda\eta),\ \eta\sim Gamma(r,r) \quad (8.8)$$

일 때, Y의 주변 분포를 구하면

$$P(Y=y)=\int_0^\infty P(Y|\lambda,\eta)f(\eta)d\eta$$

가 식 (8.7)로 주어지기 때문이다.

음이항 로그 선형모형은 다음과 같다.

$$\begin{aligned} &Y_i\sim NB(\pi_i,r_i), \qquad \pi_i=r_i/(r_i+\lambda_i), \\ &\log(\lambda_i)=\boldsymbol{x}_i\beta \end{aligned} \quad (8.9)$$

예 8.3 KL 자료에 대하여 음이항 로그 선형모형을 적용한 분석을 수행하여 보자. JAGS 모형설정문은 다음과 같다.

```
modelString="
model{
for(i in 1:n){
y1[i]~dnegbin(pi1[i],r1[i])
pi1[i]=r1[i]/(r1[i]+lambda1[i])
y2[i]~dnegbin(pi2[i], r2[i])
pi2[i]=r2[i]/(r2[i]+lambda2[i])
log(lambda1[i])=mu+home+a[ht[i]]+d[at[i]]
log(lambda2[i])=mu+a[at[i]]+d[ht[i]]
r1[i]~dgamma(0.001, 0.001)
r2[i]~dgamma(0.001, 0.001)
```

```
}

for(k in 2:K){
a[k] ~ dnorm(0, 0.0001)
d[k] ~ dnorm(0, 0.0001)
}
a[1]=-sum(a[2:K])
d[1]=-sum(d[2:K])

mu ~ dnorm(0, 0.0001)
home ~ dnorm(0, 0.0001)

}
"
writeLines(modelString, "model_soccer_nb.txt")
```

MCMC 표본으로부터 공격능력과 방어능력을 추정한 결과는 그림 8.5, 그림 8.6과 같다. 포아송 분포를 적용했을 때와 비교하면 팀의 순위는 변함이 없으나 분산이 더 크게 추정되어 사후구간의 길이가 길어졌음을 볼 수 있다.

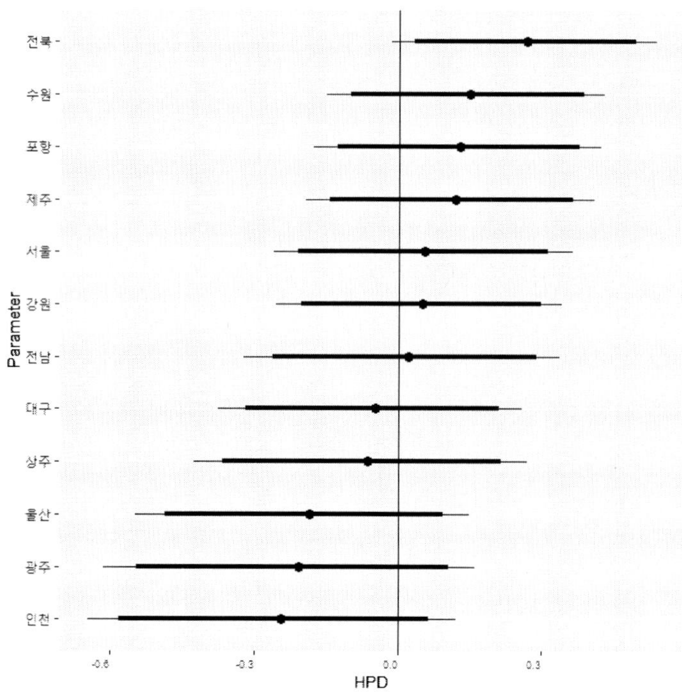

그림 8.5 음이항 분포를 적용한 K-리그 팀의 공격능력

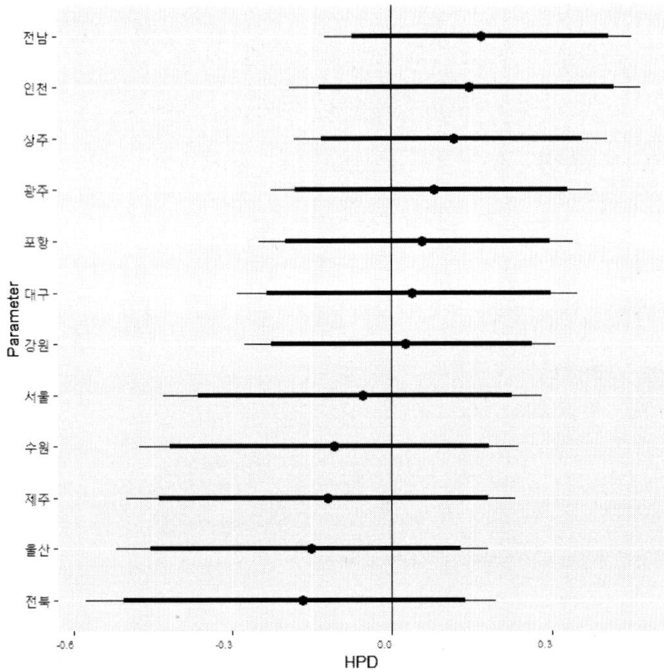

그림 8.6 음이항 분포를 적용한 K-리그 팀의 방어능력

포아송 모형과 음이항 모형을 비교하기 위하여 두 모형의 DIC를 비교하여 보자.

```
jagsModel.pois=jags.model("model_soccer_pois.txt", inits=initsList, data=dataList, n.chains
=3, n.adapt=1000)
jagsModel.nb=jags.model("model_soccer_nb.txt", inits=initsList, data=dataList, n.chains
=3, n.adapt=1000)
dic.pois=dic.samples(jagsModel.pois, 10000)
dic.nb=dic.samples(jagsModel.nb, 10000)
dic.pois;


Mean deviance: 1303
penalty 24
Penalized deviance: 1327

dic.nb;

Mean deviance: 1160
penalty 180.5
Penalized deviance: 1341
```

결과를 보면 음이항 모형이 mean deviance는 작지만 penalty가 상대적으로 크기 때문에 최종 DIC는 더 크므로 포아송 모형이 더 적절하다. 음이항 모형의 penalty가 큰 주요 원인은 음이항 분포에서 각각 다른 r_i를 사용하여 모수의 수가 크게 늘었기 때문이다. 모수의 수를 줄이기 위하여 모든 i에 같은 모수 r을 사용하는 음이항 분포를 적용하여 본 결과 아래와 같이 DIC가 포아송 모형과 차이가 없으므로 같은 모수 r을 사용하는 음이항 모형도 포아송 모형의 적합도를 개선시키지 않음을 알 수 있다.

```
Mean deviance: 1304
penalty 24.01
Penalized deviance: 1328
```

결론적으로, 2017년 KL 스코어 자료에 대한 분석에는 음이항 모형보다는 포아송 모형이 더 적절하다고 볼 수 있다.

참고문헌

- Karlis, D. and Ntzoufras, I. (2000), On modelling soccer data, *Student*, 3(4), 229-244.
- Karlis, D. and Ntzoufras, I. (2008), Bayesian modelling of football outcomes: using the Skellam's distribution for the goal difference, *IMA Journal of Management* Mathematics, 20, 133–145.
- Maher, MJ. (1982), Modelling association football scores, *Statistica Netherlandica*, 36, 109-118.
- Spiegelhalter, D. J., Best, N. G., Carlin, B. P., & Van Der Linde, A. (2002), Bayesian measures of model complexity and fit. *Journal of the Royal Statistical Society. Series B: Statistical Methodology*, 64(4), 583-616.
- Spiegelhalter DJ, Thomas A, Best NG, Lunn D (2003), *WinBUGS Version 1.4 Users Manual*. MRC Biostatistics Unit, Cambridge. URL http://www.mrc-bsu.cam.ac.uk/bugs/.

9장

영과잉 카운트 자료의 분석

많은 카운트 자료에서 0이 과도하게 많이 관측되는 영과잉(Zero-inflated) 현상을 볼 수 있다. 예를 들어 1년 동안 자동차 보험에 가입한 고객들이 자신의 차를 수리하는 비용인 자차비용을 청구하는 횟수를 조사해보면, 대부분 가입자가 한 번도 자차비용을 청구하지 않아 0이 매우 많은 비율을 차지함을 볼 수 있다. 또한 도시 내 교차로에서 일정 기간 발생하는 교통사고 건수를 조사해보면 교차로 대부분에서 사고 건수가 0으로 관측되는 영과잉 현상이 빈번히 발생한다. 0이 과도하게 많이 포함된 영과잉 카운트 자료에 대한 모형으로 8장의 포아송 또는 음이항 모형으로 자료를 설명하기에 적절치 않다. 이 절에서는 영과잉 카운트 자료의 분석에 사용되는 영과잉 포아송 회귀모형(Zero-Inflated Poisson(ZIP) Regression Model)과 영과잉 음이항 회귀모형(Zero-Inflated Negative Binomial(ZINB) Regression model)에 대한 베이지안 추론을 소개한다. ZIP와 ZINB에 대한 참고문헌은 Lambert (1992), Angers and Biswas (2003), Yau et al.(2003) 등이 있다.

9.1 영과잉 포아송 회귀모형

영과잉 포아송 모형에서는 두 가지 원인에 의하여 0 관측값이 발생한다고 가정한다. 첫째는 이항분포로부터 발생하는 구조적 제로(structural zero)이고 두 번째는 포아송 분포로부터 발생하는 0 관측값인 랜덤제로(random zero)이다. 예를 들면, 어떤 도시의 20세 이상 주민 중 랜덤으로 표본을 추출한 후 지난 1년 동안 자신의 잘못으로 사고가 발생했을 때 자신의 차를 수리하는 비용인 자차비용을 보험회사에 청구한 건수를 조사한다고 하자. 이때 청구건수 0은 두 가지 원인에 의해 발생할 수 있다. 첫째로는 자차비용에 대한 보험을 들지 않았으므로 보험을 청구하지 못하는 경우(structural zero)이고 둘째로는 자차비용을 커버하는 보험을 가입하였으나 자차비용을 청구하지 않은 경우(random zero)이다. 구조적 제로를 원조 제로(genuine zero)라고도 한다. 자차비용 조사에서는 원조 제로로 인하여 포아송 분포에서 발생하는 자료에 비하여 0이 과도하게 관측될 것이다.

설명변수가 $\boldsymbol{x}_i = (x_{i1},\ldots,x_{ip})$이고 반응변수 Y_i가 $0,1,2,3,\ldots$의 정수 값을 가질 때, 영과잉 포아송 회귀모형에서는 Y_i의 확률밀도함수를 다음과 같이 가정한다.

$$P(Y_i = y_i|\beta) = \begin{cases} I(y_i = 0) & with\ probability\ \omega, \\ p_i(y_i|\beta) & with\ probability\ 1-\omega \end{cases}$$

$$p_i(y_i|\beta) = \lambda_i^{y_i} e^{-\lambda_i}/y!, \quad y_i = 0,1,2,\ldots \tag{9.1}$$

$$\lambda_i = e^{\boldsymbol{x}_i\beta}$$

위 식에서 $I(A)$는 사건 A가 참이면 1, 아니면 0인 항등함수(identity function)이고, $p_i(\cdot|\beta)$는 평균이 $\lambda_i = e^{x_i\beta}$인 포아송 분포의 확률밀도함수이다. 다시 말하면, Y_i의 분포는 점확률(point mass) 분포와 포아송 분포의 합성분포이다. 식 (9.1)의 ZIP 회귀모형에서 Y_i의 기대치는 $(1-\omega)\lambda_i$이고 분산은 $(1-\omega)\lambda_i(1+\lambda_i\omega)$이다. 앞으로는 ZIP 회귀모형을 간단히 ZIP 모형으로 표현한다.

ZIP 모형을 잠재변수 S_i와 Y_i^*를 도입하여 표현할 수도 있다. 변수 S_i를 원조제로이면 1, 아니면 0 값을 갖는 이항변수로 정의하고, Y_i^*를 평균 λ_i를 갖는 포아송 분포를 따르는 변수로 정의하면 $Y_i = (1-S_i)Y_i^*$ 의 관계가 성립함을 알 수 있다. 다시 말하면, S_i=1이면 Y_i는 0에서 점확률을 갖고 S_i=0이면 Y_i는 포아송 분포를 따른다. 이를 정리하면 식 (9.2)와 같다.

$$\begin{aligned} &S_i \sim Ber(\omega), \\ &Y_i^* \sim Poi(\lambda_i),\ \log(\lambda_i) = \boldsymbol{x_i\beta} \\ &Y_i = (1-S_i)Y_i^* \end{aligned} \tag{9.2}$$

모형 (9.2)에서 관측값 0은 두 가지 분포로부터 발생 가능하다. $Y_i = 0$은 확률 ω로 원조 제로로부터 발생할 수 있고, 확률 $1-\omega$로 포아송 분포로부터 발생할 수 있다. 1 이상의 관측치는 확률 $1-\omega$로 포아송 분포에서만 발생한다. 즉,

$$\begin{aligned} &P(Y_i = 0|\beta) = \omega + (1-\omega)p_i(0|\beta) \\ &P(Y_i = y_i|\beta) = (1-\omega)p_i(y_i|\beta), \quad y_i = 1,2,\ldots \end{aligned}$$

이다. 따라서 β의 우도함수는 다음과 같이 주어진다.

$$L(\boldsymbol{\beta},\omega|y) = \prod_{i=1}^{n}[\omega + (1-\omega)p_i(0|\boldsymbol{\beta})]^{I(y_i=0)} \times \prod_{i=1}^{n}[(1-\omega)p_i(y_i|\boldsymbol{\beta})]^{I(y_i\neq 0)}$$

예 9.1 포아송 자료와 ZIP 자료의 특성을 비교하기 위하여 동일한 평균을 갖는 포아송 자료와 ZIP 자료를 각각 생성하여 히스토그램과 산점도를 그려보자. $n = 200$개의 난수 x_i를 $N(0,1)$로부터 생성하여 고정하고, 모형 (9.2)에서 $\omega = 0.4$, $\lambda_i = e^{1+x_i}$를 갖는 ZIP 자료 Y_i를 생성하면 Y_i의 기대치는 $(1-\omega)\lambda_i$이다. 그림 9.1은 동일한 기대치를 갖는 포아송 자료 Z_i를 생성하여 두 자료 Y_i와 Z_i의 히스토그램과 산점도를 비교한 것이다. 그림을 보면 포아송 자료에 비하여 ZIP 자료의 0 빈도가 상대적으로 큼을 보여준다. 특히 산점도는 설명변수값이 커짐에도 관계없이 반응변수값이 0이 관측되는

원조제로의 존재를 뚜렷이 보여준다.

```
#Poisson 데이터와 ZIP 데이터
omega=0.4
n=200
x=rnorm(n)
U=rbinom(n,1,omega)
mu=exp(rep(1,n)+x)
zip.y=U*0+(1-U)*rpois(n,mu)
mean.zipy=(1-omega)*mu
poi.y=rpois(n,mean.zipy)
table(poi.y); table(zip.y)
poi.y
 0  1  2  3  4  5  6  7  8  9 10 12 16 18 21 23 29 46
42 56 37 12 14  9  9  4  4  4  1  1  1  1  2  1  1  1
zip.y
 0  1  2  3  4  5  6  7  8  9 10 12 13 14 15 17 24 28 34
94 22 21 19 11  7  5  4  3  3  1  2  2  1  1  1  1  1  1

par(mfrow=c(2,2))
hist(poi.y, freq=FALSE, breaks=c(-0.5:max(zip.y)), ylim=c(0,0.6), xlab="Poisson",
main="", col=4)
hist(zip.y, freq=FALSE, breaks=c(-0.5:(max(zip.y)+1)), ylim=c(0,0.6), xlab="ZIP",
main="", col=4)
plot(exp(1+x), poi.y, xlim=c(0,40), ylim=c(0,30), main="", xlab="exp(1+x)", col=4, pch=16)
plot(exp(1+x), zip.y, xlim=c(0,40), ylim=c(0,30), main="", xlab="exp(1+x)", col=4, pch=16)
```

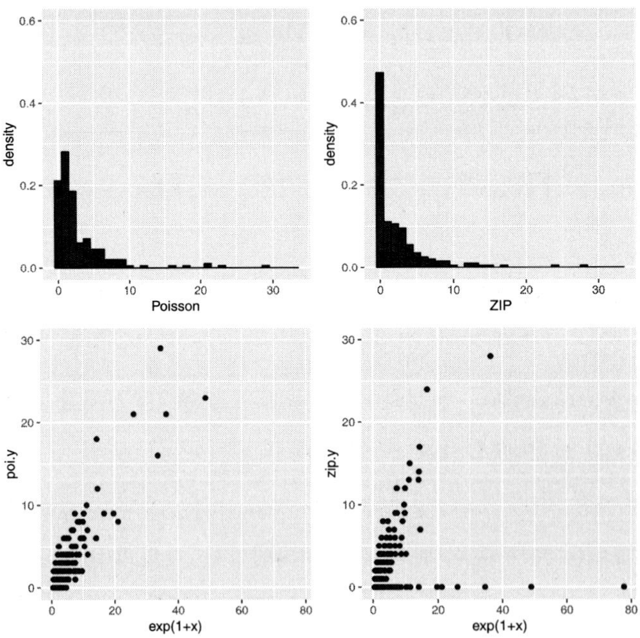

그림 9.1 포아송 자료와 영과잉 포아송 자료

ZIP 자료에 대하여 영과잉 특성을 무시하고 일반적인 포아송 자료에 적용하는 로그 선형모형을 적합시켜 보자. 그림 9.2는 자료 Y_i의 히스토그램(왼쪽)과 로그 선형모형으로부터 추정된 $\widehat{Y}_i$의 히스토그램(오른쪽)이 확연히 다름을 보여준다. 따라서 영과잉 자료에 대하여 일반적 포아송 모형이 아닌 영과잉 특성을 반영한 적절한 모형을 적용하는 것이 중요하다.

```
#---- fit Poisson loglinear model ----#
glm.summary=glm(zip.y ~ x, family=poisson(link="log"))
beta.pois=as.vector(glm.summary$coefficients)
zipyhat.pois=exp(beta.pois[1]+beta.pois[2]*x)
SSE.pois=sum((zip.y-zipyhat.pois)^2/n)

par(mfrow=c(1,2))
hist(zip.y, freq=FALSE, breaks=c(-0.5:(max(zip.y)+1)), ylim=c(0,0.6),
     main="", xlab="zip data", col=4)
hist(zipyhat.pois, freq=FALSE, breaks=c(-0.5:(max(zip.y)+1)), ylim=c(0,0.6),
     main="", xlab="log-linear fit", col=4)
```

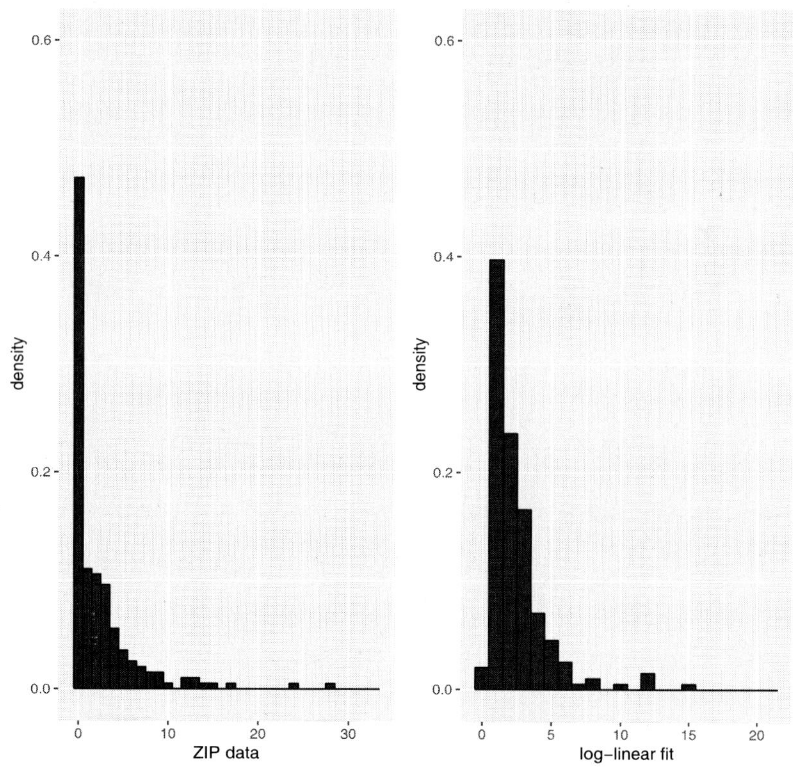

그림 9.2 영과잉 포아송 자료의 로그 선형모형 적합

그런데 모형 (9.1)과 (9.2)에서는 포아송 분포의 평균 λ_i가 설명변수와 관련이 있지만 원조 제로의 여부는 설명변수에 의존하지 않는다고 가정하므로 개체 i가 원조 제로일 확률은 대상에 관계없이 모두 동일하다. 이 가정은 현실성이 적으므로 모형 (9.1)과 (9.2)를 확장하여 개체 i가 원조 제로일 확률 ω_i에 대하여 프로빗 모형 $\Phi^{-1}(\omega_i) = \boldsymbol{z_i}\gamma$ 또는 로짓 모형 $logit(\omega_i) = \boldsymbol{z_i}\gamma$ 를 가정하면 더 현실적인 모형이 된다. 여기에서 $\boldsymbol{z_i}$는 $\boldsymbol{x_i}$와 같을 수도 있고 다를 수도 있다. ω_i에 대하여 프로빗 연결함수를 가정하면 Y_i의 분포는 다음과 같다.

$$
\begin{aligned}
&P(Y_i = y_i|\beta) = \begin{cases} I(y_i = 0), & with\ probability\ \omega_i \\ p_i(y_i|\beta), & with\ probability\ 1-\omega_i \end{cases} \\
&\omega_i = \Phi(\boldsymbol{z_i}\gamma) \\
&p_i(y_i|\beta) = \lambda_i^{y_i} e^{-\lambda_i}/y_i!, \quad y_i = 0,1,2,\ldots, \\
&\log \lambda_i = \boldsymbol{x}_i\boldsymbol{\beta}
\end{aligned} \tag{9.3}
$$

잠재변수를 이용하여 모형 (9.3)을 확장하면 다음과 같다.

$$
\begin{aligned}
&S_i \sim Ber(\omega_i),\ \omega_i = \Phi(\boldsymbol{z_i}\gamma) \\
&Y_i^* \sim Poi(\lambda_i),\ \log(\lambda_i) = \boldsymbol{x_i}\boldsymbol{\beta} \\
&Y_i = (1 - S_i)Y_i^*
\end{aligned} \tag{9.4}
$$

그리고 $(\boldsymbol{\beta},\gamma)$ 의 우도함수는 다음과 같이 주어진다.

$$
\begin{aligned}
L(\boldsymbol{\beta},\gamma\,|\,y) &\propto \prod_{i=1}^{n}[\Phi(\boldsymbol{z_i}\gamma) + (1-\Phi(\boldsymbol{z_i}\gamma)_i)p_i(0|\boldsymbol{\beta})]^{I(y_i=0)} \prod_{i=1}^{n}[(1-\Phi(\boldsymbol{z_i}\gamma))p_i(y_i|\boldsymbol{\beta})]^{I(y_i\neq 0)} \\
&\propto \prod_{i=1}^{n}(\Phi(\boldsymbol{z_i}\gamma)^{I(y_i=0)} + (1-\Phi(\boldsymbol{z_i}\gamma))p_i(y_i|\boldsymbol{\beta}))
\end{aligned} \tag{9.5}
$$

식(9.5)를 보면 우도함수가 $\boldsymbol{\beta}$와 γ의 복잡한 함수이기 때문에 $\boldsymbol{\beta}$와 γ에 대하여 보통 사용하는 정규사전분포를 사용할 때 $\boldsymbol{\beta}$와 γ의 조건부 사후분포가 편리한 형태로 주어지지 않으므로 깁스표본기법의 적용이 용이하지 않고 M-H 기법의 적용이 요구된다. 모형 (9.3)에 대한 M-H 기법에 대한 설명은 복잡하므로 여기에서는 다루지 않기로 한다. 관심 있는 독자는 Lim and Oh(2006) 논문을 참고하라.

9.2 영과잉 포아송 회귀모형의 추론

ZIP 모형에서 관측치 Y_i의 분포는 점확률분포와 포아송 분포의 합성인데 이 합성분포는 JAGS에서 제공되지 않으므로 모형설정에서 Y_i의 분포를 지정할 수 없다. 이렇듯 Y_i의 분포가 JAGS에서 제공되지 않을 때는 우도함수를 직접 제공하는 방법을 사용하여 동일한 결과를 도출해낼 수 있다.

JAGS는 모형설정에서 관측치의 분포를 지정하면 이 분포로부터 우도함수를 계산하고, 이를 사전밀도함수와 결합하여 사후밀도함수를 유도한 후 MCMC를 수행한다. 우리가 관측치의 분포를 지정하면 궁극적으로 JAGS가 사용하는 것은 우도함수인 것이다. 그렇다면 관측치의 분포를 지정하는 대신 우도함수를 직접 제공해도 같은 결과를 얻을 것이다.

이 절에서는 JAGS에서 관측치에 영과잉 포아송 분포를 가정하는 세 가지 방법을 소개한다. 처음 두 방법은 우도함수를 직접 제공하는 방법이고, 세 번째 방법은 영과잉 포아송 분포를 두 포아송 분포의 합성분포로 지정하는 방법이다. 구체적으로 말하면 a) 가상의 이항자료를 사용하는 0−1 방법, b) 가상의 포아송 자료를 사용하는 포아송 제로 방법, c) 포아송 분포의 합성을 이용하는 합성분포 방법이다.

a) **0–1 방법**의 아이디어는 다음과 같다. 가상의 이항자료 V_i에 대하여 독립적으로

$$V_i \sim Ber(p_i), \quad p_i = f(y_i|\theta)/c \tag{9.6}$$

를 가정한다. $f(y_i|\theta)$는 모수 θ가 주어졌을 때 Y_i의 관측치 y_i에서의 밀도함수이며 c는 모든 i에 대하여 $f(y_i|\theta)/c < 1$이 되게 하는 임의의 상수이다. V_i의 관측치가 모두 1이라면 θ의 우도함수는

$$f(V_1 = 1, \ldots, V_n = 1|\boldsymbol{y}, \theta) = \prod_{i=1}^{n} f(y_i|\theta)/c^n, \ \ \boldsymbol{y} = (y_{1, \ldots,} y_n),$$

이므로 원래 우도함수 $\prod_{i=1}^{n} f(y_i|\beta)$에 비례하고, y가 관측되었을 때 θ의 사후분포와 (v, y)가 관측되었을 때 θ의 사후분포는 동일하다. 따라서 모형설정에서 가상의 자료 V_i에 대하여 (9.6)의 분포를 지정하고, jags.model 호출 시 V_i의 관측치가 모두 1인 데이터를 제공하면 관측치 Y_i의 분포를 직접 지정하는 것과 동일한 효과를 얻는다.

b) **포아송 제로 방법**의 아이디어는 다음과 같다. 가상의 포아송 자료 W_i에 대하여 독립적으로

$$W_i \sim Poi(\mu_i), \quad \mu_i = -\log f(y_i|\theta) + \log d \tag{9.7}$$

를 가정한다. d는 모든 i에 대하여 $-\log f(y_i|\theta) + \log d > 0$이 되게 하는 임의의 상수이다. W_i의 관측치가 모두 0이라면 θ의 우도함수는

$$f(W_1 = 0, ..., W_n = 0|\boldsymbol{y}, \theta) = \prod_{i=1}^{n} e^{-\mu_i} = \prod_{i=1}^{n} f(y_i|\theta)/d^n$$

이므로 원래의 우도함수에 비례한다. 따라서 모형설정에서 가상의 자료 W_i에 대하여 (9.7)의 분포를 지정하고, **jags.model** 호출 시 W_i의 관측치가 모두 0인 데이터를 제공하면 된다.

위의 두 방법은 ZIP 모형뿐만 아니라 다른 모형에서도 우도함수를 직접 제공하고자 할 때 사용할 수 있는 일반적인 방법이다.

c) **합성분포 방법**의 아이디어는 다음과 같다. Y가 평균 λ인 포아송 분포를 따를 때 $P(Y = y|\lambda) = \lambda^y e^{-\lambda}/y!$이다. 이 식에 $\lambda = 0$을 대입하면 $P(Y = 0|\lambda = 0) = 0^0 e^0/0! = 1$이고 $y = 1, 2, ...$에 대해서는 $P(Y = y|\lambda = 0) = 0^y e^0/y! = 0$이다. 그러므로 0에서의 점확률분포는 평균이 0인 포아송 분포로 간주할 수 있고, 따라서 ZIP 모형은 평균이 0인 포아송 분포와 평균이 $\lambda_i > 0$인 포아송 분포의 합성으로 볼 수 있다. 두 분포가 평균만 다른 포아송 분포이므로 ZIP 자료 Y_i에 대하여 포아송 분포를 가정하고 원조제로 여부에 따라 평균을 0 또는 λ_i로 지정하면 될 것이다. 이를 식으로 표현하면 다음과 같다. S_i가 원조제로 여부를 나타내는 이항변수이므로 $S_i = 1$이면 $\mu_i = 0$, $S_i = 0$이면 $\mu_i = \lambda_i$가 되도록 $\mu_i = (1 - S_i)\lambda_i$로 지정한다.

$$\begin{aligned} & Y_i \sim Poi(\mu_i) \\ & \mu_i = (1 - S_i)\lambda_i, \quad \log(\lambda_i) = x_i\beta \\ & S_i \sim Ber(\omega_i), \ \Phi^{-1}(\omega_i) = \boldsymbol{z_i}\gamma \quad \text{or} \quad logit(\omega_i) = \boldsymbol{z_i}\gamma \end{aligned} \tag{9.8}$$

위의 합성분포 방법은 포아송 분포 이외에도 모수값만 다르고 동일한 형태를 갖는 분포들의 합성분포를 지정할 때 사용할 수 있다. 예를 들어 관측치가 평균이 다른 두 정규분포들의 합성분포를 따를 때 평균값을 지정하는 이항변수 S_i를 도입하여 S_i 값에 따라 평균값을 지정하면 된다.

0–1 방법을 사용할 때 JAGS의 **model** 문장은 다음과 같다. 참고로 아래 코드에서는

$logit(w_i) = z_i\gamma$를 사용하였다.

```
#--0-1 trick--#
modelString="
model
{
for(i in 1:length(y)){
        Ones[i] ~ dbern(pi[i])
        pi[i]<-(omega[i]*equals(y[i],0)+(1-omega[i])*fd[i])/c
        fd[i]<-exp(y[i]*log(lambda[i])-lambda[i]-loggam(y[i]+1))
        log(lambda[i])<-inprod(X[i,], beta[])
        logit(omega[i])<-inprod(Z[i,], gamma[])
}
beta[1:p] ~ dmnorm(mu.beta[], Tau.beta[,])
gamma[1:q] ~ dmnorm(mu.gamma[], Tau.gamma[,])
}
"
writeLines(modelString, "model_ZIP.txt")
```

포아송 제로 방법을 사용할 때는 다음과 같이 해당 부분을 변경하면 된다.

```
#--use Poisson(0|mu)=exp(-mu)--#
Zeros[i] ~ dpois(mu.pois[i])
mu.pois[i]<--log.like[i]+c   #logd=c
log.like[i]<-log(omega[i]*equals(y[i],0)+(1-omega[i])*fd[i])
fd[i]<-exp(y[i]*log(lambda[i])-lambda[i]-loggam(y[i]+1))
log(lambda[i])<-inprod(X[i,], beta[])
logit(omega[i])<-inprod(Z[i,], gamma[])
```

합성분포 방법을 사용할 때 코드의 일부는 다음과 같다.

```
#-- use Poisson(0|mu=0)=1 --#
y[i] ~ dpois(mu.pois[i])
mu.pois[i]<-(1-S[i])*lambda[i]
log(lambda[i])<-inprod(X[i,], beta[])
S[i] ~ dbern(omega[i])
```

예 9.2 한국 도로교통공단에서 제공하는 2016년 전국에서 1명 이상의 사망자가 발생한 교통사고 자료에 ZIP 모형을 적용해 보고자 한다. 이 자료에는 각 사고에 대하여 사고발생 월일 및 시각, 사망자 수, 부상자 수, 사고장소, 사고 유형(차대차, 차대사람, 차량단독 등), 중대 교통법규 위반 여부(중앙선 침범, 신호위반, 과속 등), 사고 장소의 도로 형태, 사고차의 차종 등이 기록되어 있다. 이 자료에서 승용차 또는 승합차 사고 중 사망자 1명 외에 추가 사망 또는 부상자수(ninjured), 사고 발생 시간의 야간/주간 여부(night=1,0), 사고 발생일의 주말/주중 여부(weekend=1,0), 사고 발생 도로가 교차로인지 아닌지 여부(intersection=1,0), 차대차 사고(acc1=1,0), 차대사람 사고(acc2 =1,0), 중대 교통법규 준수 여부(rule=1,0)를 변수로 고려하여 분석해보고자 한다. 자료를 살펴보니 ninjured의 최댓값이 132명 등 비정상적으로 큰 값이 관측되므로 ninjured 값이 30 미만인 자료 중에서 300건의 사고를 랜덤 추출한 표본 자료(car_sample_300.csv)를 가지고 분석을 수행하여 보자.

부상자수(ninjured)를 반응변수로 하고 나머지 변수들을 설명변수로 고려하고자 한다. 반응변수의 히스토그램을 그려보면 그림 9.3과 같이 영이 과도하게 많은 영과잉 특징을 가진다.

```
data=read.csv("car_sample_300.csv")
table(data$ninjured)

par(mfrow=c(1,1))
y=data$ninjured
hist(y, freq=FALSE, breaks=c(-0.5:(max(y)+1)), main=NULL, xlab="ninjured", col=4)
```

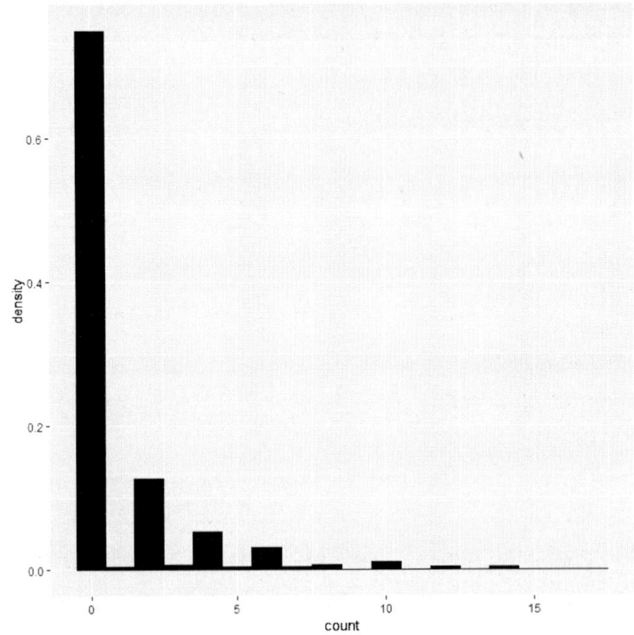

그림 9.3 교통사고 자료에서 부상자 수의 분포

반응변수인 ninjured에 대하여 빈도수를 계산해보면 아래와 같다. 0 관측치가 70% 이상을 차지하여 일반적인 포아송 로그 선형모형은 부적절하여 보이므로 영과잉 포아송 모형 ZIP 모형을 적합해 보기로 한다.

```
table(data$ninjured)

  0   1   2   3   4   5   6   7   8  10  12  14  18
224   1  38   2  16   1   9   1   2   3   1   1   1
```

ZIP 모형에서 원조 제로 확률에 대한 연결함수에서 설명변수는 중대한 교통법규 준수 여부를 나타내는 rule 변수, 차대차 사고 여부를 나타내는 acc1, 차대사람 사고 여부를 나타내는 acc2를 사용하고 포아송 분포의 로그 연결함수에서는 night, weekend, intersection, acc1, acc2를 설명변수로 사용한다.

다음은 JAGS를 활용하여 MCMC 표본을 추출하기 위한 코드이다. 여기에서는 합성분포 방법을 사용하여 관측치에 영과잉 포아송 분포를 지정하였다. 그런데 JAGS 모형설정을 보면 $\mu_i = (1 - S_i)\lambda_i$ 대신 $\mu_i = (1 - S_i)\lambda_i + 10^{-10} S_i$를 사용하였다. $\mu_i = (1 - S_i)\lambda_i$이면 $S_i = 1$일 때 $\mu_i = 0$이 되어 MCMC 표본추출에는 문제가 없으나 DIC 계산에서 로그 우도함수를 구할 때 오류가 발생한다. 이를 방지하기 위하여 $S_i = 1$일 때 μ_i가 아주 작은 양수값을 갖도록 1e-10*S[i]를 μ_i에 추가하여

```
mu.pois[i]<-(1-S[i])*lambda[i]+1e-10*S[i]
```

와 같이 지정하였다. 전체 코드는 다음과 같다.

```
y=data$ninjured
X=cbind(rep(1, length(y)), data$night, data$weekend, data$intersection, data$acc1,
data$acc2)
Z=cbind(rep(1, length(y)), data$acc1, data$acc2, data$rule)
p=ncol(X); q=ncol(Z)


modelString="
model
{
  for(i in 1:length(y)){
  y[i] ~ dpois(mu.pois[i])
  mu.pois[i]<-(1-S[i])*lambda[i]+1e-10*S[i]
```

```
  log(lambda[i])<-inprod(X[i,], beta[])

  S[i] ~ dbern(omega[i])
  logit(omega[i])<-inprod(Z[i,], gamma[])
  }

  for (i in 1:p){
  beta[i] ~ dnorm(mu.beta[i], Tau.beta[i,i])
  }
  for(i in 1:q){
  gamma[i] ~ dnorm(mu.gamma[i], Tau.gamma[i,i])}
}
"
writeLines(modelString, "model_ZIP_mixture.txt")


#prior parameters
mu.beta=rep(0, p)
Tau.beta=rep(0.01, p)
mu.gamma=rep(0, q)
Tau.gamma=rep(0.01, q)

glm.out=glm(y~X-1, family="poisson")
beta.pois=as.vector(glm.out$coefficients)

dataList=list(p=p, q=q, y=y, X=X, Z=Z, mu.beta=mu.beta, Tau.beta=Tau.beta,
              mu.gamma=mu.gamma, Tau.gamma=Tau.gamma)
initsList=list(beta=beta.pois, gamma=mu.gamma)

require(rjags);
jagsModel.zip=jags.model(file="model_ZIP_mixture.txt", data=dataList, inits=initsList,
                         n.chains=3, n.adapt=1000)
update(jagsModel.zip, n.iter=3000)
codaSamples=coda.samples(jagsModel.zip, variable.names=c("beta","gamma"),
                         thin=1, n.chains=3, n.iter=10000)
```

Gelman 상수를 보니 모든 계수에서 1에 매우 가까운 값을 가지므로 수렴이 이루어졌다고 본다.

```
coda::gelman.diag(codaSamples)
```

추출된 표본으로부터 회귀계수의 추정치를 구하면 다음과 같다. 로그 선형모형에서는 교차로 사고와 차대차 사고에 대한 계수(β_4, β_5)가 유의하며, 원조 제로확률에 대한 로지스틱 연결함수에서는 중대교통법규 위반 여부, 차대차 사고, 차대사람 사고에 대한 계수(r_2, r_3, r_4)가 모두 유의함을 볼 수 있다.

```
summary(codaSamples)


Iterations=4001:14000
Thinning interval=1
Number of chains=3
Sample size per chain=10000

1. Empirical mean and standard deviation for each variable,
   plus standard error of the mean:

              Mean     SD   Naive SE  Time-series SE
beta[1]    0.83967 0.2248  0.0012981        0.008085
beta[2]    0.02693 0.1206  0.0006963        0.001508
beta[3]    0.23885 0.1364  0.0007877        0.002753
beta[4]   -0.26448 0.1337  0.0007721        0.001351
beta[5]    0.65283 0.2038  0.0011764        0.007257
beta[6]   -0.35017 0.3746  0.0021625        0.007894
gamma[1]   0.09251 0.2798  0.0016156        0.008058
gamma[2]  -0.51314 0.2598  0.0015000        0.006441
gamma[3]   1.09822 0.2902  0.0016752        0.006413
gamma[4]   0.45048 0.2096  0.0012099        0.004142

2. Quantiles for each variable:

              2.5%      25%      50%      75%     97.5%
beta[1]    0.38882  0.68960  0.83898  0.99406  1.273852
beta[2]   -0.21038 -0.05402  0.02720  0.10903  0.262881
beta[3]   -0.03413  0.14848  0.24010  0.33223  0.500619
beta[4]   -0.52956 -0.35389 -0.26345 -0.17420 -0.005025
beta[5]    0.26268  0.51307  0.65093  0.78809  1.063745
beta[6]   -1.13283 -0.58901 -0.33238 -0.09299  0.331718
gamma[1]  -0.45742 -0.09719  0.09195  0.28627  0.635992
gamma[2]  -1.01848 -0.68936 -0.51525 -0.33866 -0.001397
gamma[3]   0.53005  0.90339  1.09731  1.29491  1.669734
gamma[4]   0.03837  0.30906  0.45299  0.59320  0.857284
```

다음으로 ZIP 모형에 대한 DIC를 dic.samples 함수를 이용하여 구해보자. DIC는 표본의 영향을 많이 받으므로 반복수를 충분히 크게 해준다.

```
dic.zip=dic.samples(jagsModel.zip,30000); dic.zip

Mean deviance: 377.4
penalty 236.2
Penalized deviance: 613.6
```

수렴성과 자기상관을 확인하기 위하여, 예를 들어 β_2의 경로그림과 자기상관그림을 그려본 결과 다음과 같다.

```
source("Myfunc.r")
convDiag.plot(codaSamples, "beta[2]")
```

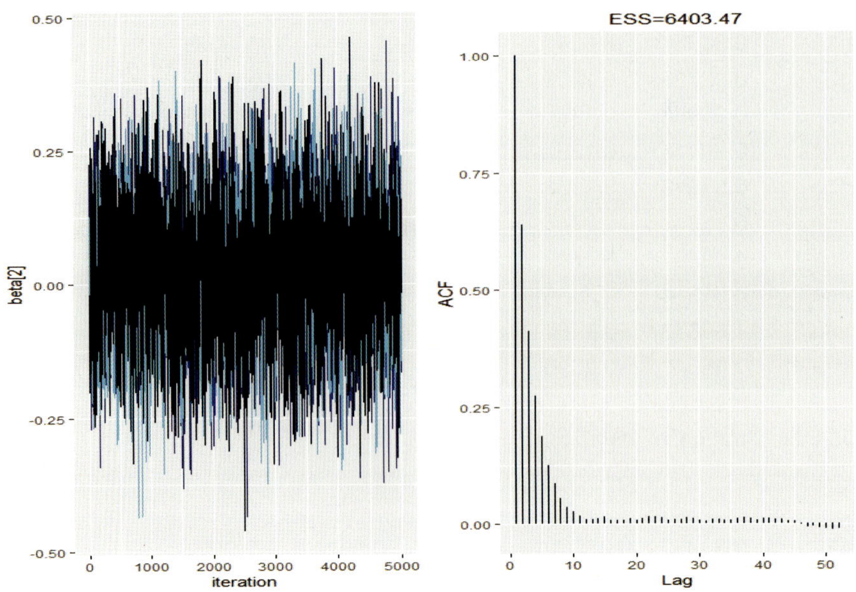

그림 9.4 ZIP 모형에서 β_2의 경로그림과 자기상관

표본으로부터 추정한 β, γ의 사후밀도함수를 그림 9.5에 그려보자.

```
mcmcSamples.zip=as.matrix(codaSamples)
para.hat.zip=apply(mcmcSamples.zip, 2, mean); para.hat.zip
beta.hat.zip=para.hat.zip[1:p]; beta.hat.zip
gamma.hat.zip=para.hat.zip[(p+1):(p+q)]
omega.hat.zip=1/(1+exp(-Z%*%gamma.hat.zip))
```

```
# Figure 9.5
par(mfrow=c(4,2))
for(i in c(2,3,4,5,6,8,9,10)){
  plot(density(mcmcSamples.zip[,i]), xlab=colnames(mcmcSamples.zip)[i], ylab="density",
main="")
}
```

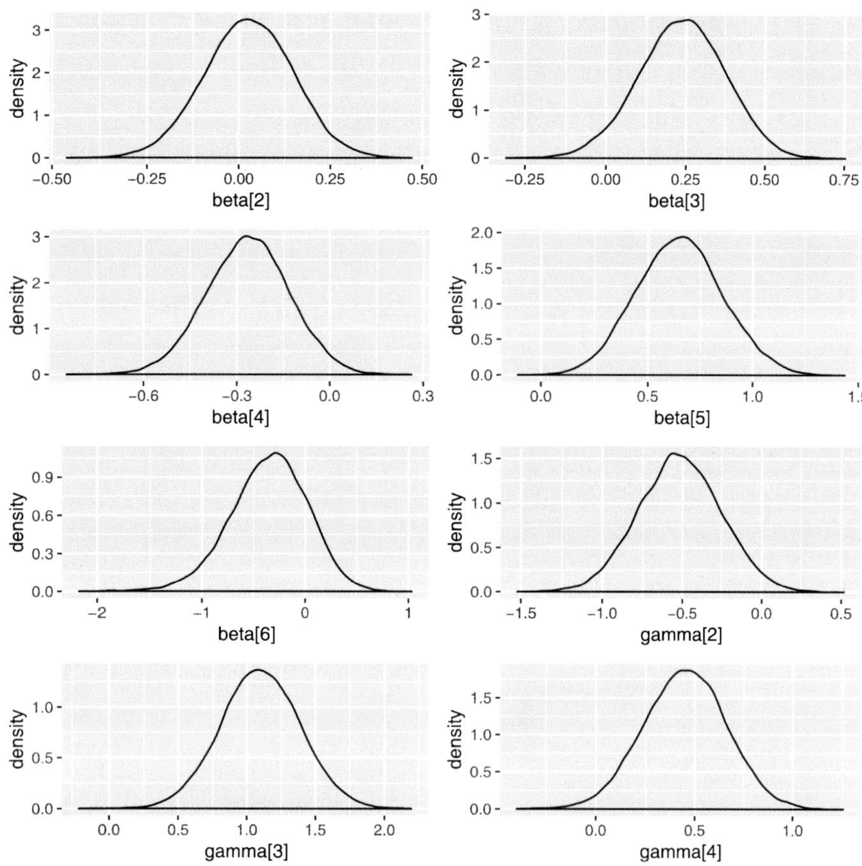

그림 9.5 교통사고 자료에 대한 ZIP 모형에서 계수의 사후밀도함수

제로 관측치 $y_i = 0$에 대하여 관측된 0이 원조 제로로부터 유래할 확률 $\widehat{\omega_i} = 1/(1+\exp(-z_i\hat{\gamma}))$를 계산하여 그림 9.6에 그려보았다. fac는 rule, acc1, acc2 변수값을 병렬연결한 것으로 확률을 fac 값에 따라 다른 색으로 표시하였다. 예를 들어, fac=000은 rule=0, acc1=0, acc2=0을 나타낸다. 그림을 보면 같은 제로 관측치라도 중대교통법규 위반, 차대차, 차대사람의 사고 유형에 따라 원조제로 확률이 매우 달라짐을 볼 수 있다. 원조제로 확률이 가장 높은 경우는 중대교통법규를 지킨 차대사람 사고(fac=101)이며 이때 원조제로 확률은 약 0.84이다. 다음으로 원조제로 확률이 높은 경우는 중대교통법규를 지키지 않은 차대사람 사고(fac=001)이며 이때 원조제로 확률은 약 0.77이다. 차대사람 사고의 경우 중대교통법규 준수 여부와 관계없이 "구조적으로" 사망자 1명(아마도 보행자) 이외의 다른 부상자가 없을 확률이 높음을 보여준다. 원조제로 확률이 가장 낮은 경우는 중대교통법규를 지키지 않은 차대차 사고(fac=010)이며 이때 원조제로 확률은 약 0.39이다.

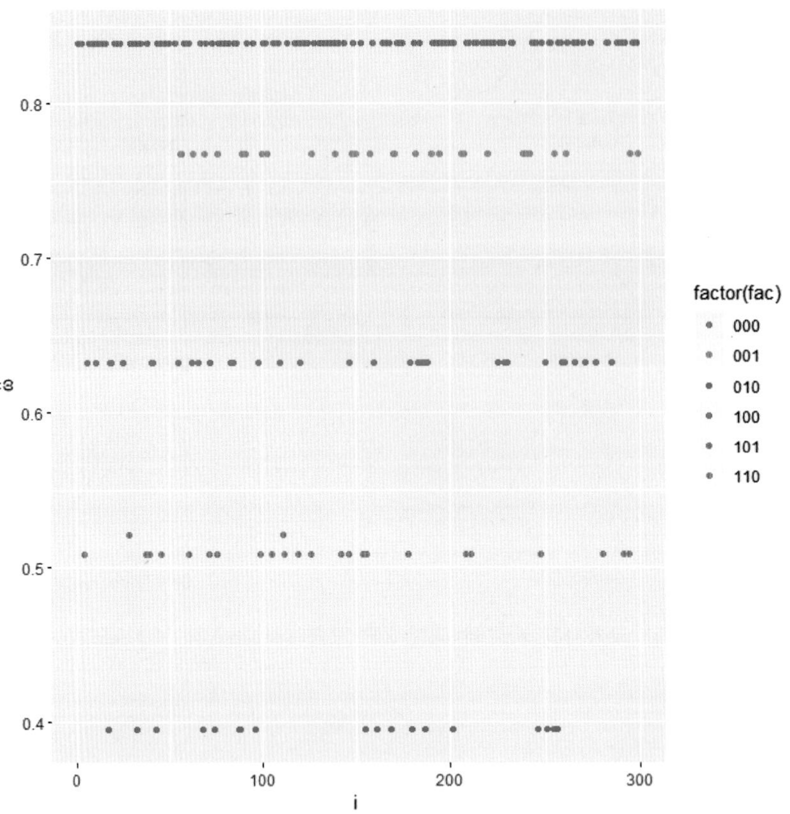

그림 9.6 ZIP 모형에서 제로 관측치의 원조제로 확률

참고로, 위에서 제시한 교통사고 자료분석은 영과잉 모형분석을 위한 예시를 위한 것

으로 제시한 모형이 주어진 자료에 대한 최적모형이라는 의미는 아니다.

9.3 영과잉 음이항 회귀모형의 추론

영과잉 음이항 회귀모형(ZINB, Zero-Inflated Negative Binomial Regression Model)은 ZIP 모형에서 포아송 분포를 음이항 분포로 대체한 것이다.

예 9.3 예 9.2의 도로교통사고 자료에 대하여 ZINB 모형을 적용하여 보자. ZINB 모형에 대한 JAGS 모형설정문은 다음과 같다. 여기에서도 ZIP 모형에서와 같이 DIC 계산을 위하여 $\mu_i = (1-S_i)\lambda_i + 10^{-10}S_i$를 사용하였다.

```
modelString="
model{
## Likelihood
for(i in 1:length(y)){
y[i] ~ dnegbin(pi[i],r[i])
pi[i]<-r[i]/(r[i]+mu[i])
mu[i]=(1-S[i])*lambda[i]+1e-10*S[i]
log(lambda[i])<-inprod(X[i,], beta[])

S[i] ~ dbern(omega[i])
logit(omega[i])<-inprod(Z[i,], gamma[])
}

for(i in 1:length(y)){
r[i] ~ dunif(0,150)
}
for(i in 1:p){beta[i] ~ dnorm(mu.beta[i], Tau.beta[i,i])}
for(i in 1:q){gamma[i] ~ dnorm(mu.gamma[i], Tau.gamma[i,i])}
}
"
writeLines(modelString, "model_ZINB_mixture.txt")

#install.packages("MASS")
library(MASS);
glm_nb=glm.nb(y ~ X-1)
beta.nb=as.vector(glm_nb$coefficients)

dataList=list(p=p, q=q, y=y, X=X, Z=Z, mu.beta=mu.beta, Tau.beta=Tau.beta,
                mu.gamma=mu.gamma, Tau.gamma=Tau.gamma)
initsList=list(beta=beta.nb, gamma=mu.gamma)#, b=b.init)
```

```
jagsModel.zinb=jags.model(file="model_ZINB_mixture.txt", data=dataList, inits=
initsList, n.chains=3, n.adapt=1000)
update(jagsModel.zinb, n.iter=3000)
codaSamples=coda.samples(jagsModel.zinb, variable.names=c("beta","gamma"), thin
=1, n.chains=3, n.iter=10000)
coda::gelman.diag(codaSamples)
```

영과잉 음이항 모형을 사용하였을 때, 로그 선형모형에서는 차대차 사고만(β_5) 유의하고 원조제로 모형에서는 중대교통법규위반 여부는 유의하지 않고 차대차와 차대사람 사고 유형만(γ_3, γ_4) 유의함을 알 수 있다.

```
summary(codaSamples)


Iterations=4001:14000
Thinning interval=1
Number of chains=3
Sample size per chain=10000

1. Empirical mean and standard deviation for each variable,
   plus standard error of the mean:

              Mean      SD   Naive SE  Time-series SE
beta[1]    0.84619  0.2512  0.0014505        0.009599
beta[2]   -0.10861  0.1461  0.0008435        0.002217
beta[3]    0.28377  0.1630  0.0009413        0.004072
beta[4]   -0.22499  0.1559  0.0009001        0.001907
beta[5]    0.60199  0.2248  0.0012979        0.008317
beta[6]   -0.31151  0.3902  0.0022530        0.008450
gamma[1]   0.06059  0.2802  0.0016176        0.008209
gamma[2]  -0.51123  0.2605  0.0015039        0.006375
gamma[3]   1.12062  0.2899  0.0016739        0.006077
gamma[4]   0.45457  0.2143  0.0012372        0.004561

2. Quantiles for each variable:

              2.5%      25%       50%       75%     97.5%
beta[1]    0.35012   0.6782   0.84731   1.01695   1.33488
beta[2]   -0.39832  -0.2056  -0.10708  -0.01014   0.17601
beta[3]   -0.04594   0.1769   0.28617   0.39400   0.59955
beta[4]   -0.53440  -0.3299  -0.22242  -0.11900   0.07984
beta[5]    0.16665   0.4494   0.60035   0.75197   1.04881
```

```
beta[6]     -1.12601   -0.5625   -0.29506   -0.04333    0.40679
gamma[1]    -0.50709   -0.1250    0.06867    0.24700    0.59571
gamma[2]    -1.01322   -0.6860   -0.51384   -0.33953    0.01130
gamma[3]     0.55625    0.9270    1.11871    1.31153    1.69772
gamma[4]     0.03922    0.3085    0.45400    0.59869    0.87529
```

다음으로, 영과잉 음이항 회귀모형의 DIC를 계산하여 보자. 영과잉 포아송 회귀모형의 Penalized deviance가 613.6이었던 것과 비교하면 음이항 분포의 Penalized deviance가 689.7로 더 크므로 이 자료에는 영과잉 포아송 회귀모형이 더 적절하다.

```
> dic.zinb=dic.samples(jagsModel.zinb,30000); dic.zinb


Mean deviance:  359.7
penalty 330
Penalized deviance: 689.7
```

참고문헌

• Angers, JF., Biswas, A. (2003), Bayesian analysis of Zero-inflated generalized Poisson model, *Computational Statistics and Data Analysis*, 42, 37-46.

• Lambert, D. (1992), Zero-inflated Poisson regression, with application to defects in manufacturing, *Technometrics*, 34, 1-14.

• Lim, A-K., Oh, M-S. (2006), Bayesian Analysis of a Zero-inflated Poisson Regression Model: An Application to Korean Oral Hygienic Data, *Korean Journal of Applied Statistics*, 503-517.

• Yau, KKW., Wang, K., Lee, AH. (2003), Zero-inflated negative binomial mixed regression modeling of over-dispersed count data with extra zeros, *Biomedical Journal*, 45, 437-452.

10장

MCMC를 이용한 베이지안 변수선택

모수 θ에 대하여 연결함수

$$\theta = g(\beta_0 + \beta_1 x_1 + \beta_2 x_2 + \ldots + \beta_k x_k) \tag{10.1}$$

를 갖는 일반화 선형회귀모형에서 가장 관심 있는 문제 중 하나는 변수선택이다. 즉, 많은 설명변수들 중 어떤 x_j가 y에 유의한 영향을 미치지 않고 어떤 설명변수가 y에 유의한 영향을 미치는지가 관심이다. 이를 회귀계수에 대하여 표현하면 각 β_j가 0인지 아닌지의 문제이다.

이 장에서는 MCMC 방법을 이용한 베이지안 변수선택에 관하여 살펴본다. 베이지안 변수선택에 관한 자세한 요약과 정리는 Dellaportas et al.(1998), O'hara and Sillanpaa(2009)를 참조하라.

10.1 Stochastic Search Variable Selection(SSVS)

SSVS는 George and McCulloch(1993)가 제안한 방법이다. 우리의 관심은 각 j에 대하여 $\beta_j = 0$인지 아니면 $\beta_j \neq 0$인지인데, 이를 반영하여 β_j의 사전분포로 spike 또는 slab 분포를 가정한다. spike 분포는 0을 중심으로 밀집되어 있어 매우 뾰족한 모양을 갖는 분포로 $\beta_j = 0$을 근사적으로 나타내고 slab 분포는 퍼짐성이 큰 분포로 $\beta_j \neq 0$을 나타낸다. 이를 식으로 표현하면

$$\pi(\beta_j) = (1-\gamma_j)N(0, \tau_0^2) + \gamma_j N(0, \tau_1^2)$$

이다. γ_j는 0 또는 1 값을 가지는 이항변수로 γ_j에 대해서 보통 베르누이 사전분포 $Ber(p_i)$를 가정한다. τ_0^2는 아주 작은 값(예를 들면 0.0001)을 가지므로 $N(0, \tau_0^2)$은 spike 분포이고 τ_1^2은 큰 값(예를 들면 100)을 가지므로 $N(0, \tau_1^2)$은 slab 분포이다. 그림 10.1은 spike-slab 분포의 예를 보여준다.

SSVS 방법은 spike-and-slab 방법이라고 부르기도 한다. 만약 $\gamma_j = 1$이면 slab$(\beta_j \neq 0)$을, $\gamma_j = 0$이면 spike$(\beta_j = 0)$를 나타내므로, $\gamma = (\gamma_0, \ldots, \gamma_k)$가 주어졌을 때 β_γ를 $\gamma_j = 1$에 해당하는 β_j들의 벡터라고 하면 β_γ만 모형에 포함됨으로써 변수선택이 이루어진다. 예를 들어 $\gamma = (1, 0, 1, 1, 0)$이면 절편과 x_2, x_3만 모형에 포함되고 x_1, x_4는 제외됨을 의미한다.

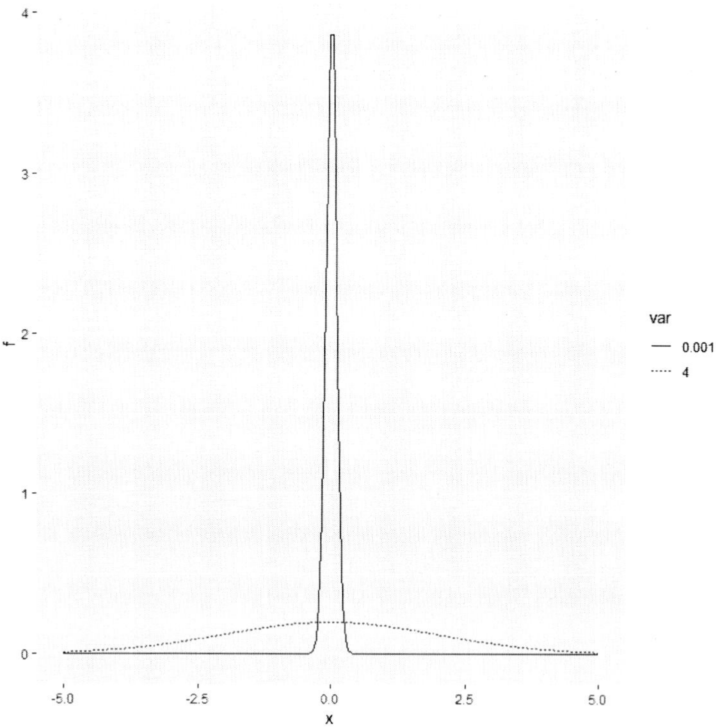

그림 10.1 spike와 slab 분포

예 10.1 JAGS를 사용하여 선형회귀모형

$$Y \sim N(\mu,\sigma^2),\quad \mu = x_1 + \frac{1}{2}x_2 + \frac{1}{2^2}x_3 + \dots + \frac{1}{2^7}x_8,\quad x_k \sim N(0,1),\ k = 1,..,8,$$

에서 spike-and-slab을 적용한 베이지안 변수선택을 수행하여 보자. 시뮬레이션을 위한 데이터 생성은 다음과 같다.

```
#### Simulation Data ####
n=200; k=8
x=matrix(rnorm(n*k), n, k)
beta0.true=0
beta.true=rep(0, k)
for(m in 1:k){beta.true[m]=0.5**(m-1)}
y=beta0.true+x%*% beta.true+rnorm(n)
y=as.vector(y)
```

JAGS의 모형설정문은 다음과 같다. 사전분포로 $\sigma^2 \sim IG(0.01,0.01)$, $\gamma_j \sim Ber(0.5)$, 그리고 spike 분포로 $N(0,0.0001)$, slab 분포로 $N(0,100)$을 가정하였다. spike와

slab 분포의 평균은 0으로 같고 분산만 다르므로 β_j에 대하여 평균 0인 정규분포를 가정하고 γ_j에 따라 분산을 달리 정하는 방법을 취하였다.

```
modelString ="
model {
for(i in 1:n){
    y[i] ~ dnorm(mu[i], invsigsq)
    mu[i]<-beta0+inprod(x[i,1:k], beta[1:k])
}

gamma0 ~ dbern(0.5)
for(j in 1:k){gamma[j] ~ dbern(0.5)}

beta0 ~ dnorm(mu.b0, tau.b0)
mu.b0<-0
tau.b0<-(1-gamma0)/0.0001+gamma0/100
for(j in 1:k){
beta[j] ~ dnorm(mu.b[j], tau.b[j])
mu.b[j]<-0
tau.b[j]<-(1-gamma[j])/0.0001+gamma[j]/100
}
invsigsq ~ dgamma(0.01, 0.01)
}
"
write(modelString, file="model_SSVS.txt")
```

데이터와 초기치를 정하고 JAGS를 수행한다. 모든 설명변수를 다 포함한 선형회귀모형을 적합시켜 계수의 초기치로 사용하고 모든 j에 대하여 $\gamma_j = 1$로 초기치를 주었다.

```
require(rjags)
dataList=list(n=n, k=k, y=y, x=x)
gammaInit=rep(1,k)
lm.out=lm(y ~ x)
mu.beta0=lm.out$coefficients[1]
mu.beta=lm.out$coefficients[2:(k+1)]
initsList=list(beta0=mu.beta0, beta=mu.beta, gamma0=1, gamma=gammaInit)

nChains=3
jagsModel=jags.model(file="model_SSVS.txt", data=dataList, inits=initsList,
                     n.chains=nChains, n.adapt=3000)
update(jagsModel, n.iter=10000)
```

```
codaSamples=coda.samples(jagsModel, variable.names=c("gamma0", "gamma",
"beta0", "beta"), n.chains=nChains, n.iter=10000)
source("MyFunc.r")
convDiag.plot(codaSamples, "beta[1]")
```

생성된 MCMC 표본으로부터 모수의 추정치를 구해보자. 실제 계수가 $\beta_1 = 1$, $\beta_2 = 0.5$, $\beta_3 = 0.25$, $\beta_4 = 0.125, \ldots$인데 추정치가 실제 값에 매우 가까우며 $\hat{\gamma}_1 = 1$, $\hat{\gamma}_2 = 1, \hat{\gamma}_3 = 0.465, \hat{\gamma}_4 = 0.023, \ldots$로 변수 x_1, x_2는 매우 유의하며 x_3는 경계에 있고 나머지 변수는 유의하지 않다. 참고로, 데이터가 랜덤으로 생성되므로 실행할 때마다 결과가 약간씩 달라질 수 있다.

```
mcmcSamples=as.matrix(codaSamples)
para.hat=apply(mcmcSamples, 2, mean)
beta.hat=para.hat[1:k]
gamma.hat=para.hat[(k+2):(2*k+1)]
beta.true
## [1] 1.0000000 0.5000000 0.2500000 0.1250000 0.0625000 0.0312500 0.0156250
## [8] 0.0078125
beta.hat
##       beta[1]       beta[2]       beta[3]       beta[4]       beta[5]
## 0.9854826758  0.5532345426  0.3055370266  0.1937303896  0.0018363067
##       beta[6]       beta[7]       beta[8]
## 0.0040184684  0.0008279057 -0.0013300808
gamma.hat
##    gamma[1]    gamma[2]    gamma[3]    gamma[4]    gamma[5]    gamma[6]
## 1.000000000 1.000000000 0.46566667 0.023400000 0.011533333 0.021333333
##    gamma[7]    gamma[8]
## 0.007133333 0.008000000
```

SSVS에서 spike 분포의 분산이 변수선택에 어떠한 영향을 미치는지 알아보기 위하여 spike 분포를 앞서의 $N(0, 0.0001)$에서 분산을 크게 하여 $N(0, 0.01)$로 바꾸어 실행하여 보자. 앞서 주어진 JAGS 모형설정문에서 **tau.b0**와 **tau_b[j]**를 다음과 같이 바꾸어 주면 된다.

```
tau.b0<-(1-gamma0)/0.01+gamma0/100
for(j in 1:k){
beta[j] ~ dnorm(mu.b[j], tau.b[j])
mu.b[j]<-0
tau.b[j]<-(1-gamma[j])/0.01+gamma[j]/100
}
```

실행결과는 다음과 같다. spike 분포로 $N(0,0.0001)$를 선택하였을 때와 비교하여 유의한 설명변수의 개수가 작다.

```
beta.hat
##        beta[1]       beta[2]       beta[3]       beta[4]       beta[5]
##  1.039922938  0.566598057  0.217791512  0.071666569  0.085918917
##        beta[6]       beta[7]       beta[8]
##  0.004346701 -0.025622105  0.004071893

gamma.hat
##     gamma[1]    gamma[2]    gamma[3]    gamma[4]    gamma[5]    gamma[6]
## 1.00000000 0.99633333  0.18400000 0.01756667 0.02016667 0.01183333
##     gamma[7]    gamma[8]
## 0.01250000 0.01146667
```

spike 분포를 $N(0,0.1)$로 분산을 더 크게 바꾸어 실행하여 보자. 유의한 설명변수의 개수가 더욱 줄어들었음을 볼 수 있다.

```
beta.hat
##        beta[1]       beta[2]       beta[3]       beta[4]       beta[5]       beta[6]
##  0.94087482  0.41984216  0.32894286  0.17278731  0.03427557  0.02075276
##        beta[7]       beta[8]
## -0.02936169 -0.06635308

gamma.hat
##     gamma[1]    gamma[2]    gamma[3]    gamma[4]    gamma[5]    gamma[6]
## 0.70710000  0.07406667  0.05313333  0.03563333 0.03213333 0.03240000
##     gamma[7]    gamma[8]
##  0.03136667  0.03113333
```

이상의 결과를 보면 회귀계수 β의 추정치는 크게 변함이 없으나 γ의 추정치는 확연히 달라짐을 볼 수 있다. spike 분포의 분산이 크면 spike 분포가 0에 충분히 밀집되지 못하여 spike 분포와 slab 분포의 구분이 모호해진다. 반면, spike 분포의 분산이 지나치게 작으면 γ_j가 0과 1 두 점 사이를 이동하기가 어려워 같은 값에 오래 머무르므로 표본의 mixing이 느려진다. 결론적으로 SSVS 방법은 spike 분포의 분산의 상대적 크기에 따라 변수선택이 영향을 받는다. 자료에 따라 또는 분석목적에 따라 지나치게 작지도 않고 크지도 않게 잘 선택해 주어야 하므로 튜닝이 필요하다.

설명변수들 간의 상관관계가 SSVS 변수선택에 어떤 영향을 미치는지 알아보기 위하여 아래와 같이 $x_1,\dots,x_4$의 상관계수가 약 0.8이 되도록 하고, $x_{5,\dots,}x_8$는 이전과 같이 독립적인 표준정규분포로부터 생성한 후 spike 분포를 $N(0, 0.0001)$로 하여 앞에서와 같은 MCMC를 수행하여 보았다.

```
z=rnorm(n)
for(i in 1:4)x[,i]=x[,i]+2*z
```

랜덤으로 시뮬레이션 데이터를 생성하기 때문에 자료에 따라 변수선택이 약간씩 달라질 수 있으므로, 50번 반복하여 서로 다른 시뮬레이션 데이터를 생성하고 모수를 추정한 후 이들의 평균을 구해본 결과 아래와 같다. beta.025.mean와 beta.975.mean은 각각 β의 2.5%와 97.5% 사후분위수의 평균이고 beta.mean, gamma.mean은 각각 β와 γ의 추정치의 평균이다. 회귀계수 β의 추정치가 실제값과 매우 근사함을 볼 수 있다. 또한 변수선택에 관한 γ의 추정치를 보면 x_1, x_2, x_3는 모형에 포함되고 $x_5,\dots,x_8$는 모형에 포함되지 않는다. x_4는 모형에 포함되어야 할지 아닐지 확실치 않다.

	beta.025.mean	beta.975.mean	beta.mean	gamma.mean
x1	0.887621245	1.1327867	1.010414682	1.0000000
x2	0.403057120	0.6514775	0.527366710	1.0000000
x3	0.140019998	0.3849092	0.263072700	0.9577107
x4	-0.001444913	0.2436634	0.120838021	0.4699080
x5	-0.068150137	0.2096500	0.071241391	0.2703207
x6	-0.120361349	0.1586157	0.018260307	0.1772053
x7	-0.141361057	0.1385452	-0.001626158	0.1615713
x8	-0.126920783	0.1509709	0.011762121	0.1665453
intercept	-0.149614028	0.1287771	-0.009867503	0.1778387

비교를 위하여 독립적인 설명변수에 대하여 같은 방법으로 50번 반복 수행한 결과 아래에 주어져 있다. 상관관계를 지닌 설명변수의 경우와 결과가 거의 차이가 없음을 볼 수 있다. 따라서 설명변수들 간의 상관관계가 SSVS에 거의 영향을 미치지 않음을 알 수 있다.

	beta.025.mean	beta.975.mean	beta.mean	gamma.mean
x1	0.867000453	1.1475105	1.007465320	1.0000000
x2	0.347052591	0.6277856	0.487411875	1.0000000
x3	0.108207165	0.3884392	0.248287818	0.8575060
x4	0.001496229	0.2818230	0.141290560	0.4690067
x5	-0.095597193	0.1869220	0.045740769	0.2026133
x6	-0.113533871	0.1699158	0.028497841	0.1716753
x7	-0.145419001	0.1364262	-0.004243919	0.1761520

x8	-0.120552853	0.1572140	0.018650224	0.1355393
intercpts	-0.150182179	0.1307469	-0.009596701	0.1410847

10.2 Kuo-Mallick 방법

SSVS에서는 회귀계수 β의 사전분포를 spike 분포와 slab 분포의 합성분포로 가정함으로써 변수선택을 수행하였다. 이 절에서는 β와 개별적으로 0 또는 1의 이항값을 갖는 지시변수 γ를 회귀모형에 직접 도입하는 방법을 소개한다(Kuo and Mallick, 1998). 지시변수를 이용한 변수선택에서는 모형 (10.1)에 주어진 일반화 선형모형에 다음과 같이 0 또는 1의 값을 갖는 이항 지시변수 γ_j를 도입한다.

$$\theta = g(\gamma_0\beta_0 + \gamma_1\beta_1x_1 + \gamma_2\beta_2x_2 + \ldots + \gamma_k\beta_kx_k) \tag{10.2}$$

모형 (10.2)에서는 회귀계수가 $\gamma_j\beta_j$이기 때문에 γ_j=1이면 x_j가 모형에 포함되고 γ_j=0이면 x_j가 모형에 포함되지 않는다.

Kuo and Mallick(1998)이 제안한 Kuo-Mallick 방법에서는 γ_j와 β_j에 대하여 독립적인 사전분포 $\pi(\beta_j, \gamma_j) = \pi(\beta_j)\pi(\gamma_j)$를 가정한다. γ_j와 β_j가 독립이기 때문에 β_j에 대하여 일반적으로 모수추정에 사용하는 사전분포를 가정할 수 있다는 장점이 있다. 또한 다음 절에서 다룰 Gibbs Variable Selection 방법에 비하여 튜닝이 필요하지 않은 장점이 있다.

그러나 Kuo-Mallik 방법에서는 γ_j=0에 해당하는 β_j는 모형 (10.2)에서 사라지기 때문에 이들은 MCMC 과정에서 사후분포가 아닌 자신의 사전분포에서 생성된다. 사전분포를 선택할 때 보통 분산이 큰 분포를 사용하는데, 그렇게 되면 사전분포에서 생성된 β_j는 사후밀도함수 값이 작을 가능성이 높고 이는 γ_j=0에서 γ_j=1 로 이동할 가능성을 작게 하기 때문에 MCMC의 mixing을 방해하여 수렴이 매우 느려질 수 있는 단점이 있다.

10.3 Gibbs Variable Selection

Kuo-Mallik 방법의 단점을 개선한 것이 Carlin and Chib(1995)이 제안한 깁스 변수선택(Gibbs Variable Selection, GVS)이다. GVS에서는 사전분포로 $\pi(\beta_j, \gamma_j) =$

$\pi(\beta_j|\gamma_j)\pi(\gamma_j)$를 가정한다. 즉, β_j의 사전분포가 γ_j 값에 따라 달라진다. 구체적으로, π_0, π_1이 적분이 1인 적합한(proper) 분포라고 할 때

$$\pi(\beta_j|\gamma_j) = \begin{cases} \pi_1(\beta_j), & \text{if} \quad \gamma_j = 1 \\ \pi_0(\beta_j), & \text{if} \quad \gamma_j = 0 \end{cases} \tag{10.3}$$

를 가정한다. 여기에서 $\pi_1(\beta_j)$는 β_j가 모형에 포함되었을 때의 사전분포이고 $\pi_0(\beta_j)$는 β_j가 모형에 포함되지 않았을 때의 사전분포이다. 다시 말하면, β_j가 모형에 포함되는지 아닌지 여부에 따라 다른 사전분포를 사용한다.

GVS에서는 지시변수 벡터 γ에 의해 변수선택이 결정된다. 즉 γ가 주어지면 $\gamma_j = 1$에 해당하는 계수들의 집합 β_γ만 모형에 포함된다. 따라서 변수선택은 γ의 사후분포 $\pi(\gamma|y)$에 의해 결정되며, MCMC 스텝에서 $\pi(\gamma|\beta, y)$와 $\pi(\beta|\gamma, y)$로부터 각각 γ와 β의 표본을 추출한 뒤 γ 표본을 취하면 이 표본들이 $\pi(\gamma|y)$를 따르므로 사후표본들 중에서 가장 상대도수가 높은 γ 조합을 최종 선택한다.

이제 사전분포 $\pi_1(\beta_j)$와 $\pi_0(\beta_j)$를 어떻게 선택하면 좋을지 알아보자. 회귀계수와 사전분포에 대하여

$$\begin{aligned}
&\beta_\gamma = \{\beta_j; \gamma_j = 1\}, \qquad \beta_{-\gamma} = \{\beta_j; \gamma_j = 0\}, \\
&\pi_1(\beta_\gamma|\gamma) = \prod_{j:\gamma_j=1} \pi_1(\beta_j), \quad \pi_0(\beta_\gamma|\gamma) = \prod_{j:\gamma_j=1} \pi_0(\beta_j), \\
&\pi_1(\beta_{-\gamma}|\gamma) = \prod_{j:\gamma_j=0} \pi_1(\beta_j), \quad \pi_0(\beta_{-\gamma}|\gamma) = \prod_{j:\gamma_j=0} \pi_0(\beta_j),
\end{aligned}$$

로 정의하자.

모형선택은 지시변수 γ의 사후분포에 따라 결정된다. 그런데 $\pi(\gamma|y) \propto \pi(\gamma) f(y|\gamma)$이고

$$\begin{aligned}
f(y|\gamma) &= \int f(y|\beta, \gamma)\pi(\beta|\gamma)\,d\beta \\
&= \int\int f(y|\beta_\gamma, \beta_{-\gamma}, \gamma)\pi_1(\beta_\gamma|\beta_{-\gamma}\gamma)\pi_0(\beta_{-\gamma}|\gamma)\,d\beta_\gamma\,d\beta_{-\gamma} \\
&= \int f(y|\beta_\gamma, \gamma)\pi_1(\beta_\gamma|\gamma)\,d\beta_\gamma \times \int \pi_0(\beta_{-\gamma}|\gamma)d\beta_{-\gamma} \\
&= \int f(y|\beta_\gamma, \gamma)\pi_1(\beta_\gamma|\gamma)\,d\beta_\gamma
\end{aligned}$$

이므로 $\pi_0(\beta_{-\gamma}|\gamma)$ 는 γ의 사후분포에 영향을 미치지 않는 사전분포이다. 사후분포에 영향을 미치지 않는 사전분포라는 의미에서 $\pi_0(\beta_{-\gamma}|\gamma)$를 pseudo-prior라고 한다.

MCMC를 적용하여 γ의 사후표본을 추출하려면 γ, β_γ, $\beta_{-\gamma}$의 각 조건부 사후분포

로부터 표본을 추출하는 과정을 반복적으로 수행해야 한다. 각 반복에서 표본추출을 위한 γ와 β_γ, $\beta_{-\gamma}$의 조건부 사후분포를 구해보면 다음과 같다.

$$\begin{aligned}\pi(\beta_\gamma|\gamma,\beta_{-\gamma},y) &\propto f(y|\beta_\gamma,\beta_{-\gamma},\gamma)\pi(\beta_\gamma|\beta_{-\gamma},\gamma) \\ &\propto f(y|\beta_\gamma,\gamma)\pi_1(\beta_\gamma|\gamma)\end{aligned} \tag{10.4}$$

$$\pi(\beta_{-\gamma}|\gamma,\beta_\gamma,y) \propto \pi(\beta_{-\gamma}|\gamma,\beta_\gamma) = \pi_0(\beta_{-\gamma}|\gamma) \tag{10.5}$$

$$\pi(\gamma|\beta_\gamma,\beta_{-\gamma},y) \propto f(y|\beta_\gamma,\gamma)\,\pi_1(\beta_\gamma|\gamma)\,\pi_0(\beta_{-\gamma}|\gamma)\,\pi(\gamma) \tag{10.6}$$

식 (10.4)에서 우도함수와 $\pi_1(\beta_\gamma|\gamma)$가 공액관계라면 β_γ의 사후표본을 쉽게 생성할 수 있다. 식 (10.5)를 보면 $\beta_{-\gamma}$는 데이터와 상관없이 pseudo-prior인 $\pi_0(\beta_{-\gamma}|\gamma)$에서 생성된다. 이 pseudo-prior는 변수선택에 영향을 미치지 않으므로 임의로 선택해도 된다. 그러나 MCMC의 수렴을 좋게 하기 위해서는 $\beta_{-\gamma}$의 주변 사후분포 $\pi(\beta_{-\gamma}|y)$와 유사한 분포를 $\pi_0(\beta_{-\gamma}|\gamma)$로 선택하는 것이 좋다. 자료 y로부터 β_j의 대략적인 평균과 분산 μ_j, s_j^2을 구한 다음 $\pi_0(\beta_j)$로 $N(\mu_j, s_j^2)$을 선택하고, $\gamma_j=0$에 해당하는 $\pi_0(\beta_j)$를 곱하여 $\pi_0(\beta_{-\gamma}|\gamma)$를 사용할 것을 추천한다. 단, $\pi_0(\beta_{-\gamma}|\gamma)$와 달리 $\pi_1(\beta_j)$는 선택된 모형의 모수추정에 영향을 미치는 사전분포이므로 보통의 추정에서 사용하는 사전분포를 가정한다.

식 (10.6)에 주어진 분포로부터 γ의 표본생성은 γ가 이산변수이므로 γ의 모든 가능한 조합을 고려하여야 한다. 원소별로 나누어 생성하고자 한다면

$$\frac{P(\gamma_j=1|\boldsymbol{y},\boldsymbol{\beta},\gamma_{-j})}{P(\gamma_j=0|\boldsymbol{y},\boldsymbol{\beta},\gamma_{-j})} = \frac{f(\boldsymbol{y}|\boldsymbol{\beta},\gamma_j=1,\gamma_{-j})\pi(\boldsymbol{\beta}|\gamma_j=1,\gamma_{-j})P(\gamma_j=1)}{f(\boldsymbol{y}|\boldsymbol{\beta},\gamma_j=0,\gamma_{-j})\pi(\boldsymbol{\beta}|\gamma_j=0,\gamma_{-j})P(\gamma_j=0)} \tag{10.7}$$

이다. γ_{-j}는 γ_j를 제외한 나머지 원소들의 집합을 나타낸다. 참고로 $\pi(\beta|\gamma_j=1,\gamma_{-j})$는 γ값에 따라 사전분포가 달라진다. 예를 들어 γ가 3차원 벡터일 때 현재 $\gamma_2=1, \gamma_3=0$이 주어졌을 경우

$$\frac{P(\gamma_1=1|\boldsymbol{y},\boldsymbol{\beta},\gamma_{-1})}{P(\gamma_1=0|\boldsymbol{y},\boldsymbol{\beta},\gamma_{-1})} = \frac{f(\boldsymbol{y}|\beta_1,\beta_2)\pi_1(\beta_1)\pi_1(\beta_2)\pi_0(\beta_3)P(\gamma_1=1)}{f(\boldsymbol{y}|\beta_2)\pi_0(\beta_1)\pi_1(\beta_2)\pi_0(\beta_3)P(\gamma_1=0)}$$

이다. 여기서 $P(\gamma_1=1)$은 $\gamma_1=1$일 사전확률이다.

MCMC 알고리즘을 직접 코딩할 경우에는 식 (10.4) ~ (10.7) 분포를 이용하여 (γ, β_γ, $\beta_{-\gamma}$) 사후표본을 생성하면 된다. 여기에서는 직접 코딩은 생략하고 간단하게 JAGS를 이용하여 GVS를 수행하는 방법을 살펴보기로 한다.

깁스 변수선택에서 $\pi_1(\beta_j)$로 $N(0,100)$을, $\pi_0(\beta_j)$로 $N(\mu_j, s_j^2)$를 선택했을 때

JAGS의 모형설정문은 다음과 같다. μ_j, s_j^2은 변수 Y와 설명변수 간에 선형회귀모형을 적합시켜 얻은 β_j의 추정치와 분산이다.

```
lm.out=lm(y~x)
mu.beta0=lm.out$coefficients[1]
var.beta0=lm.out$vcov[1,1]
mu.beta=lm.out$coefficients[2:(k+1)]
var.beta=diag(lm.out$vcov[2:(k+1), 2:(k+1)]

#### Model ####
modelString="
model {
for(j in 1:k){gbeta[j]<-gamma[j]*beta[j]}
for(i in 1:n){
    y[i] ~ dnorm(mu[i], invsigsq)
    mu[i]<-gamma0*beta0+inprod(x[i,1:k], gbeta[1:k])
}
gamma0 ~ dbern(0.5)
for(j in 1:k){gamma[j] ~ dbern(0.5)}

beta0 ~ dnorm(m.b0, tau.b0)
m.b0<-(1-gamma0)*mu.beta0
tau.b0<-gamma0/100+(1-gamma0)/var.beta0
for(j in 1:k){
beta[j] ~ dnorm(m.b[j], tau.b[j])
m.b[j]<-(1-gamma[j])*mu.beta[j]
tau.b[j]<-gamma[j]/100+(1-gamma[j])/var.beta[j]
}
invsigsq ~ dgamma(0.01, 0.01)
}
"
write(modelString, file="model_gibbs_varsel.txt")
```

예 10.2 예 10.1에서 설명변수를 독립적으로 $N(0,1)$에서 생성하는 경우 깁스 변수 선택을 적용해 보자. 랜덤으로 데이터를 생성하기 때문에 데이터의 변동을 고려하여 50번 반복 수행한 뒤 추정치의 평균을 계산하여 아래와 같은 결과를 얻었다. spike-and-slab의 경우와 비슷한 결과를 보여준다.

```
       beta.025.mean  beta.975.mean     beta.mean   gamma.mean
```

x1	0.849268116	1.1299082	0.989787139	1.0000000
x2	0.361605844	0.6413403	0.501494423	0.9999807
x3	0.100559975	0.3776920	0.239266600	0.8565220
x4	-0.008520019	0.2743691	0.132921925	0.4424033
x5	-0.080167874	0.1968855	0.058148170	0.1934580
x6	-0.114393094	0.1699761	0.027238883	0.1739020
x7	-0.114667332	0.1681963	0.026620455	0.1450587
x8	-0.142670417	0.1364316	-0.003073533	0.1332973
intercept	-0.143405812	0.1373640	-0.003352353	0.1721013

예 10.1과 예 10.2는 선형모형에서의 변수선택을 다루었다. 일반화 선형모형에서의 변수선택은 마찬가지로 연결함수부분에 변수선택 모형을 고려하면 된다. 예를 들어 로지스틱 모형에 GVS 적용 시 모형설정문에서 자료의 분포 부분만 아래와 같이 바꾸어주면 된다.

```
for(i in 1:n){
    y[i] ~ dbin(p[i],1)
    logit(p[i])<-gamma0*beta0+inprod(x[i,1:k], gbeta[1:k])
}
```

예 10.3 로지스틱 모형을 따르는 자료

$Y_i \sim Ber(p_i),\ logit(p_i) = x_1 + \frac{1}{2}x_2 + \frac{1}{4}x_3 + \frac{1}{8}x_4,\ \ x_1, x_2, ..., x_8 \sim N(0,1)$에 GVS를 적용해 보자. 시뮬레이션 데이터생성 코드는 다음과 같다.

```
x=matrix(rnorm(n*k),n,k)
beta.true=c(1,0.5, 0.25,0.125,0,0,0,0)
beta0.true=0
y=rbinom(n,1,1/(1+exp(-(beta0.true+ x%*% beta.true))))
```

glm 함수를 사용하여 로짓 모형을 적합시켜 얻은 결과를 pseudo-prior 모수에 사용하고, 50번 반복 시뮬레이션을 수행하여 얻은 추정치의 평균은 다음과 같다. β와 γ의 추정이 잘 수행되었음을 볼 수 있다.

	beta.025.mean	beta.975.mean	beta.mean	gamma.mean
x1	0.689972607	1.3071946	0.98874953	0.99994667
x2	0.250346309	0.7926535	0.51669701	0.79622600

x3	-0.003027884	0.5222565	0.25647336	0.22226800
x4	-0.118126772	0.3930624	0.13784060	0.06165600
x5	-0.283223055	0.2288898	-0.02808394	0.04407000
x6	-0.278020394	0.2439380	-0.01784759	0.02810667
x7	-0.236563450	0.2803535	0.01748340	0.05812333
x8	-0.224358453	0.2840426	0.02709984	0.04301800
intercept	NA	NA	NaN	0.11569467

10.4 변수선택과 회귀계수의 추정

MCMC를 이용한 베이지안 변수선택에서는 (γ, β)의 사후표본을 추출한 후 γ의 사후표본을 이용하여 변수선택을 수행한다. 물론 회귀계수 β의 베이지안 추정치도 표본으로부터 구할 수 있다. 이때 주의할 점은 β의 전체 표본의 평균을 구하면 이는 β의 주변 사후분포 $\pi(\beta|y)$의 기대치이다. 즉, β_j가 모형에 포함되었을 경우와 포함되지 않았을 경우를 모두 고려하여 평균을 구한 것이다. 아마도 β에 대한 우리의 관심은 선택된 모형 내에서의 조건부 사후분포 $\pi(\beta_\gamma|\gamma, y)$이지 주변 사후분포 $\pi(\beta|y)$가 아닐 것이다. 즉, 적절한 모형이 선택되었을 때 그 모형하에서 설명변수의 영향을 알고 싶을 것이다. 이를 위해서 적절한 $\hat{\gamma}$를 찾았다면 $\pi(\beta_{\hat{\gamma}}|\hat{\gamma}, y)$ 분포에서 β의 추정치를 구해야 할 것이고, $\gamma = \hat{\gamma}$에 대응하는 $\beta_{\hat{\gamma}}$의 표본을 따로 선별한 후 이 표본들의 평균으로 추정해야 한다.

10.5 실제 자료분석: Baseball Salary Data

Baseball salary data는 Journal of Statistics Education(JSE) 기록보관소(archive)에서 얻을 수 있는데, 이 자료에는 1991년부터 1992년의 시즌 동안 MLB (Major League Baseball) 야구선수들 337명의 연봉 정보를 모은 것이다. 야구선수와 관련된 16가지 변수 중 어느 것이 야구선수의 연봉에 유의한 영향을 주는지 베이지안 변수선택 방법을 통해 분석해 보고자 한다. 반응변수로 사용될 Salary가 왼쪽으로 치우쳐져 있어서 로그 변환하여 사용하기로 한다. 변수설명은 다음과 같다.

Variable Name	Description

Y	log(Salary) (salary in thousands of dollars)
X1	Batting average
X2	On-base percentage
X3	Number of runs
X4	Number of hits
X5	Number of doubles
X6	Number of triples
X7	Number of home runs
X8	Number of runs batted in
X9	Number of walks
X10	Number of strike-outs
X11	Number of stolen bases
X12	Number of errors
X13	Indicator of "free agency eligibility"
X14	Indicator of "free agent in 1991/2"
X15	Indicator of "arbitration eligibility"
X16	Indicator of "arbitration in 1991/2"

먼저 자료를 읽어 들이고 선형회귀모형을 적합시켜 보았다. 회귀계수 추정치를 보면 x8, x10, x13, x14, x15가 유의하고, x4는 유의확률이 0.0544로 0.05 유의수준과 비교하면 약간 큰 값을 가지므로 경계선에 있다고 볼 수 있다.

```
dd=read.table("baseball.txt", header=T, sep=",")
colnames(dd)[1]<-"y"
dd$y=log(dd$y)
y=dd$y
n=nrow(dd)
x=dd[,-1]
X=cbind(rep(1,n),x)
K=ncol(X)

lm.out=lm(y ~ ., data=dd)
summary(lm.out)

              Estimate    Std. Error   t value    Pr(>|t|)
(Intercept)   5.395076    0.257203     20.976     < 2e-16 ***
x1            0.901783    2.096892      0.430     0.66744
x2           -2.196999    1.836802     -1.196     0.23254
x3            0.001085    0.004363      0.249     0.80381
x4            0.004943    0.002560      1.931     0.05439 .
x5           -0.002388    0.006657     -0.359     0.72005
```

```
x6      -0.016848    0.016734   -1.007   0.31477
x7       0.004280    0.009727    0.440   0.66022
x8       0.009933    0.003918    2.535   0.01171 *
x9       0.005249    0.003497    1.501   0.13427
x10     -0.005468    0.001663   -3.289   0.00112 **
x11      0.004696    0.003644    1.289   0.19846
x12     -0.007932    0.005798   -1.368   0.17228
x13      1.590295    0.083947   18.944   < 2e-16 ***
x14     -0.259597    0.106401   -2.440   0.01524 *
x15      1.318280    0.091442   14.417   < 2e-16 ***
x16     -0.075270    0.186943   -0.403   0.68748
---
Signif. codes:  0 '***' 0.001 '**' 0.01 '*' 0.05 '.' 0.1
```

반면 MASS 패키지의 stepAIC 함수를 사용하여 stepwise 변수선택을 수행하면 x2, x4, x8, x9, x10, x11, x13, x14, x15가 선택되었음을 볼 수 있다.

```
library(MASS)
stepAIC(lm.out, direction="both" )

Step:  AIC=-412.82
y ~ x2+x4+x8+x9+x10+x11+x13+x14+x15
```

GVS(Gibbs variable Selection) 방법을 사용하여 베이지안 변수선택을 수행하여 보자. 먼저 GVS에 필요한 사전분포와 pseudo-prior를 결정해야 한다. 우리는 회귀계수에 대한 pseudo-prior로 정규분포를 가정하고 평균과 분산을 lm.out에서 얻은 최우추정치 $\hat{\beta}$와 분산추정치의 대각원소만 취한 $\widehat{var}(\hat{\beta})$을 사용하였고, 사전분포로는 마찬가지로 정규분포를 가정하고 평균은 0, 분산은 추정된 분산에 100을 곱한 값 $100 \cdot \widehat{var}(\hat{\beta})$을 사용하였다. 참고로, 선택된 사전분포 $N(0, 100*\widehat{var}(\hat{\beta}))$가 무정보 사전분포에 가까우려면 우도함수가 유의하게 0보다 큰 $\hat{\beta} \pm 3\sqrt{\widehat{var}(\hat{\beta})}$ 구간에서 사전밀도함수가 큰 변동 없이 비슷한 값을 가져야 하므로 이를 확인할 필요가 있다. 만약 그렇지 않다면 분산추정치에 100보다 더 큰 값을 곱하여 퍼짐성이 커지도록 해야 한다. 이를 확인하는 것이 번거롭다면 사전분포의 중심을 최우추정치로 정하고 분산을 충분히 크게 하여 예를 들면 $N(\hat{\beta}, 100*\widehat{var}(\hat{\beta}))$를 사전분포로 선택하는 방법을 취할 수도 있다.

```
mu.beta=lm.out$coefficients[1:K]
var.beta=diag(vcov(lm.out))[1:K]
```

```
## pseudo prior ###
pseudo.beta.mean=mu.beta
pseudo.beta.var=var.beta

### prior #####
prior.beta.var=var.beta*100
prior.beta.mean=rep(0,K)
```

JAGS 실행을 위하여 모형설정문을 다음과 같이 작성한다. 앞 절에서는 절편을 따로 떼어 구별하였으나 코드의 간단성을 위하여 절편을 회귀계수에 포함시켰음을 유의하라. K는 절편을 포함한 전체 설명변수의 수이다.

```
modelString="
model {
for(j in 1:K){gbeta[j]<-gamma[j]*beta[j]}
for(i in 1:n){
y[i] ~ dnorm(mu[i], invsigsq)
mu[i]<-inprod(X[i,1:K], gbeta[1:K])
}

for(j in 1:K){gamma[j] ~ dbern(0.5)}

for(j in 1:K){
beta[j] ~ dnorm( m.b[j], tau.b[j])
m.b[j]<-gamma[j]*prior.beta.mean[j]+(1-gamma[j])* pseudo.beta.mean[j]
tau.b[j]<-gamma[j]/prior.beta.var[j]+(1-gamma[j])/pseudo.beta.var[j]
}
invsigsq ~ dgamma(0.01, 0.01)
}
"
write(modelString, file="model_GVS2.txt")
```

데이터와 사전모수를 dataList에 저장하고 γ의 초기치를 모두 1로 하여 MCMC를 수행한 후 β와 γ의 표본을 취한다.

```
dataList=list(n=n, K=K, y=y, X=X, pseudo.beta.mean=pseudo.beta.mean,
pseudo.beta.var=pseudo.beta.var, prior.beta.var=prior.beta.var,
prior.beta.mean=prior.beta.mean)
gammaInit=rep(1,K)
initsList=list(beta=mu.beta,gamma=gammaInit)
```

```
library(rjags)
nChains=3; nIter=30000
jagsModel=jags.model(file="model_GVS2.txt", data=dataList, inits=initsList,
                     n.chains=nChains, n.adapt=3000)
update(jagsModel, n.iter=10000)
codaSamples=coda.samples(jagsModel, variable.names=c("gamma", "beta"),
n.chains=nChains, n.iter=nIter)

para.samples=as.matrix(codaSamples)
#head(para.samples)
beta.samples=para.samples[, 1 : K]
gamma.samples=para.samples[, (K+1) : (K+K)]
```

data.table 패키지의 as.data.table 함수를 사용하여 벡터변수 γ의 가능한 조합에 대한 빈도수와 상대도수(사후확률)를 계산한 후 이를 내림차순으로 정렬하여 가장 빈도수가 높은 조합을 γ의 추정치로 선택한다. $\hat{\gamma}$을 보면 M1=(절편, x4, x8, x10, x13, x14, x15)가 선택되었음을 볼 수 있다.

```
install.packages("data.table")
library(data.table)
m=gamma.samples
mm=as.data.table(m)[, .N, by=eval(paste0("gamma[", seq_len(ncol(m)), "]"))]
colnames(mm)=c("g0","g1","g2","g3","g4","g5","g6","g7","g8","g9","g10","g11","g12",
"g13","g14","g15","g16","N")
 mm.order=order(mm$N, decreasing=T)
 mm$N=round(mm$N/(nIter*nChains), 4)
gamma.hat=as.numeric(mm[which.max(mm$N)])
gamma.hat=gamma.hat[1:K]
gamma.hat

 [1] 1 0 0 0 1 0 0 0 1 0 1 0 0 1 1 1 0
```

회귀계수 최우추정치의 유의성으로 판단한 변수선택(MLE)과 stepAIC 함수를 사용한 stepwise 변수선택(stepAIC) 결과와 GVS 변수선택(GVS) 결과를 표 10.1에 비교하여 보았다. stepwise 변수선택에 비하여 베이지안 변수선택이 작은 수의 설명변수를 선택하였음을 볼 수 있다.

표 10.1 Baseball salary data에 대한 변수선택 결과 비교

	x0	x1	x2	x3	x4	x5	x6	x7	x8	x9	x10	x11	x12	x13	x14	x15	x16
GVS	●				●				●		●			●	●	●	
stepAIC	●		●		●				●	●	●	●		●	●	●	
MLE	●								●		●	●		●	●	●	

가능한 전체 모형 중 사후확률 순위로 10개의 모형을 살펴보면 아래와 같다. 첫 번째 모형인 M1=(절편, x4, x8, x10, x13, x14, x15) 모형의 사후확률이 두 번째 모형 M2=(절편, x3, x8, x10, x13, x14, x15)과 거의 같은 확률을 갖는다. 이는 x3와 x4의 상관계수가 0.923으로 두 변수가 거의 동일한 변수이기 때문이다. M1과 M2를 동일한 모형 M으로 간주하면 M 모형의 사후확률은 두 모형의 확률을 더한 0.176이다. 사후확률의 절댓값은 작지만 총 $2^{17} = 131072$의 가능한 모형 중에서 선택된 것이므로 상대적으로 작다고 할 수 없다. 예를 들면 모형 M_1 또는 M_2의 사후확률은 M_3 또는 M_4 모형의 2배 이상이다.

```
mm[mm.order[1:10]]

    g0 g1 g2 g3 g4 g5 g6 g7 g8 g9 g10 g11 g12 g13 g14 g15 g16      N
 1:  1  0  0  0  1  0  0  0  1  0   1   0   0   1   1   1   0 0.0896
 2:  1  0  0  1  0  0  0  0  1  0   1   0   0   1   1   1   0 0.0864
 3:  1  0  0  1  0  0  0  0  1  0   1   0   0   1   0   1   0 0.0391
 4:  1  0  0  0  1  0  0  0  1  0   1   1   0   1   1   1   0 0.0321
 5:  1  0  0  0  1  0  0  0  1  1   1   0   0   1   1   1   0 0.0306
 6:  1  0  0  1  1  0  0  0  1  0   1   0   0   1   1   1   0 0.0257
 7:  1  0  0  0  1  0  0  0  1  0   1   0   1   1   1   1   0 0.0236
 8:  1  0  0  1  0  0  0  0  1  0   1   1   0   1   1   1   0 0.0144
 9:  1  0  0  0  1  0  0  0  1  0   1   0   0   1   0   1   0 0.0140
10:  1  0  0  0  1  0  0  0  1  0   0   0   0   1   1   1   0 0.0111
```

최고사후확률 모형 M1=(절편, x4, x8, x10, x13, x14, x15)에서 회귀계수의 추정치를 구해보자. 총 90000개의 표본 중 모형 M1으로부터 산출된 표본은 8062개이다. 이 표본들로부터 회귀계수의 추정치를 구해보면 다음과 같다. 보다 더 정확도가 높은 추정치를 얻고 싶다면 선택된 모형 M1=(절편, x4, x8, x10, x13, x14, x15)에 대하여 반복수를 크게 하여 베이지안 회귀분석을 수행하면 된다. JAGS를 이용한 베이지안 회귀모형 적합에 대해서는 5장을 참고하라.

```
gamma.samples.collapsed<-apply(gamma.samples, 1, function(x) paste(x, collapse=" "))
gamma.hat.collapsed=paste(gamma.hat, collapse=" ")
id.selected=which(gamma.samples.collapsed==gamma.hat.collapsed)
length(id.selected)
[1] 8062

beta.samples.selected=beta.samples[id.selected,]
colnames(beta.samples.selected)=c("b0","b1","b2","b3","b4","b5","b6","b7","b8","b9","b
10","b11","b12","b13","b14","b15","b16")
beta.samples.selected2=beta.samples.selected[,gamma.hat==1]
head(beta.samples.selected2)
beta.selected.hat=apply(beta.samples.selected2,2,function(x)quantile(x, c(0.025,0.5, 0.975)))
 t(beta.selected.hat)
            2.5%          50%        97.5%
b0   4.795922166  4.927915270  5.060490471
b4   0.002704640  0.004909890  0.007126935
b8   0.007205122  0.011695964  0.015928311
b10 -0.006415394 -0.003920133 -0.001346178
b13  1.474176697  1.630087466  1.779075215
b14 -0.495801600 -0.300841946 -0.094723048
b15  1.114708421  1.282693973  1.452497706
```

참고문헌

- Carlin B. P., Chib S., (1995), Basyesian Model CHoice via Markov Chain Monte Carlo Methods, wiley for the Royal Statistical Society, 57, 473-484.
- Dellaportas P., (1998), Basyesian Classification of Neolithic Tools, *Journal of the Royal Statistical Society*. Series C, 47, 279-297.
- George, E., McCulloch, R., (1993), Variable Selection Via Gibbs Sampling, *Journal of the American Statistical Association*, 88. 881-889.
- Kuo, L., Mallick B., (1998), Variable Selection for Regression Models, *The India Journal of Statistics*, 60, no.1, 65-81.
- O'hara, Sillanpaa, (2009), A review of Bayesian variable selection methods: what, how and which, Baysian Anal., Volume 4, 85-117.

11장

베이지안 분위회귀분석

11.1 분위회귀모형

연속반응변수 Y와 설명변수 $\boldsymbol{x}=(x_1,\ldots,x_k)$가 주어질 때 $Q_p(Y|\boldsymbol{x})$를 Y의 p 분위수라고 하면, $0<p<1$인 p에 대하여 $P(Y\leq Q_p(Y|\boldsymbol{x}))=p$를 만족한다. 분위회귀모형(Quantile Regression Model)은 $Q_p(Y|\boldsymbol{x})$에 대하여 다음과 같은 관계를 가정한다.

$$Q_p(Y|\boldsymbol{x}) \;=\; \boldsymbol{x}\boldsymbol{\beta}_p \tag{11.1}$$

여기서 $\boldsymbol{\beta}_p$는 미지의 회귀계수이며 p값에 따라 값이 달라진다(Koenker and Bassett (1978)).

회귀계수 $\boldsymbol{\beta}_p$의 일치(consistent) 추정치는 아래 식 (11.2)에 주어진 손실함수를 최소화하는 $\boldsymbol{\beta}_p$이다.

$$\sum_{i=1}^{n}\rho_p(y_i-\boldsymbol{x}_i\boldsymbol{\beta}_p) \tag{11.2}$$

식 (11.2)에서 $\rho_p(\cdot)$는 체크 손실함수(check loss function)라고 하며

$$\rho_p(u)=u(p-I(u<0))$$

로 정의되는데, 이때 $I()$는 지시함수이다. 아래 프로그램을 이용하여 p = 0.1, 0.5, 0.9에 대하여 체크 손실함수를 그려보면, $p=0.5$일 경우를 제외하고 체크 손실함수는 비대칭임을 볼 수 있다(그림 11.1). 또한 원점에서 미분 가능하지 않다.

```
u=seq(-3, 3, length=100)
closs=function(p, u) rho=u*(p-1)*(u<0)+u*p*(u>=0)
plot(u,closs(0.5, u), type="l")
lines(u,closs(0.1, u), lty=2, col=4)
lines(u,closs(0.9, u), lty=3, col=2)
legend(1.5, 0.8, lty=c(2, 1, 3), col=c(4, 1, 2), legend=c("p=0.1", "p=0.5", "p=0.9"))
```

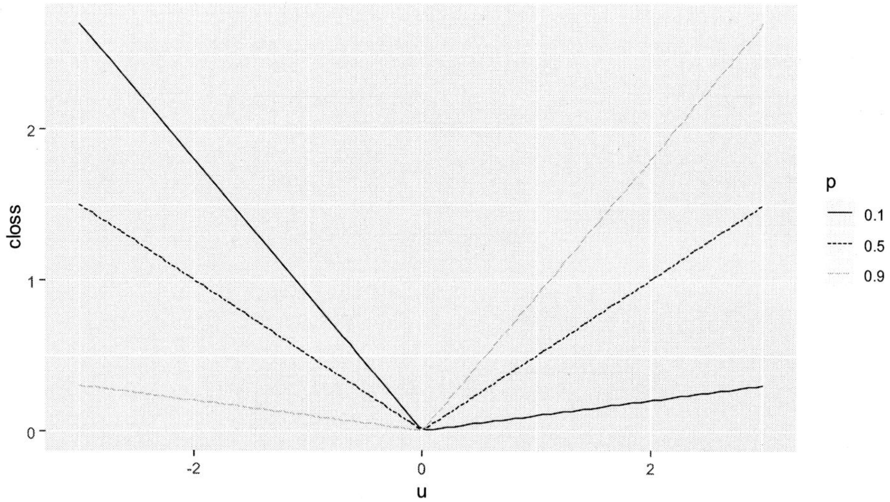

그림 11.1 체크 손실함수

식 (11.2)의 손실함수를 최소화하는 β_p는 수리적으로 찾기 어려우므로 보통 선형계획법(linear programming method)을 사용해야 한다(Koenker and Park, 1996; Portnoy and Koenker, 1997).

11.2 분위회귀모형과 평균회귀모형

개체 i로부터 종속변수 또는 반응변수 Y_i와 상수를 포함한 k개의 독립변수 또는 설명변수들의 행벡터 $\boldsymbol{x}_i$가 관측될 때 기존의 평균(선형)회귀모형은 다음과 같다.

$$Y_i = \boldsymbol{x}_i\beta + \epsilon_i, \qquad \epsilon_i \overset{iid}{\sim} N(0, \sigma^2) \tag{11.3}$$

이를 달리 표현하면 독립적으로 $Y_i \sim N(\boldsymbol{x}_i\beta, \sigma^2)$이며 k차원 회귀계수 β는 우리가 추정하고자 하는 미지의 모수이다. 평균회귀모형 (11.3)의 주된 가정은 Y_i의 평균이 $\boldsymbol{x}_i\beta$이고 정규분포를 따르며 $\boldsymbol{x}_i$의 값에 상관없이 분산이 일정하다는 것이다.

평균회귀모형은 독립변수 $\boldsymbol{x}$값이 주어졌을 때 Y의 조건부 '평균'에 초점을 맞춘다. 그러나 실제 응용분야에서는 Y의 평균뿐만 아니라 전체적인 분포에 관심이 있는 경우가 종종 발생한다. 예를 들면, 은행잔고 비율을 반응변수 Y라고 할 때 고객의 잔고비율이 낮은 수준인지(Y의 하한꼬리 부위) 중간 수준인지(Y의 중심부위)에 따라 유의한 영향을 미치는 설명변수가 달라질 수 있다. 또한 주부들의 직장 내 근무시간을 분석한

Kozumi and Kobayashi(2011)의 결과를 보면 노동시간이 하위권, 중위권, 상위권에 속할 때 노동시간에 유의한 영향을 미치는 설명변수가 달라지므로 평균에만 초점을 맞추는 평균회귀모형이 자료를 설명하는 데 적절하지 못한 예를 보여주고 있다. 이처럼 실제 자료분석에서는 평균에만 추점을 맞추는 평균회귀모형은 이러한 변화를 설명할 수 없다는 한계가 있다(Whittaker et al., 2005).

분위회귀모형의 필요성을 보여주기 위한 간단한 예로, 그림 (11.2)는

$$y_i = 1.5x_i + \varepsilon_i,\ \ x_i \sim U(0,10),\ \ \varepsilon_i \sim N(0,2x_i),\quad i = 1,...200$$

로부터 생성된 자료에 대하여 $p = 0.1, 0.5, 0.9$인 분위회귀모형을 적합시켜 얻은 회귀직선을 그린 것이다. 산점도를 보면, Y의 분산이 x값에 따라 커지는 이분산(heteroscedastic) 형태를 보인다. 참고로, 평균회귀모형을 적합시켜 얻은 회귀직선은 $p = 0.5$일 때의 분위회귀직선과 거의 일치한다. 이때 평균회귀직선 또는 중앙값 회귀직선은 기울기가 약 1.5인 직선으로 x가 1단위 커짐에 따라 Y는 약 1.5 단위 증가한다. 그러나 $p = 0.1$일 때, 즉 Y의 하위 꼬리 부위에서는 분위회귀직선의 기울기가 약 -1.3으로 x가 1단위 커짐에 따라 Y는 오히려 약 1.3 단위 감소한다. 또한 $p = 0.9$일 때, 즉 Y의 상위 꼬리 부위에서는 분위회귀직선의 기울기가 약 4.0으로 x가 1단위 커짐에 따라 Y는 약 4.0 단위 증가한다. 이처럼 x가 주어졌을 때 Y의 조건부 분포의 어느 부위에 초점을 맞추느냐에 따라 x의 영향이 확연히 달라질 수 있으므로 Y의 조건부 분포의 중심 또는 평균뿐만 아니라 여러 부위에 초점을 맞추는 분위회귀모형이 유용하게 사용될 수 있다.

평균회귀모형은 x값에 상관없이 Y의 분산이 일정하다는 등분산성을 가정한다. 즉, 설명변수 x는 Y의 중심(평균)에만 영향을 줄 뿐 Y의 분산 등 분포의 다른 측면에는 영향을 미치지 않는다고 가정한다. 그러나 등분산 가정은 매우 강한 가정으로 많은 실제 자

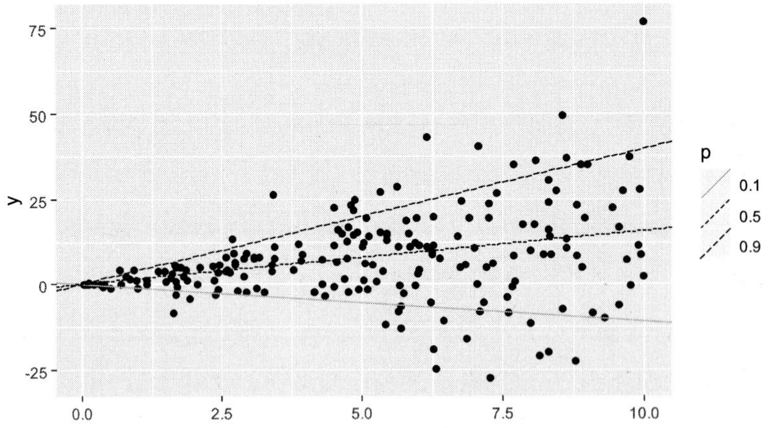

그림 11.2 분위회귀직선

료에서 성립되지 않는다.

분위회귀모형은 Koenker and Bassett(1978)에 의해 처음 제안된 모형으로 기존의 평균회귀모형을 확장한 것이다. 평균회귀모형이 $\mu = E(Y|\boldsymbol{x},\beta) = \boldsymbol{x}\beta$로 Y의 평균과 $\boldsymbol{x}\beta$를 연결시키는 것에 반하여, 분위회귀모형에서는 $0 < p < 1$인 p에 대하여 Y의 p 분위수와 설명변수 $\boldsymbol{x}$를 연결하는 모형으로 분위수 p를 변화시킴으로써 Y의 중심뿐만 아니라 Y의 전체 분포에 대한 $\boldsymbol{x}$의 영향을 살펴볼 수 있도록 한 것이다. p가 0에 가까우면 Y의 하한꼬리부분에 영향을 미치는 설명변수들을 살펴볼 수 있고, p가 0.5에 가까우면 Y의 중심부분, p가 1에 가까우면 Y의 상한꼬리부분에 영향을 미치는 설명변수들을 살펴볼 수 있다. 참고로, 평균회귀모형에 비하여 이상점의 영향을 줄이는 데 효과적인 모형으로 빈번히 사용되는 중앙값 회귀모형(median regression)은 $p = 0.5$인 분위회귀모형이다.

분위회귀모형은 정규분포, 분포의 대칭성, 등분산성 등을 가정하지 않으므로 평균회귀모형에 비하여 상대적으로 분포에 대한 가정이 매우 약하여 적용할 수 있는 자료의 범위가 넓은 것이 장점이다. 특히 이상점의 영향을 덜 받기 때문에 이상점이 존재하는 경우 강건성(robust)을 지닌 방법이다.

11.3 분위회귀모형의 베이지안 분석

베이지안 추론을 위해서는 우도함수가 필요하다. Koenker and Machado(1999)에 따르면

$$Y = \boldsymbol{x}\beta_p + \varepsilon, \quad Q_p(\varepsilon) = 0 \tag{11.4}$$

로 설정하면 $Q_p(Y|\boldsymbol{x}) = p$ 가 성립한다. 식 (11.4)에서 $Q_p(\varepsilon) = 0$는 ε의 p 분위수가 0 임을 의미한다. 따라서 분위회귀모형을 식 (11.1) 대신 식 (11.4)로 설정할 수도 있다. 분위회귀모형 (11.4)는 오차에 대한 가정이 다를 뿐 평균회귀모형 (11.3)과 유사한 형태이다.

오차항 ε에 대하여 $\varepsilon \sim ALD(p)$, 즉 확률밀도함수 $f_p(\varepsilon) = p(1-p)e^{-\rho_p(\varepsilon)}$를 갖는 비대칭 라플라스 분포(Asymmetric Laplace Distribution, ALD)를 가정하면 ε의 p 분위수는 0이 된다. 이때 ε의 밀도함수 $f_p(\varepsilon)$이 체크 손실함수 ρ_p의 감소함수이므로 식 (11.2)의 손실함수를 최소화하는 것이 바로 $\varepsilon \sim ALD(p)$일 때 우도함수를 최대화하는 것과 동일하다. 따라서 우리는 분위회귀모형을

$$Y = \boldsymbol{x}\beta_p + \varepsilon, \quad \varepsilon \sim ALD(p) \tag{11.5}$$

로 정의할 수 있다. 이 경우 우도함수는

$$L(\beta_p|\boldsymbol{x},y)=\prod_{i=1}^{n}f_p(y_i|\beta,\boldsymbol{x}_i)=p^n(1-p)^n e^{-\sum_{i=1}^{n}\rho_p(y_i-\boldsymbol{x}_i\boldsymbol{\beta}_p)} \tag{11.6}$$

로 주어지며, 이 우도함수와 모수 β_p의 사전분포를 사용하여 분위회귀모형에 대한 베이지안 추론을 수행할 수 있다. 모수 β_p는 벡터 모수이므로 보통의 평균회귀모형의 분석에서와 같이 사전분포로 $\beta_p \sim N(\beta_{0p}, \Sigma_{0p})$를 가정한다.

11.4 JAGS를 이용한 분위회귀모형의 추정

JAGS를 활용하여 분위회귀계수 β_p의 사후표본을 생성하고 이 표본을 이용하여 베이지안 추론을 수행할 수 있다. JAGS에서 분위회귀모형 분석을 위한 모형설정 방법은 두 가지가 있다.

첫 번째 방법은 잠재변수를 도입하는 방법이다. 먼저 p의 함수 θ, η를 다음과 같이 정의한다.

$$\theta=\frac{1-2p}{p(1-p)}, \qquad \eta=\frac{2}{p(1-p)}$$

잠재변수를 $V\sim Exp(1)$, $Z\sim N(0,1)$로 정의한다. 여기에서 $Exp(1)$은 평균이 1인 지수분포를 나타낸다. 다음, $\varepsilon=\theta V+\sqrt{\eta V}Z$로 놓으면 ε의 주변 분포는 $ALD(p)$이다(Yu et al. 2013). 즉, ALD 분포를 지수분포와 정규분포의 합성으로 나타낼 수 있는 것이다. 이를 이용하면 모형 (11.5)는

$$\begin{aligned} Y|V &\sim N(\boldsymbol{x}\beta_p+\theta V,\ \eta V) \\ V &\sim Exp(1) \end{aligned} \tag{11.7}$$

과 동일하다. 모형 (11.7)을 보면 V가 주어진 조건하에서 Y는 평균이 $\boldsymbol{x}\beta_p+\theta V$인 정규분포를 따르므로 잠재변수 V가 주어졌을 때 β_p의 조건부 사후분포는 정규분포가 된다. 그리고 간단한 계산으로 V의 조건부 사후분포가 역가우시안(inverse Gaussian) 분포임을 유도할 수 있다. β_p와 V 각각의 조건부 사후분포로부터 표본생성이 용이하므로 깁스 표본기법의 사용이 가능하고, 따라서 간단한 코딩으로 β_p와 V의 사후표본을 생성할 수 있다. β_p와 V의 사후표본 중 β_p의 표본만 취하면 이것이 우리가 원하는 모형 (11.5)에서 β_p의 사후표본이므로 이를 이용하여 추론을 수행하면 된다.

만약 척도모수를 도입하고 싶다면 평균이 σ^2인 지수분포를 따르는 잠재변수 W를 도입하면 식 (11.5)는

$$Y|W \sim N(\boldsymbol{x}\beta_p + \theta W,\ \sigma^2 \eta W) \tag{11.8}$$

와 동일하다. 모형 (11.8)은 모형 (11.7)에 비하여 σ^2 모수가 추가된 것이다. σ^2에 대한 사전분포로 역감마 분포를 가정한다. β_p와 W의 조건부 사후분포는 각각 정규분포와 역가우시안 분포이고 σ^2의 조건부 사후분포는 역감마 분포임을 알 수 있으므로 모형 (11.8)에서도 깁스 표본기법을 적용하여 사후표본을 추출할 수 있다.

분위회귀모형에 잠재변수를 도입하고 깁스 표본기법을 사용하여 분위회귀모형에 대한 베이지안 분석을 수행하는 MCMC 알고리즘은 Kozumi and Kobayasi(2011)을 참고하기로 하고, 이 장에서는 JAGS를 사용한 사후표본추출을 살펴본다.

잠재변수를 도입하는 베이지안 분석 외에 JAGS의 모형설정에서 식 (11.6)에 주어진 비대칭 라플라스 분포(ALD)의 우도함수를 직접 지정하여 베이지안 분석을 수행할 수도 있다.

우도함수를 직접 지정하는 방법을 적용한 JAGS model 문장은 다음과 같다.

```
#### Model ####
modelString = "
model {
for(i in 1:length(y)){
  fd[i]<-p*(1-p)*exp(-check[i])
  check[i]<-e[i]*(p-(1-step(e[i])))
  e[i]<-y[i]-inprod(x[i,1:K], beta[1:K])
  #--- use 0-1 trick ---#
  Ones[i] ~ dbern(pi[i])
  pi[i]<-fd[i]/10000
}
beta[1:K] ~ dmnorm(mu[], Tau[,])
}
"
writeLines(modelString, "model_BQR.txt")
```

만약 잠재변수를 사용하면 model 문장을 다음과 같이 변형한다.

```
modelString ="
model {
 theta<-(1-2*p)/(p*(1-p))
```

```
  eta<-2/(p*(1-p))
  for(i in 1:length(y)){
    w[i] ~ dexp(1/sigsq)
    y[i] ~ dnorm(mu.y[i], tau.y[i])
    mu.y[i]<-inprod(x[i,1:K], beta[1:K])+theta*w[i]
    tau.y[i]<-1/(eta*w[i]*sigsq)
  }
  inv.sigsq ~ dgamma(a0, b0)
  sigsq<-1/sqrt(inv.sigsq)

 beta[1:K] ~ dmnorm(mu[], Tau[,])
 }
 "
 writeLines(modelString, "model_BQR_latent.txt")
```

11.5 실제 자료분석: Boston Housing data

미국 보스턴 지역의 주택가격에 관한 자료를 분석해 보자. 원래 자료는 University of California, Irvine의 Repository Of Machine Learning Databases의 웹사이트 http://www.ics.uci.edu/~mlearn/MLRepository.html에서 다운받을 수 있고 수정된 자료는 http://lib.stat.cmu.edu/datasets/에서 다운받을 수 있다. 표 11.1은 자료에 포함된 변수에 대하여 기술한 것이다.

표 11.1 Boston Housing 자료의 변수들

crime	per capita crime rate by town
zn	proportion of residential land zoned for lots over 25,000 sq.ft
indus	proportion of non-retail business acres per town
chas	Charles River dummy variable (= 1 if tract bounds river; 0 otherwise)
nox	nitric oxides concentration (parts per 10 million)
rm	average number of rooms per dwelling
age	proportion of owner-occupied units built prior to 1940
dis	weighted distances to five Boston employment centres
rad	index of accessibility to radial highways
tax	full-value property-tax rate per USD 10,000
ptratio	pupil-teacher ratio by town
b	1000(B − 0.63)^2 where B is the proportion of blacks by town
lstat	percentage of lower status of the population
cmedv	corrected median value of owner-occupied homes in USD 1000's
lon	longitude of census tract
lat	latitude of census tract

반응변수로 CMEDV(the corrected median values of owner-occupied housing in 1000s of US dollars)를 선택하고 나머지 변수들은 설명변수로 하여 베이지안 분위회귀분석을 수행하여 보자. 자료가 Boston_data.txt에 저장되어 있으므로 이 자료를 읽어 들인 뒤 설명변수들 중 양적인 변수들을 모두 평균 0, 표준편차 1이 되도록 표준화하여 분석에 사용한다.

```
#### Boston Data ####
Boston=read.table(file="Boston_data.txt", header=T)
x=as.matrix(Boston[c(-3)])
for(i in 1:ncol(x)) x[,i]=(x[,i]-mean(x[,i]))/sd(x[,i])
x=cbind(rep(1, nrow(x)), x)
x=data.matrix(x)
colnames(x)[1]="intercept"
head(x)
y=Boston[,3]
data.name="Boston"
```

아래의 R 코드는 다음 작업을 수행한다. 선형회귀모형을 적합시켜 얻은 계수 추정치를 β의 정규사전분포의 평균으로 사용하고 추정치의 분산에 100을 곱하여 사전분산으로 사용한다. 모수 σ^2의 사전분포로 $IG(0.1, 0.1)$을 가정한다. 그리고 8장에서 소개한 0-1 기법을 사용하여 우도함수를 직접 지정하기 위하여 베르누이 분포를 따르는 가상자료 Ones를 DataList에서 제공한다. 분위수 $p = 0.1, 0.2, \cdots, 0.9$ 에 대하여 분위회귀모형 회귀계수 추정치를 구한 후(95% 사후구간 포함) 각 설명변수에 대하여 분위수에 따른 추정치의 변화를 그림으로 그려본다.

```
lm.summary=lm(y~x-1)
mu=lm.summary$coefficients
Tau=solve(vcov(lm.summary))*0.01
Ones=rep(1,length(y))
initsList=list(beta=mu)
K=ncol(x)

nAdapt=1000; nUpdate=10000; nIter=30000; nChains=3
p.set=seq(0.1, 0.9, length=9)
beta.hat=matrix(0, length(p.set), K)
beta.cl=beta.cu=matrix(0, length(p.set), K)

require(rjags)
for(ip in 1:length(p.set)) {
```

```
  p=p.set[ip]

  #for model_BQR.txt
  dataList=list(p=p, K=K, y=y, x=x, Ones=Ones, mu=mu, Tau=Tau)

  #for model_BQR_latent.txt
  #dataList=list(p=p, K=K, y=y, x=x, mu=mu, Tau=Tau, a0=0.1, b0=0.1)

  jagsModel=jags.model(file="model_BQR.txt", data=dataList,
                       inits=initsList, n.chains=3, n.adapt=nAdapt)
  update(jagsModel, n.iter=nUpdate)
  codaSamples=coda.samples(jagsModel, variable.names=c("beta"),
                           thin=1, n.iter=nIter)
#source(MyFunc.r)
#convDiag(codaSamples)
mcmcSamples=as.matrix(codaSamples)

beta.hat[ip,1:K ]=apply(mcmcSamples[,1:K], 2, quantile, 0.5)
beta.cl[ip,1:K ]=apply(mcmcSamples[,1:K], 2, quantile, 0.025)
beta.cu[ip,1:K ]=apply(mcmcSamples[,1:K], 2, quantile, 0.975)
}

#--- plot ---#
par(mfrow=c(2,3))
for(k in 2:7) {
  plot(p.set, beta.hat[,k],type="l", ylim=c(min(beta.cl[,k]), max(beta.cu[,k])),
      xlab="p", ylab=colnames(x)[k])
  lines(p.set, beta.cl[,k], col=3)
  lines(p.set, beta.cu[,k], col=3)
  abline(h=0)
}
```

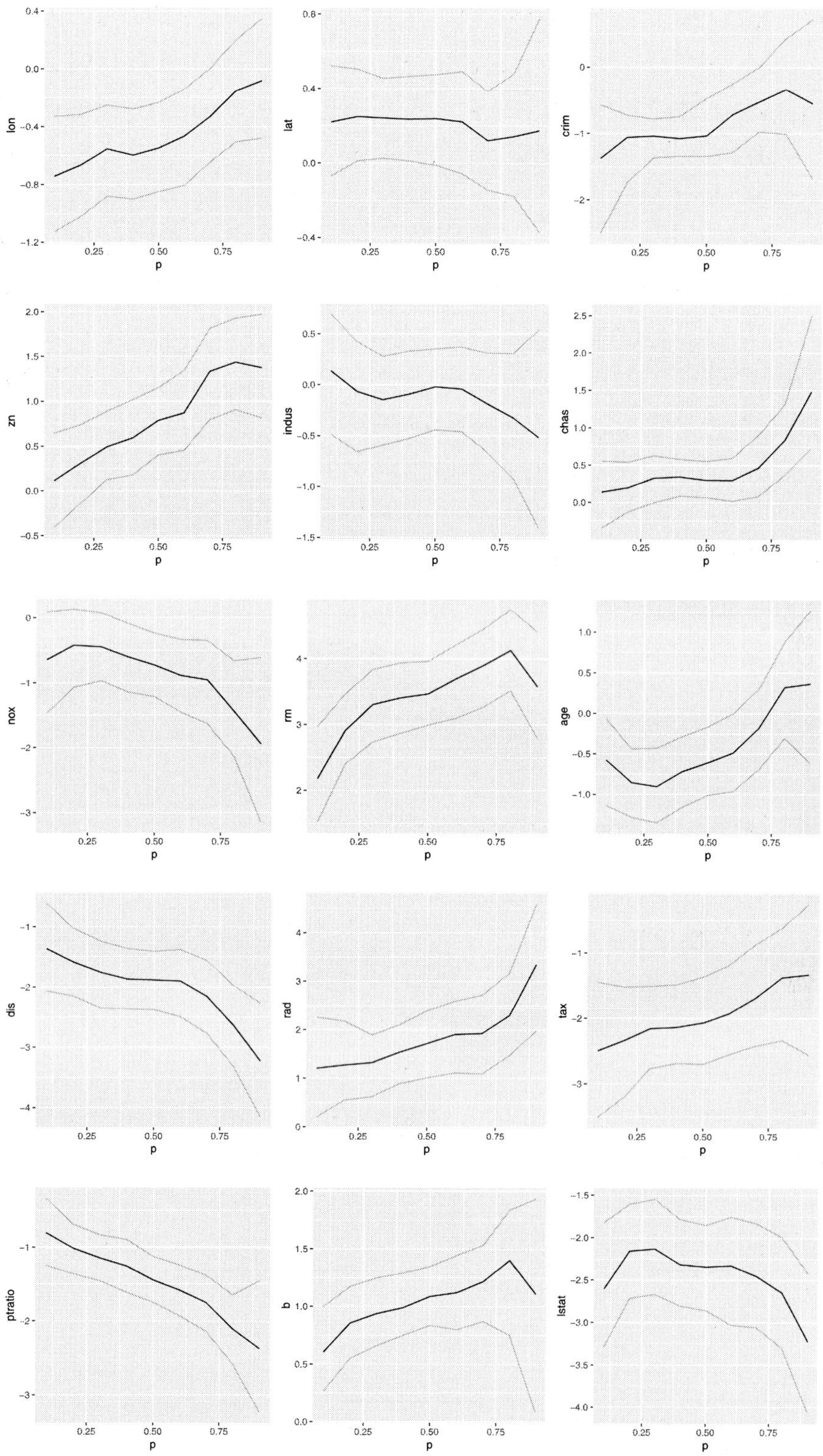

그림 11.3 Boston Housing 자료의 베이지안 분위회귀분석결과

그림 11.3은 분위수 p에 따라 추정된 분위회귀계수와 95% 신뢰구간을 그림으로 표시한 것이다. 회귀계수 추정치가 분위수 p에 따라 매우 달라짐을 볼 수 있으며 특히 lon(longitude, 경도, 주택의 지도상 위치를 나타냄), crime(crime rate, 범죄율), age(1940년 이전에 건축된 주택의 비율)를 비롯한 다수의 변수가 p값에 따라 유의성이 달라짐을 볼 수 있다. 예를 들어 age 변수는 중하위 분위(0.1 ~ 0.6)에서는 음의 영향을 미치지만 상위 분위(0.6 ~ 0.9)에서는 유의한 영향을 미치지 않는다. 다시 말하면, 가격이 평균 이하인 저가 주택의 경우는 age가 증가함에 따라 주택 가격이 감소하지만 가격이 높은 고가 주택의 경우는 age의 영향이 없다. chas(찰스 강변에 위치하는지 여부)는 저가 주택의 경우는 유의한 영향이 없지만 고가 주택(0.7~0.9 분위)의 경우는 주택 가격에 강한 양적 영향을 미친다. 교사-학생 비율인 ptratio는 모든 분위수에서 음의 영향을 미치므로 교사-학생 비율이 높을수록 주택 가격은 낮아진다. 그러나 그 영향의 정도가 고가 주택일수록 음의 영향이 더 커지는 것을 볼 수 있다. 교사-학생 비율이 증가하면 고가 주택이 저가 주택에 비하여 가격하락 폭이 더 커짐을 의미한다.

연습

1. Boston Housing 자료의 분위회귀모형 분석에 잠재변수기법을 적용하라.
2. 잠재변수기법과 0-1 기법의 컴퓨팅 시간을 비교하라. 어느 기법이 더 빠른가?

11.6 분위회귀모형에서의 베이지안 변수선택

일반적인 평균회귀모형에서와 같이 분위회귀모형에서도 MCMC를 적용한 베이지안 변수선택을 수행할 수 있다. 10장에서 소개한 깁스 변수선택(GVS)기법을 사용하여 Boston Housing 자료에서 주택가격에 유의한 영향을 미치는 설명변수들을 찾아보자.

분위회귀모형에서 GVS를 이용한 베이지안 변수선택을 수행하기 위한 JAGS 모형설정은 다음과 같다. 앞 절의 모형설정에 비하여 for (j in 1:K) {gbeta[j]<- gamma[j]*beta[j]}와 gamma[j]의 사전분포가 추가되었음을 알 수 있다.

```
modelString = "
model {
for (j in 1:K) {gbeta[j]<-gamma[j]*beta[j]}

for (i in 1:length(y)) {
 fd[i]<-p*(1-p)*exp(-check[i])
 check[i]<-e[i]*(p-(1-step(e[i])))
 e[i]<-y[i]-inprod(x[i,1:K], gbeta[1:K])
```

```
  z[i] ~ dbern(pi[i])
  pi[i]<-fd[i]/10000
 }

 for (j in 1:K) {gamma[j] ~ dbern(0.5)}

 for(j in 1:K) {
  beta[j] ~ dmnorm(mu[j], tau[j])
  mu[j]<-(1-gamma[j])*pseudo.mean.beta[j]
  tau[j]<-gamma[j]/100+(1-gamma[j])/pseudo.var.beta[j]
 }
 }
 "
 writeLines(modelString, "model_BQR_GVS.txt")
```

GVS를 적용하기 위해서는 계수의 사전분포와 pseudo-prior 분포가 요구된다. 이 절에서는 편의상 분위수 p를 회귀계수의 위첨자로 나타내고 아래첨자 j는 회귀계수의 j번째 원소를 나타내기로 한다. 즉, β_j^p는 p분위 회귀모형에서 j번째 회귀계수를 나타낸다. 우리는 β_j^p에 대하여 독립성을 가정하고, 각 j와 p에 대하여

$$prior : \pi(\beta_j^p | \gamma_j = 1) \sim N(0, 100)$$

$$pseudo - prior : \pi(\beta_j^p | \gamma_j = 0) \sim N(\widehat{\beta_j^p}, \widehat{\sigma_j^{p^2}})$$

를 가정한다. $\widehat{\beta_j^p}$와 $\widehat{\sigma_j^p}^2$는 quantreg 패키지의 rg.fit.br 함수를 사용하여 얻은 β_j^p의 평균과 분산의 추정치이다. rg.fit.br 함수는 Barrodale and Roberts(1973)의 최적화 알고리즘을 이용하여 β_j^p의 추정치를 구한다. 다음은 $p=0.5$일 때 변수선택을 수행하는 코드이다.

```
K=ncol(x)
p=0.5
install.packages("quantreg")
library(quantreg)
rq.out=rq.fit.br(x, y, p, ci=T)
pseudo.mean.beta=rq.out$coefficients[1:K,1]
pseudo.sd.beta=(rq.out$coefficients[1:K,3]-rq.out$coefficients[1:K,2])/(2*1.96)
pseudo.var.beta=pseudo.sd.beta^2
```

```
z=rep(1, length(y)) #가상의 이항자료
dataList=list(p=p, K=K, y=y, x=x,z=z, pseudo.mean.beta=pseudo.mean.beta,
        pseudo.var.beta=pseudo.var.beta)
gammaInit=rep(0, K)
initsList=list(beta=pseudo.mean.beta, gamma=gammaInit)

require(rjags)
jagsModel=jags.model(file="model_BQR_GVS.txt", data=dataList, inits=initsList,
            n.chains=3, n.adapt=10000)
update(jagsModel, n.iter=10000)
codaSamples=coda.samples(jagsModel, variable.names=c("gamma"), thin=1, n.iter=
15000)
```

생성된 γ의 사후표본으로부터 베이지안 변수선택 결과를 살펴볼 수 있다. j번째 설명변수 x_j에 대응하는 γ_j의 값이 1인 표본의 비율을 계산하여 x_j가 모형에 포함될 주변 사후확률을 알아볼 수 있다. 참고로 이 주변 사후확률은 설명변수의 유의성을 개별적으로 살펴본 것이므로 만약 설명변수들 간에 연관성이 있는 경우는 적합하지 않을 수 있다.

```
mcmcSamples=as.matrix(codaSamples)
gamma.samples=mcmcSamples
gamma.hat=apply(gamma.samples, 2, mean)
names(gamma.hat)=colnames(x)
gamma.hat
##  intercept        lon        lat       crim         zn      indus
## 1.00000000 0.95760000 0.09764444 0.99013333 0.99215556 0.02222222
##       chas        nox         rm        age        dis        rad
## 0.21002222 0.87013333 1.00000000 0.52075556 1.00000000 1.00000000
##        tax    ptratio          b      lstat
## 1.00000000 1.00000000 1.00000000 1.00000000
```

설명변수들을 동시에 고려하는 동시검정(동시 변수선택)을 수행하려면 가장 빈도가 높은 γ_j들의 조합이 무엇인지 알아보아야 할 것이다. plyr 패키지의 함수 count를 사용하여 γ_j들의 조합에 대한 빈도를 알아보자.

```
install.packages("plyr")
require(plyr)

freq=count(gamma.samples)
colnames(freq)=c(colnames(x), "prob")
freq[,K+1]=freq[,K+1]/nrow(gamma.samples)
```

```
rankModel=as.integer(rank(-freq[,K+1]))
topModel=which(rankModel==1)
freq[topModel,]
## intercept lon lat crim zn indus chas nox rm age dis rad tax ptratio b
##         1   1   0    1  1     0    0   1  1   0   1   1   1       1 1
## lstat      prob
##     1 0.3530889
```

$p = 0.5$일 때 변수선택 결과를 보면 lat, indus, chas, age 변수가 제외되고 나머지 설명변수들만 포함된 모형이 최적모형임을 보여준다. 이 최적모형의 사후확률은 약 0.353이다. 가능한 모형이 총 2^{16}개임을 감안하면 이 모형의 적절성이 상당히 뚜렷하다고 볼 수 있다. 참고로, 이 자료에서는 동시선택 결과가 주변 사후확률에서 얻은 gamma.hat의 결과와 일치한다.

사후확률이 높은 순으로 5개의 모형과 사후확률을 살펴보기로 하자.

```
freq[order(rankModel)[1:5], ]
## intercept lon lat crim zn indus chas nox rm age dis rad tax ptratio b lstat       prob
##         1   1   0    1  1     0    0   1  1   0   1   1   1       1 1     1 0.35308889
##         1   1   0    1  1     0    0   1  1   1   1   1   1       1 1     1 0.24824444
##         1   1   0    1  1     0    1   1  1   1   1   1   1       1 1     1 0.07740000
##         1   1   0    1  1     0    0   0  1   1   1   1   1       1 1     1 0.06368889
##         1   1   0    1  1     0    1   1  1   0   1   1   1       1 1     1 0.06066667
```

lat(위도), indus(소매업종을 제외한 상업용 건물 비율), chas, age 변수가 제외되는 모형의 사후확률이 0.353으로 가장 최적이고, lat, indus, chas만 제외된 모형이 사후확률 0.243로 두 번째로 최적임을 알 수 있다. 이 두 모형 이외에 다른 모형들은 사후확률이 매우 작아 비교대상이 되지 못한다. 1 순위와 2 순위 모형의 차이는 age 변수가 포함되느냐 아니냐인데 age 변수의 경우 gamma.hat 값이 0.5이다. 이 불확실성이 반영되어 두 모형의 사후확률 차이가 크지 않은 것이다.

참고로, 예를 들어 gamma.hat이 0.5 보다 큰 변수들을 선택하는 것처럼 gamma.hat을 기준으로 변수를 선택하는 방법은 변수 각각을 개별적으로 고려하여 선택하는 것이고, topModel이나 top5Model은 변수들을 동시에 고려하여 선택하는 것이다. 변수들 간에 상관관계가 있을 경우 개별적 선택과 동시 선택의 결과가 다를 수 있다.

연습 잠재변수기법을 사용하여 변수선택을 수행하여 보자.

참고문헌

- Alhamzawi, R., and Yu, K. (2013), Conjugate priors and variable selection for Bayesian quantile regression, *Computational Statistics & Data Analysis*, 64, 209-219.
- Barrodale, I., Roberts, FDK. (1973), An improved algorithm for discrete l_1 linear approximation, SIAM Journal on Numerical Analysis, 10, 839-848.
- Koenker, R., and Bassett, G. (1978), Regression Quantiles, *Econometrica*, 46, 33-50.
- Koenker, R., and Machado, JAF. (1999), Goodness of fit and related inference processes for quantile regression, *Journal of the American Statistical Association*, 94, 1296-1310.
- Koenker, R., and Park, B.J. (1996), An interior point algorithm for nonlinear quantile regression, *Journal of Econometrics*, 71, 265-283.
- Kozumi, H., and Kobayashi, G. (2011), Gibbs sampling methods for Bayesian quantile regression, *Journal of Statistical Computation and Simulation*, 81, 1565-1578.
- Portnoy, S., and Koenker. R. (1997), The Gaussian hare and the Laplacian tortoise: computability of squared-error versus absolute-error estimators, *Statistical Science*, 12, 279-300.
- Whittaker, J., and Whitehead, C. Somers, M., (2005), The neglog transformation and quantile regression for the analysis of a large credit scoring database, *Journal of the Royal Statistical Society*, 54, 863-878.
- Yu, K., Chen, CWS., Reel, Co, Duson, DB. (2013), Bayesian variable selection in quantile regression, *Statistics and Its Interface*, 6, 261-274.

12장

베이지안 다차원 척도

12.1 다차원 척도

자료가 개체들의 모든 가능한 쌍에 대하여 두 개체의 유사성(similarity) 또는 비유사성(dissimilarity) 측정치로 주어지는 경우가 있다. 유사성 자료의 예를 들면, 국회위원들의 모든 가능한 쌍에 대하여 상정된 법안 중 몇 건에 대하여 동일한 의견을 냈는지 측정한 자료, 관심 있는 웹문서의 모든 가능한 쌍에 대하여 전체 어휘 중 공통으로 사용된 어휘가 몇 퍼센트인지 조사한 자료, 유전자 발현 실험에서 특정 자극이 주어졌을 때 유전자의 가능한 쌍에 대하여 두 유전자가 얼마나 비슷한 발현 양상을 보이는가를 측정한 자료 등이다.

유사성과 비유사성은 대칭적 관계에 있으므로 어느 것을 기준으로 해도 상관이 없으나, 비유사성은 두 개체 간의 거리(distance) 개념으로 볼 수 있으므로 앞으로는 비유사성을 기준으로 하겠다. 비유사성 자료는 개체의 모든 가능한 쌍에 대한 자료이기 때문에 개체의 수가 n이면 n×n 차원 대칭행렬로 주어지며 대각원소는 모두 0이다.

다차원 척도(multidimensional scaling, MDS)는 비유사성 자료를 기반으로 유클리디안(Euclidean) 공간상에 개체의 위치를 추정하여 표시하는 방법이다. 개체를 유클리디안 공간상에 점으로 표시하면 군집(cluster)의 존재 여부를 비롯하여 개체들 간의 복잡한 관계를 쉽게 시각적으로 파악할 수 있는 장점이 있다. 또한 비유사성/유사성을 유발하는 주요 요인이 어떤 것인지 파악하는 데 도움이 될 수 있다.

개체 i와 개체 j 간의 비유사성 측정치를 d_{ij}라고 하고, p차원 유클리디안 공간상에서 개체 i와 개체 j 간의 거리를 δ_{ij}라고 하자. 개체 i의 유클리디안 공간에서의 좌표를 $\boldsymbol{x}_i = (x_{i1}, \ldots, x_{ip})'$ 라고 하면

$$\delta_{ij} = \sqrt{\sum_{k=1}^{p} (x_{ik} - x_{jk})^2}$$

이다. 다차원 척도의 목표는 가능하면 저차원의 (유클리디안) 공간 위에 전체적으로 d_{ij}와 δ_{ij} 차이를 작게 하는, 즉 $d_{ij} \approx \delta_{ij}, i, j = 1, \ldots, n,$인 합리적인 개체의 좌표(object configuration) $\boldsymbol{X} = (\boldsymbol{x}_1, \ldots, \boldsymbol{x}_n)'$ 를 찾는 것이다.

일찍이 Torgerson(1952, 1958)은 간단한 행렬연산을 통하여 $\boldsymbol{X}$를 구하는 방법을 제안하였다. Torgerson의 방법은 고전적 다차원 척도(classical MDS, CMDS)라고 하며, R 함수 **cmdscale**은 CMDS를 적용하여 원하는 차원에서 개체의 좌표 $\boldsymbol{X}$를 제공한다. 만약 d_{ij}가 정확히 p차원 유클리디안 거리라면, CMDS는 p차원 공간에서 모든 쌍에 대하여 정확히 $d_{ij} = \delta_{ij}$를 만족시키는 $\boldsymbol{X}$값을 제공한다. 그러나 d_{ij}가 유클리디안 거리가 아닌 다른 종류의 비유사성 측정치이거나 또는 d_{ij}가 유클리디안 거리라 하더라도 d_{ij}를

측정할 때의 차원보다 낮은 차원의 공간에서 $\boldsymbol{X}$를 표시하고자 하면 d_{ij}는 측정오차를 포함하고, 이때는 CMDS가 제공하는 $\boldsymbol{X}$는 그다지 적절하지 않다. 따라서 CMDS는 최종적인 $\boldsymbol{X}$값을 구하기보다는 대략적인 $\boldsymbol{X}$를 파악하고자 하는 경우에 사용된다.

CMDS에서 더 발전된 형태의 MDS는 수치적 최적화 기법을 사용하여 적합도(measure of fit)를 반영한 손실함수를 최소화하는 $\boldsymbol{X}$를 구하는 것이다. MDS에서 흔히 사용하는 손실함수는 stress 함수로 불리는 다음과 같은 함수이다.

$$stress = \sqrt{\frac{\sum_{i>j}(d_{ij}-\delta_{ij})^2}{\sum_{i>j} d_{ij}^2}} \tag{12.1}$$

Takane et al.(1977)이 개발한 ALSCAL(Alternating Least Squares SCALing) 알고리즘은 가장 흔히 사용하는 MDS 방법인데, ALSCAL은 식 (12.1)의 stress 함수를 변형한 $S-Stress$,

$$S-Stress = \sum_{i>j}(\delta_{ij}^2 - d_{ij}^2)^2,$$

를 최소화하는 $\boldsymbol{X}$를 수치적 최적화를 이용하여 구하는 것으로 SAS, SPSS 통계 패키지에서 ALSCAL을 제공하고 있다. $S-Stress$는 비유사성 측정치와 유클리디안 거리를 제곱한 값의 차이를 기반으로 하기 때문에 계산은 쉽지만 (12.1)의 $stress$ 함수에 비하여 비유사성이 큰 값에 가중치를 많이 두는 단점이 있다.

참고로 다차원 척도에서 중요한 관심사는 $d_{ij} \approx \delta_{ij}$인 개체의 좌표 $\boldsymbol{X}$를 구하는 것 외에 $\boldsymbol{X}$의 적절한 차원을 찾는 것이다. 다차원 척도에 대한 참고문헌으로는 Cox and Cox(2001), Borg and Groenen(1997) 등이 있다.

12.2 베이지안 다차원 척도

Oh and Raftery(2001)가 제안한 베이지안 다차원 척도(Bayesian Multi-Dimensional Scaling, BMDS)는 그동안 수치적 최적화 문제로 다루어져 왔던 다차원 척도 문제를 통계적 추정 문제로 바꾸어 해결함으로써 다차원 척도에 새로운 접근 방법을 제시하였다. BMDS는 통계적 모형을 통하여 비유사성 측정치의 측정오차를 고려하였고, MCMC 기법을 적용하여 관심모수 $\boldsymbol{X}$를 추정하며, 적합도와 모형의 복잡성을 동시에 고려한 베이지안 모형선택 방법을 통하여 적절한 차원을 선택하는 합리적인 방법을 제시하였다.

여기에서는 MCMC를 적용하여 $\boldsymbol{X}$의 베이지안 추정치를 구하는 문제를 다루기로 한다. 적절한 차원을 결정하는 베이지안 모형선택에 관해서는 Oh and Raftery(2001)를 참고하기 바란다.

BMDS는 비유사성 측정치에 대하여 평균이 δ_{ij}이며 0보다 큰 영역으로 제한된 다음과 같은 제한된 정규분포를 가정한다.

$$d_{ij} \sim N(\delta_{ij}, \sigma^2) I(d_{ij} > 0), \quad i \neq j, \ i, j = 1, \ldots, n \tag{12.2}$$

모형 (12.2)에서 모수는 δ_{ij}에 내재된 $\boldsymbol{X} = (\boldsymbol{x}_1, \ldots, \boldsymbol{x}_n)$와 분산 σ^2이다.

베이지안 추정을 위하여 $\boldsymbol{X}$와 σ^2에 대한 사전분포가 필요하다. 분산 σ^2에 대해서는 공액사전분포인 역감마 분포 $IG(a,b)$를 가정한다. 개체 i의 좌표 $\boldsymbol{x}_i$에 대해서는 평균이 $\mathbf{0}$, 분산이 대각행렬 $\Lambda = diag(\lambda_1, \ldots, \lambda_p)$인 p차원 다변량 정규분포 $N(\mathbf{0}, \Lambda)$를 가정한다. 사전모수 Λ에 대해서는 독립적으로 $\lambda_j \sim IG(\alpha, \beta_j)$를 가정한다.

이상을 정리하면,

$$\begin{aligned} & d_{ij} | \boldsymbol{X}, \sigma^2 \sim N(\delta_{ij}, \sigma^2) I(d_{ij} > 0), \quad i \neq j, \ i, j = 1, \ldots, n, \\ & \sigma^2 \sim IG(a, b), \\ & \boldsymbol{x}_i | \Lambda \sim N(\mathbf{0}, \ \Lambda), \ \Lambda = diag(\lambda_1, \ldots, \lambda_p) \\ & \lambda_j \sim IG(\alpha, \beta_j), j = 1, \ldots, p, \end{aligned} \tag{12.3}$$

이다.

모형 (12.3)의 사전분포에서 $\boldsymbol{x}_i$의 평균을 $\mathbf{0}$으로, 분산을 대각행렬 Λ로 선택하였다. 유클리디안 공간상에 위치한 개체들의 중심을 이동(shift)하거나, 반사(reflection)하거나, 회전(rotation)해도 개체 간의 유클리디안 거리 δ_{ij}는 달라지지 않으므로 d_{ij}와 δ_{ij}의 차이에 의하여 결정되는 적합도도 달라지지 않는다. 다시 말하면 좌표 $\boldsymbol{X}$의 중심을 어떻게 선택하든 적합도에 영향을 미치지 않으므로 사전평균을 임의로 선택할 수 있기 때문에 편의상 원점을 선택한 것이다. 또한 $\boldsymbol{X}$의 회전이 적합도에 영향을 미치지 않으므로 사전 분산을 대각행렬로 선택해도 문제가 없다.

그런데 δ_{ij}의 중심이동, 반사, 회전에 대한 불변성으로 인하여 동일한 δ_{ij}에 대하여 $\boldsymbol{X}$가 하나가 아니라 수없이 많이 존재하는 비고유성(non-identifiability) 문제가 발생한다. 그러나 어차피 우리는 $\boldsymbol{X}$의 상대적 위치를 파악하는 것이 목적이므로 비고유성은 문제가 되지 않으며 $\boldsymbol{X}$의 추정치에 대하여 원하는 대로 중심이동, 반사, 회전을 적용하여 해석하면 된다.

12.3 JAGS를 이용한 베이지안 추정

모형 (12.3)에서 $\boldsymbol{X}$가 주어졌을 때 λ_j의 완전 조건부 사후분포는 역감마 분포임을 쉽게 유도할 수 있다. 그러나 δ_{ij}가 $\boldsymbol{X}$의 복잡한 함수이고 게다가 $d_{ij} > 0$이라는 조건까지 더하여 $\boldsymbol{X}$와 σ^2의 조건부 사후분포는 매우 복잡하다. 따라서 Metropolis-within-Gibbs 기법을 적용하여 λ_j는 완전 조건부 사후분포로부터 표본을 생성하고 σ^2과 $\boldsymbol{X}$의 표본은 메트로폴리스-해스팅스 기법을 사용하여 각각의 조건부 사후분포로부터 표본을 생성하는 작업을 반복적으로 수행하면 될 것이다. 이에 대한 자세한 내용은 Oh and Raftery(2001)을 참고하라.

이 절에서는 JAGS를 사용하여 모수의 사후표본을 생성하는 방법을 소개한다. $\boldsymbol{X}$의 차원이 p로 주어졌을 때 JAGS의 모형설정은 다음과 같다. 아래 코드 중 비유사성 자료에 대한 분포를 아래와 같이 표현하였다.

```
diss[i,j]~  dnorm(delta[i,j], invsig) T(0, 100000)
```

여기서 T(0, 100000)은 $I(d_{ij} > 0)$를 나타낸다. JAGS에서는 ∞를 표시할 수 없으므로 큰 수 100000을 d_{ij} 상한 경곗값으로 주었다. 또한 아래 코드에서 함수 pow(a,b)는 a^b를 계산하는 함수이다. $\boldsymbol{X}$ 표본 각각에 대해 식 (12.1)의 stress를 계산하기 위하여 $SSE = \sum_{i>j}(d_{ij} - \delta_{ij})^2$를 계산하는 과정을 model{ } 문장에 추가하였다.

```
modelString = "
model
{
     for(i in 2:n){
          for(j in 1:(i-1)){
               diss[i,j] ~ dnorm(delta[i,j], invsig) T(0, 100000)
               delta[i,j]<-sqrt(inprod((X[i,1:p]-X[j,1:p]), (X[i,1:p]-X[j,1:p])))
               Errsq[i,j]<-pow((diss[i,j]-delta[i,j]), 2)
          }
        SSE.i[i]<-sum(Errsq[i, 1:(i-1)])
     }

 SSE<-sum(SSE.i[2:n])
```

```
# prior
        invsig ~ dgamma(a, b)
        sigsq<-1/invsig

        for(ip in 1:p){
            for(i in 1:n){
                X[i,ip] ~ dnorm(0, invLambda[ip])
            }
        }

        for(ip in 1:p){
        invLambda[ip] ~ dgamma(aLam, bLam[ip])
        Lambda[ip]<-1/ invLambda[ip]
        }
    }
"

writeLines(modelString, "model_bmds.txt")
```

12.4 유럽의 도시

매우 간단한 예로, 유럽의 주요 10개 도시들 간의 항공운항거리 자료를 이용하여 2차원 공간에서 도시들의 위치를 추정하여 보자. 항공운항거리는 다음과 같은 10×10 행렬로 표시할 수 있는데 이 운항거리 자료를 도시 간의 비유사성 자료로 간주할 수 있다.

London	Stockholm	Lisbon	Madrid	Paris	Amsterdam	Berlin	Prague	Rome	Dublin
0	569	667	530	141	140	357	396	569	190
569	0	1212	1043	617	446	325	423	787	648
667	1212	0	201	596	768	923	882	714	714
530	1043	201	0	431	608	740	690	516	622
141	617	596	431	0	177	340	337	436	320
140	446	768	608	177	0	218	272	519	302
357	325	923	740	340	218	0	124	472	514
396	423	882	690	337	272	124	0	364	573
569	787	714	516	436	519	472	364	0	755
190	648	714	622	320	302	514	573	755	0

위의 자료를 "eurodist.txt"로부터 읽어들여 다음과 같은 R 프로그램을 실행하면 $\boldsymbol{X}$

의 사후표본을 얻을 수 있다. 아래 코드를 보면 R 함수 cmdscale을 사용하여 Torgerson의 고전적 다차원 척도로부터 $\hat{\boldsymbol{X}}$를 얻은 후 이 $\hat{\boldsymbol{X}}$값을 사전분포의 모수를 선택하는 데 사용하였다. 구체적으로 살펴보면, cmdscale에서 얻어진 $\hat{\boldsymbol{X}}$를 사용하여 $\widehat{\delta_{ij}}$을 구하고, σ^2 사전분포의 중심이 대략 $SSE/(n(n-1))$이 되도록 σ^2의 사전모수를 선택하였다. 또한 $\hat{\boldsymbol{X}}$의 분산을 구한 후 분산의 j번째 원소가 λ_j 사전분포의 중심이 되도록 사전모수를 선택하였다.

```
diss=read.table(eurodist.txt", header=T)
n=ncol(diss)
p=2

#--- classical MDS solution --- #
cmdX=cmdscale(diss, p)
delta=dist(cmdX)          # lower-triangular matrix
delta=as.matrix(delta)  # full symmetric  matrix
sse=sum((diss-delta)^2)/2

#-- prior --#
a=2;  b<-a*sse/(n*(n-1)/2)
aLam=2;  bLam<-aLam*diag(var(cmdX))
invLambdaInit<-1/diag(cov(cmdX))
#-- Initialize --- #
invsigInit<-1/(sse/(n*(n-1)/2))
initsList<-list(invLambda=invLambdaInit, invsig=invsigInit, X=cmdX)
dataList=list(p=p, n=n, diss=diss, a=a, b=b, aLam=aLam, bLam=bLam)

require(rjags)
source(model_bmds.r) # model specification #
nChains=3; nAdapt=1000; nUpdate=3000; nIter=10000
jagsModel=jags.model(file="model_bmds.txt", data=dataList, inits=initsList, n.chains=
nChains, n.adapt=nAdapt)
update(jagsModel, n.iter=nUpdate)
parameters<-c("X", "sigsq", "Lambda", "SSE", "delta")
codaSamples=coda.samples(jagsModel, variable.names=parameters, thin=1,
                                   n.chains=nChains, n.iter=nIter)
```

JAGS에서 생성된 사후표본으로부터 MCMC 수렴성을 살펴보면 그림 12.1에서 보이는 바와 같이 δ_{ij}는 잘 수렴함을 볼 수 있다. 또한 그림은 생략하지만 아래 코드를 수행해보면 σ^2, Λ의 수렴도 문제가 없음을 알 수 있다. 그러나 개체의 좌표 $\boldsymbol{X}$의 MCMC 표본을 보면 그림 12.2와 같이 전혀 수렴하지 않는다.

```
par(mfrow=c(2,1))
 delta21.samples=mcmcSamples[,"delta[2,1]"]
 mm=as.integer(nrow(mcmcSamples)/nChains)
 plot(delta21.samples[1:mm], type="l", xlab="iteration", ylab="delta[2,1]")
lines(delta21.samples[(mm+1):(2*mm)], col=2); lines(delta21.samples[(2*mm+1):(3*mm)],
col=3);

 delta32.samples=mcmcSamples[,"delta[3,2]"]
  plot(delta32.samples[1:mm], type="l", xlab="iteration", ylab="delta[3,2]")
lines(delta32.samples[(mm+1):(2*mm)], col=2); lines(delta32.samples[(2*mm+1):(3*mm)],
col=3);

plot(codaSamples[,"sigsq"])
plot(codaSamples[,"Lambda[1]"])
plot(codaSamples[,"Lambda[2]"])

 X11.samples=mcmcSamples[,"X[1,1]"]
 plot(X11.samples[1:mm], type="l", xlab="iteration", ylab="X[1,1]", ylim=c(-15,30))
lines(X11.samples[(mm+1):(2*mm)], col=2); lines(X11.samples[(2*mm+1):(3*mm)], col=3);
X91.samples=mcmcSamples[,"X[9,1]"]
 plot(X91.samples[1:mm], type="l", xlab="iteration", ylab="X[9,1]", ylim=c(-120, -50))
lines(X91.samples[(mm+1):(2*mm)], col=2); lines(X91.samples[(2*mm+1):(3*mm)], col=3);
```

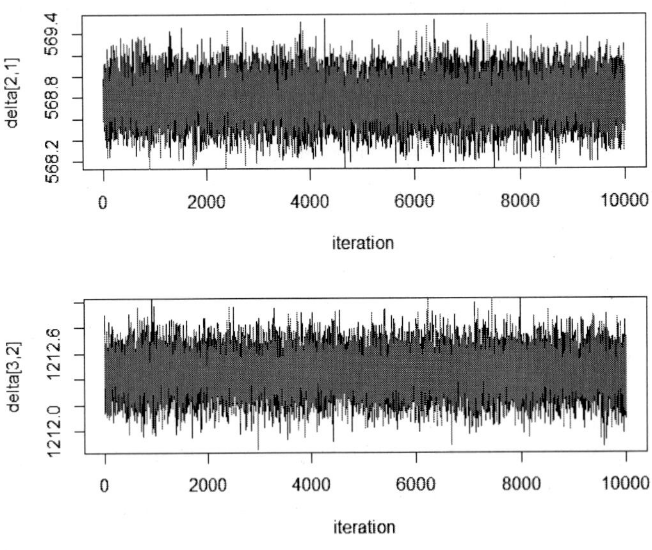

그림 12.1 δ_{21}과 δ_{32} 표본의 경로그림

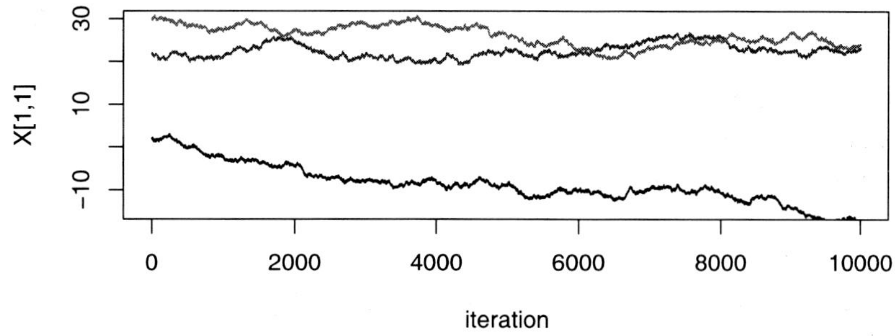

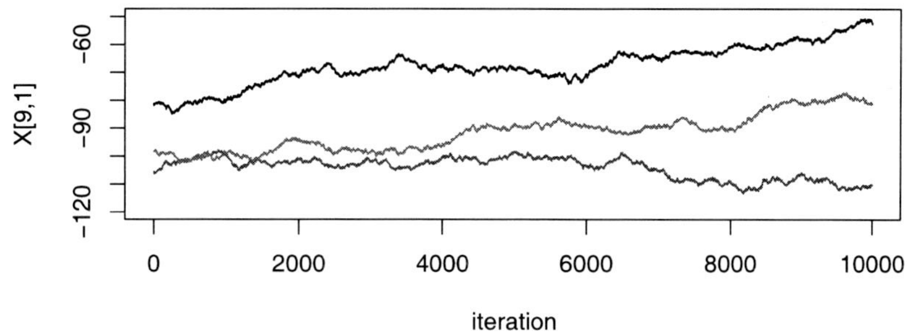

그림 12.2 X_{11}과 X_{91} 표본의 경로그림

$\boldsymbol{X}$의 표본이 수렴하지 않는 이유는 MCMC 수렴이 이루어지지 않아서가 아니라 $\boldsymbol{X}$의 중심 이동, 반사, 회전에 대하여 거리함수 δ_{ij}가 변하지 않는 $\boldsymbol{X}$의 비고유성 때문이다. 비유사성 자료는 개체들 간의 상대적 위치에 대한 정보를 줄 뿐 절대적 위치에 대한 정보는 제공하지 않기 때문에 $\boldsymbol{X}$ 원소들의 거리 δ_{ij}는 수렴하지만 원소값 자체는 수렴하지 않을 수 있다. 따라서 **$\boldsymbol{X}$의 MCMC 표본의 평균을 취하여 $\boldsymbol{X}$를 추정하면 안 된다.**

다차원 척도의 목적은 관측된 거리 d_{ij}와 가장 유사한 상대적 거리 δ_{ij}를 갖는 $\boldsymbol{X}$를 찾는 것이므로, Oh and Raftery(2001)는 $\boldsymbol{X}$의 MCMC 표본 중 d_{ij}와 δ_{ij}의 차이를 나타내는 $stress$를 최저로 하는 표본값을 $\boldsymbol{X}$의 베이지안 추정치로 선택할 것을 제안하였다. 아래 프로그램을 이용하여 JAGS에서 생성된 사후표본으로부터 모수의 추정치를 구해보자. 참고로 $stress$는 SSE로부터 바로 구할 수 있으므로 SSE를 최저로 만드는 $\boldsymbol{X}$ 표본값을 추정치로 하였다. 앞의 모형설정문에서는 각 표본에 대한 SSE를 계산하도록 하였다.

```
mcmcSamples=as.matrix(codaSamples)
SSE.samples=mcmcSamples[,"SSE"]
id.minSSE=which.min(SSE.samples) #index of samples which gives min SSE
minSSE=SSE.samples[id.minSSE]

varnames<-varnames(codaSamples)
```

```
varnames.list<-unlist(lapply(strsplit(varnames,split=""), function(x) x[1]))   #the first letter
                                                                                of varnames
id.list<-which(varnames.list=="X") #variable names starting with "X"
X.star<-matrix(mcmcSamples[id.minSSE, id.list ], n, p)
min.Stress=minSSE/sqrt(sum(diss^2)/2)

sigsq.hat=mean(mcmcSamples[,"sigsq"])
id.list<-which(varnames.list=="L") #variable names starting with "L"
Lambda.hat=apply(mcmcSamples[, id.list], 2, mean )
sqrt(Lambda.hat)
## Lambda[1] Lambda[2]
## 363.5493  209.3920
```

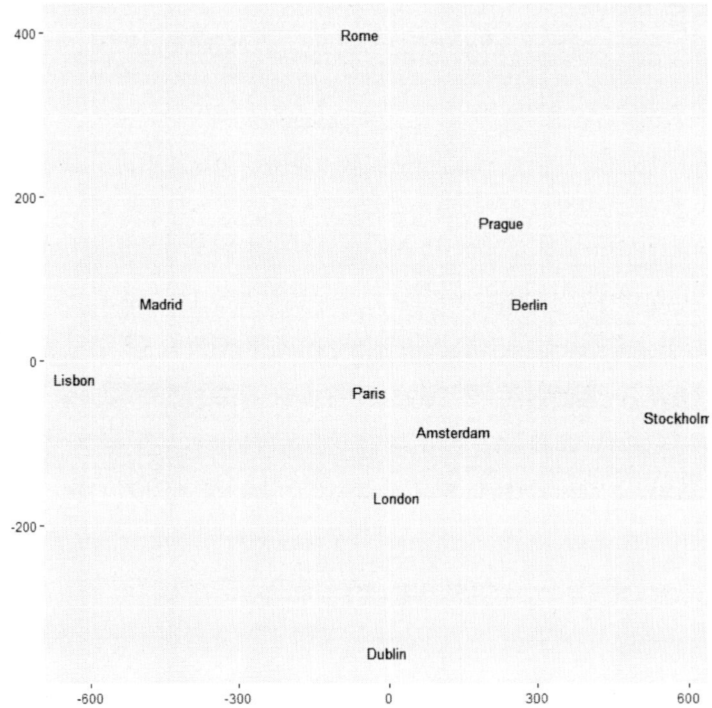

그림 12.3 추정된 유럽 도시들의 위치

그런데 추정된 $\boldsymbol{X}$를 표시한 그림 12.3을 보면 우리가 알고 있는 도시의 위치와는 매우 다른 결과를 보여준다. 이는 앞서 언급한 $\boldsymbol{X}$의 비고유성으로 인한 것인데, 비유사성 자료에서는 도시의 상대적 위치만 추정할 수 있을 뿐 절대적 위치는 추정할 수 없기 때문이다. $\boldsymbol{X}$의 두 번째 원소의 부호를 바꾼 다음 오른쪽 방향으로 약 300도 회전한 결과가 그림 12.4이다. 아래 프로그램에서 rotate.plot 함수는 $\boldsymbol{X}$를 theta 각도만큼 회전하여 그림을 그려주는 함수이다. 구글에서 제공된 유럽지도(그림 12.5)와 비교하면 비유사성 자료로부터 개체의 위치가 상당히 잘 복원되었음을 알 수 있다. 추정된 $\boldsymbol{X}$에서 $stress$ 함수값은 9.706×10^{-5}로 매우 작다. 참고로, 각 MCMC마다 얻어지는 $\boldsymbol{X}$는 위의 그림에서 보여준 $\boldsymbol{X}$와 비교하여 도시 간의 거리는 비슷하지만 회전과 반사는 다를 수 있으므로, 주어진 $\boldsymbol{X}$에 맞는 적절한 회전과 반사를 적용해야 실제 도시의 위치와 부합하는 결과를 얻을 수 있다.

```
#  rotate X by theta(radiant)
rotate.plot=function(X, theta){
rotate=matrix(c(cos(theta), sin(theta), -sin(theta), cos(theta)), 2, 2)
X= X %*% rotate
plot(X, type="n", xlab="", ylab="")
for(i in 1:n) text( X[i,1], X[i,2], colnames(diss)[i])
}

rotate.plot(X.star[,1:2], 0)
X.star[,2]=-X.star[,2]
pi=3.14159
degree=300; rad=degree/360*2*pi
rotate.plot(X.star[,1:2], rad)
```

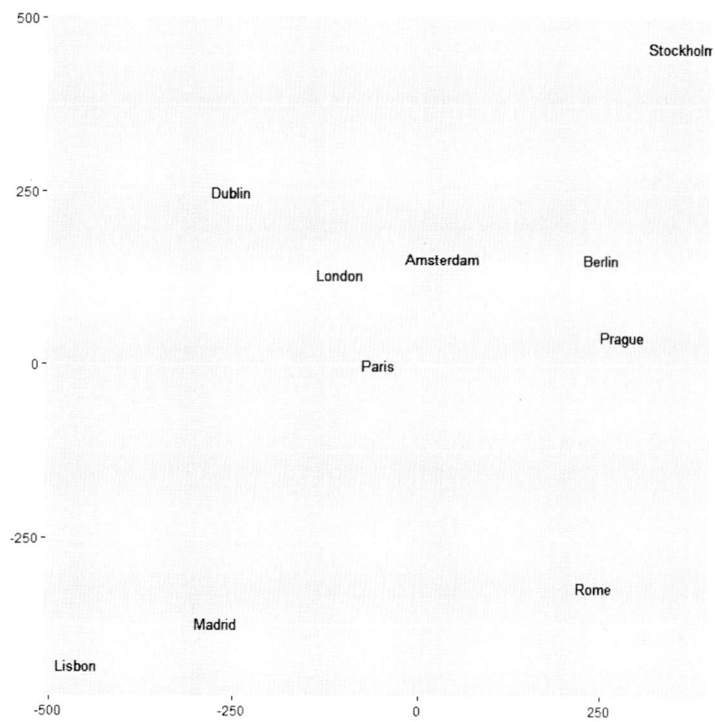

그림 12.4 조정된 유럽 도시의 위치

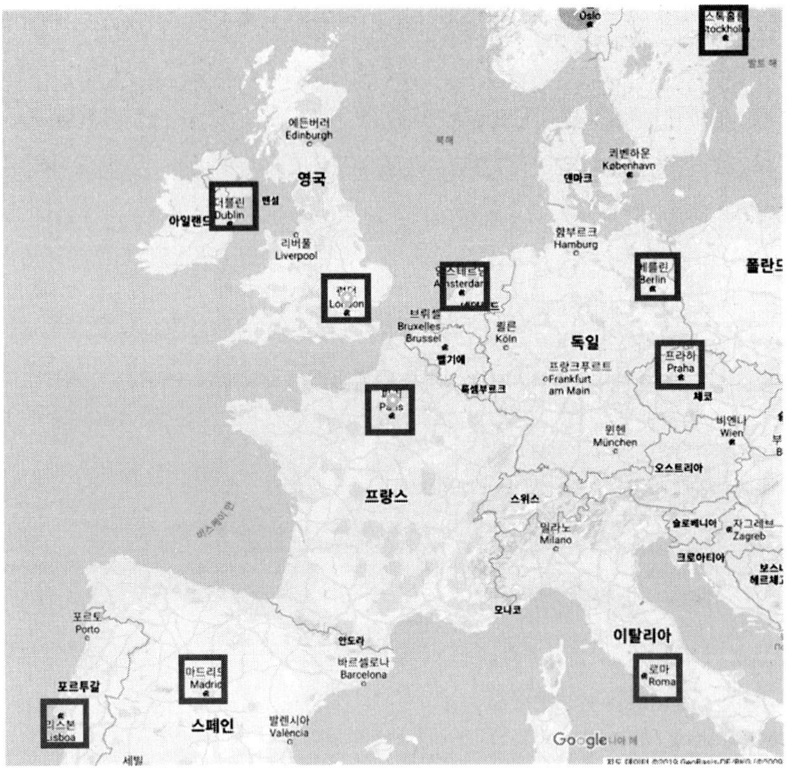

그림 12.5 구글 지도

12.5 위스키의 맛과 향

Cox and Cox(2001)의 6장을 보면 19종류의 위스키에 대하여 평가한 자료가 있다. 각각의 위스키에 대하여 12가지 종류 향의 존재 여부를 1과 0으로, 14가지 종류 맛의 존재 여부를 1과 0으로 표시하였다.

모든 쌍의 위스키에 대하여 향과 맛 자료로부터 Yule 상관계수를 구한 다음 1에서 상관계수를 뺀 값을 비유사성 자료로 사용하기로 한다. 이 자료에 대하여 베이지안 다차원 척도를 수행한 결과가 그림 12.6이다. 그림에서 1차원을 보면 왼쪽은 과일향이 있는 위스키, 오른쪽은 과일향이 없는 위스키가 배치되어 있음을 알 수 있다. 반면에, 2차원은 어떤 특성을 반영하는지 확실치 않다. 이 결과로부터 우리는 사람들이 위스키의 맛과 향을 평가할 때 과일향이 주요 요인이라는 것을 알 수 있다.

```
######### Whisky data ####################
C=matrix(scan('Whisky(C).txt'), 19, 12, byrow=T)
```

표 12.1 위스키 맛과 향

Whisky	Nose characteristics of ninteen whiskies											
	1	2	3	4	5	6	7	8	9	10	11	12
Glenburgie	1	1			1							
Strathisla	1											
Balblair						1	1					
Clynelish	1							1				
Royal Brackla		1				1	1	1				
Teaninich	1					1	1					
Glen Garioch						1	1					
Glenturret				1		1			1			
Oban						1		1				
Bladnoch	1		1						1			
Littlemill	1		1	1								
Ardbeg						1		1				
Bowmore		1					1	1				
Lagavulin							1	1			1	
Laphroaig							1	1		1		
Highland Park				1			1					
Isle of Jura								1				1
Tobermory	1		1			1						
Bushmills						1	1				1	

Key: (1)fruit, (2)floral, (3)light, (4)delicate, (5)fragrant, (6)sweetness, (7)smoke, (8)peaty, (9)aromatic, (10)medicinal, (11)sherry, (12)tart

Whisky	Taste characteristics of ninteen whiskies													
	1	2	3	4	5	6	7	8	9	10	12	12	13	14
Glenburgie	1			1										
Strathisla		1										1	1	
Balblair												1	1	
Clynelish		1												1
Royal Brackla							1	1				1	1	
Teaninich					1								1	
Glen Garioch										1				
Glenturret														1
Oban												1		
Bladnoch									1			1		
Littlemill				1										
Ardbeg						1				1				
Bowmore					1					1				
Lagavulin						1		1	1					
Laphroaig										1		1		
Highland Park					1		1				1			
Isle of Jura			1										1	
Tobermory				1							1	1		
Bushmills									1					

Key: (1)delicate, (2)fruit, (3)floral, (4)light, (5)medium bodied, (6)full bodied, (7)dry, (8)sherry, (9)smooth, (10)peaty, (11)smoke, (12)sweetness, (13)lingering, (14)full

```
D=matrix(scan('Whisky(D).txt'), 19, 14, byrow=T)
name=c("Glenburgie", "Strathisla", "Balblair", "Clynelish", "Royal Brackla",
"Teaninich", "Glen Garioch", "Glenturret", "Oban", "Bladnoch", "Littlemill", "Ardbeg",
"Bowmore", "Lagavulin", "Laphroaig", "Highland Park", "Isle of Jura", "Tobermory",
"Bushmills")

p=2; n=19
dist=matrix(0,n,n)
a=matrix(0,n,n); b=a; c=a
for(i in 2:n) for(j in 1:(i-1)){
for(ii in 1:12) {
if(C[i,ii]==1&C[j,ii]==1) a[i,j]=a[i,j]+1
if(C[i,ii]==1&C[j,ii]==0) b[i,j]=b[i,j]+1
if(C[i,ii]==0&C[j,ii]==1) c[i,j]=c[i,j]+1
}

for(ii in 1:14) {
if(D[i,ii]==1&D[j,ii]==1) a[i,j]=a[i,j]+1
if(D[i,ii]==1&D[j,ii]==0) b[i,j]=b[i,j]+1
if(D[i,ii]==0&D[j,ii]==1) c[i,j]=c[i,j]+1
}
dist[i,j]=1-a[i,j]/( a[i,j]+b[i,j]+c[i,j])
dist[j,i]=dist[i,j]
}
diss=dist
colnames(diss)=name
```

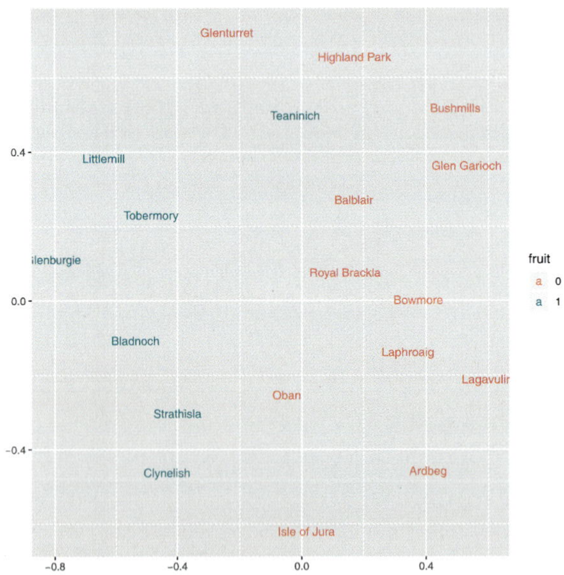

그림 12.6 위스키의 좌표

12.6 급성 백혈병

Golub et al(1999)은 72명의 급성 백혈병 환자를 대상으로 백혈병과 관련 있다고 여겨지는 50개의 유전자에 대한 유전자 발현 실험 자료를 제시한다. 제공된 유전자 발현 자료를 표준화한 뒤 환자들의 모든 가능한 쌍에 대해 유클리디안 거리를 계산하여 이를 비유사성 자료로 사용하기로 한다. 이 경우는 비유사성 측정치가 49차원(표준화로 인하여 50차원에서 1차원 감소됨) 유클리디안 거리이므로 49차원 유클리디안 공간에서 $d_{ij} = \delta_{ij}$를 정확히 일치시킬 수 있다. 그러나 49차원 공간에 점을 표시하여 눈으로 볼 수 없기 때문에 한눈에 상대적 위치를 잘 파악할 수 있는 2차원 공간에 환자들의 위치를 표시하는 것이 의미가 있다. d_{ij}는 49차원, δ_{ij}는 2차원이기 때문에 이 차이를 d_{ij}의 측정오차로 간주하면 앞서 설정한 모형 (12.3)에 부합된다고 볼 수 있다.

```
n=72
diss=matrix(scan("leukemiadist.txt"), n, n)
#true type
colnames(diss)=c(rep('M',27), rep('L',12), rep('M',20), rep('L',14))
```

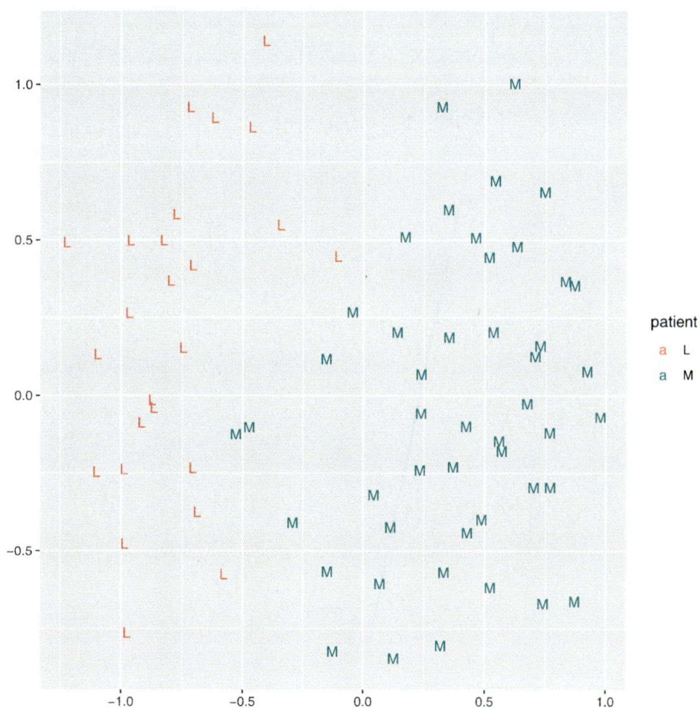

그림 12.7 급성 백혈병 환자의 좌표

위에 주어진 R 코드로 자료를 읽어 들여 JAGS를 이용한 BMDS를 수행하여 $\boldsymbol{X}$의 추정치를 구해 보았다. 급성 백혈병은 급성 골수성 백혈병(acute myeloid leukema, AML)과 급성 림프구성 백혈병(acute lymphoblastic leukemia, ALL)의 두 종류가 있다. 우리는 72명의 환자에 대하여 AML인지 ALL인지 진단 결과를 알고 있다. 추정된 72명의 좌표 $\boldsymbol{X}$ 위에 환자가 AML이면 "M"을, ALL이면 "L"을 표시한 결과가 그림과 12.7이다. 대략적으로 $\boldsymbol{X}$의 1차원 원소값 -0.2를 기준으로 AML과 ALL이 구분되는 것을 볼 수 있다. 추정된 $\boldsymbol{X}$의 1차원이 AML 과 ALL을 구분하는 주요 요인이므로, 1차원 원소가 어떤 유전자들과 관련이 있는지 파악한다면 향후 AML과 ALL 진단과 치료에 도움이 될 수 있을 것이다.

참고문헌

- Borg, I., Groenen, P., (1997), Modern Multidimensional Scaling, Springer-Verlag, New York, Berlin.
- Cox, T.F., Cox, M.A.A., (2001), Multidimensional Scaling, Chapman & Hall.
- Golub et al, 1999. Molecular classification of cancer: class discovery and class prediction by gene expression monitoring, *Science*, 286.
- Oh, M-S., Raftery, A.E., (2001), Bayesian multidimensional scaling and choice of dimension, *Journal of the American Statistical Association*, 1031-1044.
- Takane, Y., Young, FW. de Leeuw, J. (1977), Nonmetric individual difference multidimensional Scaling: An alternating least squares method with optimal scaling features, *Psychometrika*, 42, 7-67.
- Torgerson, WS. (1952), Multidimensional Scaling: I. Theory and Method, *Psychometrika*, 17, 401-419.
- Torgerson, WS. (1958), *Theory and Methods of Scaling*, Wiley, New York.

찾아보기

| ㄱ |

| ㄷ |

| ㄹ |

| ㅁ |

| ㅂ |

| ㅅ |

| 영문 및 기타 |

저자 소개

오만숙

서울대학교 계산통계학과 학사
미국 Purdue University 통계학 박사
미국 UC Berkeley Neyman Visiting Assistant Professor
미국 Worcester Polytech Institute Assistant Professor
현) 이화여자대학교 통계학과 교수

JAGS를 활용한
베이지안 자료분석

저　　자　오만숙
발 행 인　김지영
발 행 처　자유아카데미
주　　소　경기도 파주시 회동길 37-42
　　　　　파주출판도시
전　　화　031-955-1321
팩　　스　031-955-1322
홈페이지　www.freeaca.com
전자우편　main@freeaca.com (대표)
　　　　　editor@freeaca.com (편집)
　　　　　crm@freeaca.com (영업)
등　　록　제406-2003-017호, 1980. 7. 12
제1판1쇄　2019년 11월 5일 발행
제1판2쇄　2020년 8월 10일 발행
정　　가　30,000원

ISBN 979-11-5808-239-0 93310